KB199959

오늘을 견뎌라

규장

프 롤 로 그

내가 널 응원하고 있어,
힘들어도 결국 승리할 거야!

최근에 군대에서 벌어진 모 사단 의무대 윤 일병 집단구타 사망 사건이 세간에 알려지면서 온 국민이 충격과 분노에 빠졌다. 이 사건이 국민들에게 충격을 더했던 이유는 피해자를 괴롭히던 방법이 너무나 잔인하고 끔찍했기 때문이다. 나 역시 가해자들의 잔인한 태도와 모습에 착잡한 심정을 금할 수 없었다.

그중에서도 내가 주목한 것은 가해자들이 온갖 방법을 다 동원하여 괴롭히는 과정에서 피해자 윤 일병과 부모 사이를 철저하게 격리시켰다는 사실이다. 그 사건을 공식적으로 문제 제기한 군 인권센터 소장의 인터뷰에 이런 내용이 있었다.

"윤 일병은 24시간 감시를 당했다. 부모님과 통화할 때 알릴 수도 있었지만 이마저도 감시를 당했다."

이런 내용도 있었다.

"올해 초 윤 일병이 자대 배치를 받은 뒤 부대 내 운동회가 열려 부모님을 초청하기로 돼 있었는데, 제왕적 권력을 행사했던 이 병장이 마일리지가 모자란다는 이유로 윤 일병 부모님의 방문을 막았다."

나는 이 기사를 보면서, 오래전에 있었던 대구의 어느 중학생 자살 사건이 떠올랐다. 두 사건 사이에 공통점이 많았기 때문이다.

대구의 그 중학생 역시 학교 폭력 사건의 희생자였다. 가해자들인 학교 친구들로부터 상습적으로 폭행당하고, 돈을 빼앗기고, 심지어는 물고문까지 당한 것으로 알려졌다. 이것 외에도 윤 일병과의 공통점이 하나 더 있는데, 부모가 그 사실을 전혀 모르고 있었다는 사실이다.

나중에 피해 학생의 삭제된 휴대전화 문자를 복원했더니 무려 300통이 넘는 협박 메시지가 쏟아져 나왔다고 한다. 피해 학생이 그것을 부모에게 보여드리기만 했어도 이런 비극은 막을 수 있었을 텐데, 생각할수록 원통한 일이다.

어느 해인가 '청소년폭력예방재단'이 초등학교 5학년부터 고등학교 2학년까지 재학생 3,560명을 조사했더니 무려 22.7퍼센트가 1년 사이에 폭력 피해 경험이 있다고 응답했다고 한다. 그것이 얼마나 고통스러웠는지, 그 일로 등교 거부 충동을 느낀다는 학생이 52.1퍼센트나 되었고, 심지어는 그 일로 인해 한 번 이상 자살을 생각해 봤다는 학생도 무려 30.9퍼센트나 되었다.

여기서 내가 주목했던 것은, 이런 심각한 상황에서도 누구에게도 도움을 청하지 못한 채 혼자 견디고 있다고 응답한 학생이 57.5퍼센트나 되었다는 사실이다.

앞에서 언급했던 윤 일병의 가해자들이 왜 그토록 철저하게 윤 일병과 부모 사이를 격리시키려 했는지에 대한 이유는 삼척동자도 다 아는 사실이다. 그래서 그 사건을 접한 대한민국의 모든 부모들은 자기 자녀들에게 당부하고 또 당부했을 것이다.

"만약에 너에게 이런 일이 있으면 이유 여하를 막론하고 꼭 부모에게 알려야 한다. 부모와 상의해야 한다. 알겠니?"

나는 이 장면을 생각하면 요한계시록을 주신 하나님 아버지의 마음이 떠오른다. 요한계시록에는 어렵고 험한 세상을 살아가는 그분의 자녀들을 향한 하나님 아버지의 마음이 녹아 있기 때문이다.

많은 사람들이 요한계시록은 무서운 책 혹은 어려운 책이라는 선입견을 가지고 있다. 뿐만 아니라 요한계시록에 나오는 말씀들에 대한 해석이 다르다는 이유 때문에 믿는 형제와 자매들이 서로 싸우고 심지어는 서로에 대해 미워하고 분노하는 일까지 벌어지고 있는 현실이다. 참으로 안타까운 일이다. 하지만 요한계시록은 그런 책이 아니다.

이 책 전체를 통해 강조하고 있는 부분이지만, 요한계시록은 당시 로마 당국의 핍박으로 극심한 고통 중에 있던 초대교회 성도들을 배려해서 주신 책이다. 고통당하던 자녀들을 위로해주시기 위해, 그리고 한 걸음 더 나아가서 그 어려운 삶의 현실을 잘 이겨내고 기어이 승리할 수 있도록 돕기 위해 쓴 편지이다.

나는 이 책을 통해 이 사실을 알리고 싶었다. 그래서 책 제목을 하나님 아버지의 마음을 담은 《오늘을 견뎌라》로 정했다.

차이코프스키의 유명한 발레극 〈백조의 호수〉에 보면 여성 발레리나가 보여줄 수 있는 최고의 발레 기술인 '32회전 푸에테'가 나온다. 가냘픈 몸매의 여성 발레리나가 한 다리로 발끝을 들고서 몸을 지탱하면서, 또 다른 한 다리를 높이 들고는 지탱한 다리 주위를 휘저으며 32회전하는 동작을 보고 있노라면 감탄과 찬사가 절로 나온다.

'어떻게 서른두 바퀴를 돌면서도 넘어지지 않을 수 있을까?'

고난도의 기술을 소화해내는 것도 감탄스럽지만 32회전을 하면서도 몸의 균형을 잃지 않는 균형 감각이 신비롭기까지 하다.

그런데 그 상황에서 발레리나가 몸의 균형을 유지하는 법에 대한 어느 분의 설명을 듣고서 머리가 끄덕여졌다. 발레리나가 회전을 시작할 때 가장 먼저 하는 일은 중앙에 있는 관객 중 한 명을 골라 그를 응시하는 일이라고 한다. 그래서 몸이 회전할 때 손을 비롯하여 다른 모든 신체가 돌아갈 때 얼굴은 끝까지 그 사람을 응시하다 제일 마지막에 돌리고, 다시 몸과 손이 움직이기 전에 머리를 먼저 돌려 다시 그 사람을 응시한다는 것이다. 이런 식으로 32회전을 하는 내내 중앙에 있는 그 '한 사람'만 응시하는 것이 넘어지지 않는 비결이라는 것이다.

사실 그 이야기를 전해준 사람이 발레 전문가가 아니기 때문에 이것이 얼마나 정확한 설명인지는 모르겠지만, 나는 그 이야기 속에서 말세를 살아가는 우리들의 삶의 자세를 배운다.

이 책 제목인 《오늘을 견뎌라》라는 권면의 말씀은 힘겹고 어려운 삶을 그냥 '참고 견디라'는 뜻이라기보다는, 괴롭히는 자들에게 희생당했던 윤 일병이나 그 중학생 아이처럼 혼자서 버티는 것이 아니라 우리를 도우시는 예수님을 바라보고 응시하라는 것을 의미한다.

십자가를 앞에 놓고 고뇌하시던 주님이셨지만, 그 상황에서도 장차 제자들이 겪게 될 아픔을 연민하셔서 주셨던 누가복음 22장 31,32절 말씀을 기억한다.

"시몬아, 시몬아, 보라 사탄이 너희를 밀 까부르듯 하려고 요구하였으나 그러나 내가 너를 위하여 네 믿음이 떨어지지 않기를 기도하였노니 너는 돌이킨 후에 네 형제를 굳게 하라."

이것이 말세를 살아가는 우리를 향한 주님의 마음이라 생각한다. 그 주님의 마음으로 읽어야 하는 것이 요한계시록이다.

이 책은 요한계시록의 교리를 다룬 책이 아니라 어떤 마음으로 요한계시록을 읽어야 하는지를 밝히는 책이다. 이 책을 통하여 말세를 살아가는 이 시대 신실한 크리스천들이 "오늘을 견뎌라"라고 말씀하시며 우리를 응원하시는 예수 그리스도를 더 의지하는 계기가 되었으면 좋겠다. 물론 이 책 한 권으로 요한계시록에 기록된 모든 신비를 다 밝히 알 수는 없겠지만, 내가 바라는 것은 이것 하나이다. 좀 더 친밀한 마음으로 요한계시록을 가까이 하게 되는 것이다. 그래서 힘들 때, 어려울 때, 마음에 위로가 필요할 때 요한계시록을 집어 들어 하나님 아버지의 위로를 받을 수 있으면 좋겠다.

> 믿음의 주요 또 온전하게 하시는 이인 예수를 바라보자 그는 그 앞에 있는 기쁨을 위하여 십자가를 참으사 부끄러움을 개의치 아니하시더니 하나님 보좌 우편에 앉으셨느니라 히 12:2

이 말씀을 붙잡고 힘든 마지막 때를 잘 견뎌내는 우리 모두가 되기를 간절히 바란다.

이찬수

프롤로그

PART 1 위로의 음성을 들으라

PART 2 눈을 들어 주를 바라보라

차례

PART 3 주의 마음으로 세상을 보라

PART 4 말씀에서 답을 찾아라

PART 5 그 날의 영광을 기대하라

PART 1

위로의 음성을 들으라

요한계시록 1:7

볼지어다 그가 구름을 타고 오시리라 각 사람의 눈이 그를 보겠고 그를 찌른 자들도 볼 것이요 땅에 있는 모든 족속이 그로 말미암아 애곡하리니 그러하리라 아멘

CHAPTER

1

우리에게 주신 위로의 책

최근에 참 가슴 아픈 이야기를 들었다. 어느 가정의 아내가 잘못된 시한부 종말론에 빠져서 부부가 힘들어하고 있다는 사연이었다. 남편이 아내를 아무리 달래고 설득해도 도무지 통하지가 않았다. 그러다 급기야는 아내가 살던 집의 전세금을 빼서 종말론을 가르치는 교회 옆으로 이사를 가버렸다. 어린 자녀까지 데리고 말이다. 가정이 완전히 깨져버린 것이다.

잊혀질만하면 들려오는 이런 슬픈 이야기들의 반복이 우리 마음을 아프게 한다. 혹시 이런 이야기를 들으면서 내 주변에선 이런 일이 일어나지 않아서 다행이라고 생각한다면 맞다, 우리가 그런 잘못된 종교에 빠지지 않아서 다행인 것은 사실이다. 그러나 여기서 생각해야 할 것이 하나 있다. 혹시 건강한 교회를 다니고 있다고 자부하는 우리는 다시 오실 주님에 대해 너무나 냉랭하고 무관심한 태도를 취하고 있지는 않는가? 잘못된 성경관을 가지고 다시 오실 주님에 대해서 곡해하는 것도 문제지만, 전혀 관심을 기울이지 않고 마음을 쓰지 않는 것 역시 문제 있는 일이기 때문이다. 아니, 어떤 면에서는 오히려 이 냉랭한 태도가 더 위험한 것인지도 모른다.

가슴 아픈 오해

그렇기 때문에 교회는 이 두 가지를 병행해야 한다. 한편으로는 잘못된 종말론에 치우치지 않도록 건강한 성경 해석을 바탕으로 한 올바른 종말론을 가르쳐야 하고, 그런가 하면 또 다른 한편으로는 눈에 보이는 현실 세계에만 몰두하고 있는 수많은 크리스천들에게 그것이 잘못됐다는 것을 지적하고 교정하여 다시 오실 주님에게로 시선을 돌리게 해야 한다.

그런 차원에서 요한계시록을 살펴보는 것은 매우 중요하다. 그래서 이 책에서 요한계시록을 자세히 살펴 올바른 종말론에 대해, 그리고 마지막 때를 살아가는 우리가 지녀야 할 바른 태도에 대해 알아보려고 한다.

요한계시록은 너무 많은 사람들에게 오해를 받고 있다. 요한계시록을 '너무 무서운 책' 혹은 '너무 어려운 책'이라고 생각하여 가까이

하지 않으려고 한다. 이것은 다 오해에서 비롯된 것이다. 그렇다면 요한계시록은 무슨 목적으로 쓰였는가? 크게 두 가지로 설명할 수 있다.

핍박을 이기게 한 위로

첫째로 요한계시록은 그 당시 고통당하는 성도들을 위로하기 위해 쓴 편지이다. 우리가 알다시피 초대교회 당시 성도들은 극심한 박해를 받았다. 요한계시록을 기록한 사도 요한도 밧모 섬에 유배되어 있던 상황이었다.

그때의 상황을 한번 머릿속으로 그려보라. 예수 믿는다는 이유로 재산이 몰수되고 붙잡혀서 고문을 당하고 심지어 화형을 당하거나 아니면 콜로세움 원형 경기장에 사자 밥으로 던져지는 끔찍한 일들이 벌어지고 있는 상황이다. 그 극단적인 박해로 죽어가던 상황에서도 끝까지 그리스도인으로서의 자존심을 지켜냈던 그들의 모습이 놀라울 따름이다.

그래서 나는 초대교회를 생각하면 늘 '이것은 신비다'라는 생각이 든다. 우리라면 이런 상황에서 믿음을 지켜낼 수 있었겠는가? 아무리 생각해도 나는 자신이 없다. 이렇게 극심한 박해를 당하는데 육신을 가진 인간으로서 누가 당해낼 수 있단 말인가? 그런데 놀랍게도 초대교회 성도들은 그것을 견뎌냈다. 그래서 신비하다.

로마 당국은 바로 이 부분에서 착오를 일으켰다. '이렇게 크리스천들을 잡아 가두고 죽이고 공포에 떨게 하면 누가 예수를 믿겠는가?'라고 생각했지만, 그 결과는 우리가 다 알고 있지 않은가? 그렇게 기독교를 말살시키려고 발악하던 로마가 나중에는 기독교를 국교로 정하는 기적 같은 일들이 일어났다.

우리는 지금 너무나 평안한 시대를 살아가다 보니 나약해질 대로 나약해졌다. '만약 지금 우리에게 이런 극심한 고난이 찾아온다면 나는 과연 신앙을 제대로 지켜낼 수 있을까?'라는 질문에 고개가 갸우뚱거려지는 것이 사실이다.

하지만 생각해보면 초대교회 성도들 역시 우리와 똑같은 육신을 가졌음에도 그 박해를 능히 견뎌냈다. 그렇다면 그들이 박해에 직면했을 때 인간의 이성과 과학으로는 설명할 수 없는, 성령님이 주시는 놀라운 힘과 능력을 공급받았던 것 아닐까? 이렇게 생각하고 나니 용기가 생겼다.

'지금은 내가 이렇게 나약하지만 내가 그런 상황에 빠지고 그때 내가 하나님을 의지한다면, 어쩌면 나도 그런 박해를 이겨낼 수 있는 능력을 얻게 될지 모른다!'

샬롬과 마라나타로 승리

이런 관점으로 초대교회 상황을 묵상하면서 그들은 과연 어떻게 그런 핍박을 견뎌냈나 생각하다가, 그들이 주고받은 인사말에서 힌트를 얻었다. 그들이 주고받던 인사말이 두 가지가 있었다.

하나는 '샬롬'이다. '샬롬'은 하나님이 주시는 평안을 구하며 서로를 축복하던 인사말이다. '샬롬'이란 인사말에서 나는 '아, 그들이 박해를 이겨낼 수 있었던 것은 너무나 두렵지만 순간순간 하나님이 주시는 샬롬, 박해의 환경을 뛰어넘게 만드는 마음의 평강을 경험했기 때문이구나. 그것이 그 극심한 박해를 이겨내는 원동력이 되었겠구나' 하는 힌트를 얻었다.

그들이 주고받은 두 번째 인사말은 '주 예수여, 어서 오시옵소서'라는 뜻의 '마라나타'이다. 그들은 극심한 핍박 속에서 로마 군인의 눈초리를 피해가며 서로를 격려했던 것이다.

"형제님, 자매님, 얼마나 힘드십니까? 우리가 함께 힘을 내서 오늘의 고난을 이겨내고 나면 장차 다시 오실 주님을 만나 영광스러운 승리의 길로 들어서게 될 것입니다. 우리 같이 힘을 내십시다!"

이렇게 생각하다 보니 박해가 심했던 초대교회 사람들이 불행한 세대가 아니라 오늘 우리가 불행한 세대인 것 같다. 아무런 핍박도 없고 싸워야 할 그 무엇도 없다 보니 우리 스스로 한없이 나약해졌다. 그리고 서로에 대한 동지애도 없다. 옆에 있는 사람을 보면 동지애가 막 솟아오르는가? 혹시 라이벌이라고 생각되진 않는가? 이런 면에서 오늘 우리 세대는 참 슬픈 세대이다. 서로가 서로에 대해 어떤 동지애도 느낄 수 없는 채로 신앙생활 하는 이 세대가 슬프다.

초대교회 성도들은 극심한 박해 가운데서도 서로에게 '샬롬, 하나님이 주시는 평강을 전합니다', '마라나타, 주 예수여 어서 오시옵소서. 우리 주님을 기다립시다'라고 인사하면서 서로가 서로를 격려하고 세워주었다. 요한계시록도 이런 분위기의 연장선에서 봐야 한다.

어려운 글이 아니라 위로의 글

복음을 전하다 밧모 섬에 유배되어 있는 사도 요한에게 소아시아 일곱 교회를 통해 성도들의 극심한 고난 소식이 들리니, 그의 마음이 아팠다. 그래서 이 편지를 쓴 것이다.

그런데 감시의 눈초리가 많았던 상황에서 편지를 쓰려니, 로마 사람들이 알아볼 수 없는 크리스천만의 언어와 구약의 상징적인 언어를 가지고 쓸 수밖에 없었다. 그 언어로 '우리가 지금 이 땅에서는 고난당하고 있지만, 우리는 장차 저 박해하는 로마를 뛰어넘어 영적으로 온전히 승리하게 될 것이다'라는 격려의 메시지를 전한 것이 요한계시록이다.

자, 그렇다면 상식적으로 생각해보라. 격려하기 위해 쓰는 편지를 그렇게 협박하는 것처럼 무섭게 썼겠는가? 또 너무 어려워서 무슨 소리인지도 모르게 썼겠는가? 그런데도 요한계시록이 어렵고 무섭게 느껴지는 것은 우둔해지고 닫혀버린 우리의 영안과 하늘의 신령한 비밀을 읽을 수 없는 우리의 무지함 때문이 아니겠는가?

IVP에서 나온 요한계시록 성경공부 교재에 이런 글이 있었다.

“나름의 선입견을 가지고 접근하는 어른보다는 어린이들이 요한계시록을 더 잘 이해할지도 모르겠다. 만일 어떤 어린이가 이 책을 이야기로 듣고서 ‘어린 양이 무시무시한 짐승을 물리치고 승리해서 정말 기뻐요’라는 결론을 내린다면 그 아이는 이 책에 쓰인 것을 진정으로 듣고 마음에 새긴 것이리라.”

요한계시록의 이해에 대해 이보다 더 잘 설명한 글이 또 있을까 싶다. 사실은 우리가 너무나 쉬운 진리의 말씀을 우리 스스로 이리 꼬고 저리 꼬아서 어려워지도록 만드는 우를 범하고 있는 것 아닌가 돌아볼 일이다. 생각해보면 설교도 좀 그런 경향이 있는 것 같다. 주님은 “저 공중의 새를 보라. 들의 백합화를 보라”고 하시며 진리를 정말 쉽게 설명하셨다.

이 사실을 기억하여, 요한계시록은 어렵고 무서운 책이라는 선입견 대신에 하나님께서 이 책을 주신 목적을 잘 이해해서 이것이 우리를 위로하기 위해 쓰인 것임을 인식하고, 위로가 필요할 때 요한계시록을 펼쳐 들게 되기를 바란다.

현실 도피가 아니라 현실 돌파

둘째로 요한계시록의 기록 목적은 성도로 하여금 현재의 삶을 잘 살도록 돕기 위해서이다. 때때로 보면 요한계시록이나 예수님의 재림에 관한 가르침을 현실 도피용으로 잘못 사용하는 경우가 있는데, 그건 옳지 않다.

내가 미국 이민 생활을 정리하고 한국으로 귀국하던 1990년도에 다미선교회가 한국을 발칵 뒤집어놓고 있었다. 그들은 '1992년 10월 28일 자정에 휴거가 있을 것'이라고 주장했다. 워낙 많은 사람들이 다미선교회의 주장에 혼란스러워 해서 뉴스에도 대서특필되곤 했다. 그런데 다미선교회의 미혹에 현혹된 사람들 중에 고3 수험생이 많았다. 그때 자료를 보면 여기저기서 철없는 고3 수험생들이 준비하던 입시를 때려치우고 다미선교회를 따라 산으로 들어갔다는 내용들이 있다.

생각해보면 나도 고3 때 현실에서 도피하려는 마음이 많았던 것 같다. 그때 친구들이랑 농담 삼아 이런 이야기를 한 적이 있다.

"아, 김일성은 뭐하지? 이럴 때 안 쳐들어오고."

공부도 안 되고 답답하니까 이런 말도 안 되는 농담을 했던 것 같다. 이런 것이 다 현실 도피다. 악한 마귀는 잘못된 종말론을 사용하여 현실을 어렵게 살고 있는 사람들이 현실을 도피하도록 미혹한다. 그러나 요한계시록은 이런 식의 현실 도피를 가르치기 위해 기록한 책이 아니다. 오히려 정반대의 목적을 가지고 있다. 요한계시록은 장차 오실 예수 그리스도에 대한 소망을 심어줌으로써 어려운 삶을 사는 성도들에게 현재를 잘 살아낼 수 있도록 돕기 위해 기록되었다.

우리가 알다시피 구약의 선지자들이 장차 일어날 심판에 대해서 얼마나 무서운 어조로 경고했는가? 그런데 그들이 그렇게 무서운 어조로 미래에 일어날 일들을 예언하며 경고의 말씀을 준 목적이 무엇이었는가? 어차피 무서운 심판이 기다릴 테니 모든 걸 포기하라는 뜻이었겠는가? 아니다. 회개하고 돌이켜서 지금을 잘 살라는 것이다. 요한계시록도 마찬가지다.

병든 교회인가 건강한 교회인가를 가늠하는 잣대가 많이 있지만, 그중 하나가 바로 이것이다. 병든 교회는 막연히 미래에 대해 겁을 주고 엄포를 놓아서 현재를 잃어버리게 만든다. 그러나 건강한 교회는 현실을 온전하고 바르게 잘 살도록 격려하고 도와준다. 만약 건강한 교회 같으면 자기 교회 성도가 치우친 종말론에 빠져 남편과 별거하고 전셋집 빼서 교회 앞으로 이사 올 정도로 교회에 몰두하는데 그대로 방치하겠는가?

그러므로 기억해야 한다. '현재'가 빠진 신앙은 위험하다. 요한계시록을 주신 목적은 현재를 잘 살게 하기 위해서다. 그렇기 때문에 우리는 요한계시록을 통해 다시 오실 주님을 소망하면서 현재를 잘 살아내는 힘을 얻어야 한다.

그렇다면 말세를 살아가는 우리는 어떤 자세로 이 세상을 살아야 하는가? 나는 이 질문에 대해 크게 두 갈래로 회복해야 할 것이 있다고 생각한다. 한 갈래는 다시 오실 예수님과 관련하여 우리가 회복해야 할 마음가짐이고, 또 다른 한 갈래는 이 세상에서 만나는 사람들에 대하여 우리가 회복해야 할 마음이다.

하나님을 향한 갈망

먼저 우리가 다시 오실 예수님과 관련해서 회복해야 할 첫 번째는 '갈망하는 마음'이다. 이단들이 자신들의 해석에 따라 과도한 집중을 보이는 것이 잘못이라면 소위 건강하다고 하는 기존 교회의 문제점은 주님의 다시 오심에 대한 무관심이다. 나는 이것도 병든 상황이라고 생각한다.

이런 맥락에서 우리는 이 말씀을 꼭 기억해야 한다.

> 볼지어다 그가 구름을 타고 오시리라 각 사람의 눈이 그를 보겠고 그를 찌른 자들도 볼 것이요 땅에 있는 모든 족속이 그로 말미암아 애곡하리니 그러하리라 아멘 계 1:7

이 말씀을 통해 우리는 이 땅의 끝이 끝이 아니며, 우리 인생은 잠깐 머무는 나그네 인생이란 것을 깨달아야 한다. 우리의 본향은 따로 있다. 주님이 다시 오실 때 도래할 영원한 하나님나라에 대한 소망이 우리에게 있어야 한다. 이 갈망을 잃어버리면 제대로 된 신앙생활이 아니다. 밧모 섬에 갇혀 있던 요한도 주님의 다시 오심에 대해 얼마나 갈망했는지 모른다.

> 이것들을 증언하신 이가 이르시되 내가 진실로 속히 오리라 하시거늘 아멘 주 예수여 오시옵소서 계 22:20

오늘날 우리는 이 말씀을 그저 기록된 글자로 여기며 민숭민숭하고 무덤덤하게 읽을 때가 많지만, 이 말씀에 얼마나 절절하고 애절한 마음이 담겨 있는지 생각해보라. 도무지 끝이 보이지 않는 박해의 칼날 속에서 사람들은 이제나 저제나 예수님이 다시 오실 날만 기다렸을 것이다.

성경에 보면 갈망하는 이 마음이 구체적으로 어떤 것인지 보여주는 구절들이 많이 있다. 그중에서도 이 구절이 그 마음을 잘 보여주는 샘플이란 생각이 들었다.

> 하나님이여 주는 나의 하나님이시라 내가 간절히 주를 찾되 물이 없어 마르고 황폐한 땅에서 내 영혼이 주를 갈망하며 내 육체가 주를 앙모하나이다 시 63:1

시편 63편의 배경을 알고 나면 이 말씀 안에 얼마나 큰 갈망의 마음이 담겼는지 더 확실하게 알 수 있다. 지금 다윗은 무척 참담한 상황에 처해 있다. 아들 압살롬이 쿠데타를 일으켰다. 다윗은 압살롬을 피해 유다 광야로 피신했다. 믿었던 신하가 쿠데타를 일으켜도 수치이고 아픔인데, 아들이 쿠데타를 일으켰으니 다윗의 심경이 어땠겠는가? 그 절망적인 상황에서 다윗은 참담한 자기 심정을 표현하기를 '물이 없어 마르고 황폐한 땅'이라고 한다.

그렇게 인생의 궤도를 벗어나 실패의 자리, 참담한 자리에 빠졌을 때 다윗은 무엇을 했는가? 그는 즉시 하나님을 갈망했다. 바로 여기서 다윗의 위대함이 나타난다.

"내 영혼이 주를 갈망하며 내 육체가 주를 앙모하나이다."

살아가다가 보면 실패할 때가 있다. 인생의 궤도를 벗어날 때도 있다. 자신만만하게 출발한 가정이지만 흔들흔들 위기를 만날 수 있다. 성공을 확신하고 시작한 사업이지만 궤도를 벗어나 실패의 자리에 빠질 수 있다. 예쁘고 사랑스러운 자녀들이 옆길로 엇나가는 일이 일어난다. 그렇게 믿었던 육체의 건강을 잃어버리고 질병이라는 복병을 만날 때가 있다.

살다 보면 이렇듯 인생의 궤도를 벗어날 때가 있는데, 그런 일이 오면 어떻게 해야 하는가? 그때야말로 여호와 하나님을 앙망해야 한다. 그때야말로 하나님을 갈망해야 할 때라는 것이다. 다윗이 지금 그것을 노래하는 것이다. 오늘날 태평성대를 살아가는 우리가 잃어버린 것은 하나님을 향한 이 갈망이다. 그래서 필립 얀시는 이런 말을 했다.

"우리가 하나님께 올리는 기도 속에서 그분이 가장 중요하게 여기시는 것은 그분을 알고자 하는 우리의 열망이다."

토마스 머튼도 주님을 향한 열망과 관련해서 이런 기도를 했다.

"나의 주 하나님이여, 나는 지금 어디로 가는지 모릅니다. 내 앞에 놓인 길도 보지 못합니다. 그 길이 어디에서 끝날지 확실하게 알 수도 없습니다. 나 자신이 누구인지도 모르고 내가 지금 하는 일이 당신의 뜻에 따르는 것을 의미한다고 생각지 않습니다. 하지만 나는 당신을 기쁘게 해드리려는 열망이 정말로 당신에게 기쁨을 줄 것이라고 믿습니다."

우리는 완벽한 도덕성을 가지고 하나님을 기쁘시게 할 수 없다. 내가 가진 그 무엇으로도 하나님을 기쁘시게 할 수 없다. 다만 비록 누더기 같은 초라한 모습이지만, 그 모습 그대로 하나님 앞에 나아가 '나는 하나님을 열망합니다. 나는 하나님을 갈망합니다'라고 고백할 때 하나님이 그것을 기뻐하신다.

딸을 향한 갈망도 솟구치는데…

언젠가 나는 딸아이를 통해 '갈망하는 마음'이 무엇인지 구체적으로 경험한 적이 있다. 고3을 앞둔 딸이 스트레스가 쌓였던지 독서

실에서 공부하고는 밤늦은 시간에 놀이터에 갔다. 혼자서 놀이기구에 올라가는데 너무 어두웠던 나머지 어딘가에 코를 쿵 하고 부딪혔다. 그게 뭔지도 모르고 정면으로 부딪혔다는 아이의 말에 처음엔 대수롭지 않게 생각했는데, 다음날 보니 상태가 생각보다 심각했다. 부랴부랴 동네 병원에 가서 검사를 했더니 콧대가 내려앉았다고 큰 병원에 가야 한다는 것이 아닌가. 그때부터 '여자아이가 콧대가 내려앉았으니 이 일을 어쩌나' 걱정이 되면서 안절부절 못하기 시작했다.

어찌어찌 큰 병원에 가서 정밀검사를 했더니 수술을 해야 한다고 한다. 딸아이를 병원에 입원시켜 놓고 아내가 병간호하는 동안 나는 미리 잡혀 있던 일정들 때문에 병원에 가보지도 못하고 계속 일을 해야 했다. 몸은 교회에 앉아 회의를 하고 있는데, 마음은 계속해서 딸이 입원해 있는 병원에 가 있었다.

'지금 몇 시지? 이제 수술 시작했나? 의사가 준비하고 있나? 수술이 끝났나? 수술이 잘돼야 할 텐데….'

온통 마음이 거기에 가 있는 것이다. 나는 그 일을 겪으면서 하나님께 회개를 했다.

'나는 과연 최근에 하나님을 향해 이런 갈망을 가진 적이 있었던가?'

딸을 향해 무섭게 집중하는 내 모습을 보면서 내게도 그런 집중력과 열정이 있음을 깨달았다. 갈망이 불가능한 것이 아니었다. 나도 모르게 하나님을 향한 갈망을 잃은 채 살아가고 있었다. 그런데 그 일을 겪으며 그런 나 자신의 모습을 발견한 것이다. 그것이 하나님께 너무나 죄송했다.

하나님이 우리에게 원하시는 것은 바로 그 갈망하는 마음이다. 비록 바빠서 딸이 입원한 병원에는 못 가본다 할지라도 내 마음이 온통 딸에게 쏠려 있는 그 상태, 그것이 갈망하는 마음이라면, 우리는 우리의 구원자 되시는 하나님에 대해 그 마음을 회복해야 한다. 우리는 더치 쉬츠 목사님의 말을 꼭 기억해야 한다.

"젊은이들을 기도하도록 만들어주는 프로그램은 이 세상 어디에도 없습니다. 하나님에 대한 열정의 회복만이 역사를 바꾸는 기도, 왕의 기도를 가능하게 만듭니다. 제발, 하나님을 진짜로 만나보십시오. 누가 시키지 않아도, 하나님과 이야기를 나누고 싶어질 겁니다. 이것이 진정한 기도입니다."

주님을 인격적으로 만나지 않고 기도하는 것은 아무 쓸모없는 종교행위에 불과하다. 변질이 다른 게 아니다. 나쁜 짓을 하거나 타락한 일을 하는 것이 변질이 아니라 우리 내면에 하나님을 향한 이 갈망의 마음이 사라지는 것, 그것이 바로 변질이다.

그런데도 우리는 스스로 '나는 그런 잘못된 종말론에 빠지지 않았어'라며 헛된 자부심에 빠져 있다. 하나님은 그런 우리를 향해 이렇게 책망하고 계실지 모른다.

'네가 더 나빠. 다시 오실 주님에 대해서 갈망의 마음을 잃은 채 그렇게 무관심하고 냉랭한 마음을 가지고 있는 네가 더 나쁜 줄 알라고!'

우리 안에 하나님에 대해 갈망하는 마음이 온전히 회복되는 은혜가 있어야 한다.

예수님을 만만히 여기지 말고

그런가 하면 우리가 주님과 관련하여 회복해야 할 두 번째는 '경외심'이다. 우리는 하나님을 향한 경외심을 회복해야 한다.

요한계시록 1장에 보면 밧모 섬에 갇혀 있던 사도 요한이 어느 날 환상 중에 주님을 만나는 장면이 나온다. 그때 요한이 어떤 반응을 보이는가?

> 내가 볼 때에 그의 발 앞에 엎드러져 죽은 자같이 되매 계 1:17

사도 요한은 예수님과 어떤 관계였는가? 그는 예수님과 3년을 동고동락했다. 그가 쓴 요한복음에 보면 자기를 '예수께서 사랑하시는 그 제자'라고 묘사했다(요 19:26). 그만큼 요한은 예수님과 가까웠다. 인간의 속성은 자주 만나고 자주 밥 먹고 친해지면 경외심이 사라진다. 간혹 신학생들이나 젊은 목회자들 중에 나에게 간곡하게 메일을 보내는 분들이 있다.

"목사님, 한 번만 만나주세요. 목사님 한 번만 만나면 소원이 없겠습니다."

그래서 짬을 내서 만나면 그 분들이 얼마나 떨고 긴장을 하는지 안쓰러울 지경이다. 한번은 낯선 신학생이 찾아와서 대화를 나누는데 얼마나 긴장을 하는지, 물을 마시려고 컵을 드는데 보니까 손을 부들부들 떨고 있었다. 그런데 10년 가까이 나와 함께 사역하고 있는 우리 교회 부교역자들 중에 나 만나는 것이 긴장이 되어서 손을 부들부들 떠는 사람을 본 적이 없다. 이처럼 사람은 자주 만나고 익숙해지면 경외심도 없어지기 마련이다.

그렇다면 요한의 경우를 생각해보라. 그는 예수님의 제자로서 3년 동안 예수님과 함께 숙식을 같이 하며 동고동락하던 사이 아닌가? 그런 상황이라면 요한이 예수님을 다시 만났을 때 어떻게 반응하는 게 일반적인가? 달려가 부둥켜안으면서, "보고 싶었습니다, 주님" 이렇게 반가움을 표현하며 격의 없이 다가가는 것이 보통 사람들의 모습 아닌가? 그런데 요한은 그 상황에서 주님의 발 앞에 엎드러져 죽은 자같이 되었다. 아무리 오래 주님과 함께 지내고 교제했어도 도저히 자기 인생에 담을 수 없는 그 크신 주님 앞에서 죽은 자같이 엎드린 것이다.

우리는 다 이 부분에서 회개해야 한다. 특히 예수님을 오래 믿은 사람들, 나 같은 목사를 비롯하여 장로, 권사, 집사, 하나님을 향한 경외심을 잃어버린 사람들, 하나님이 더 이상 두렵지 않고 친숙한 옆집 아저씨 정도로 생각되는 사람들, 그래서 교회 와서 제멋대로 큰소리 내는 사람들은 다 회개해야 한다. 그리고 요한이 가졌던 주님을 향한 경외심을 회복해야 한다.

구약의 요셉이 성적으로 유혹 당하던 그날, 그 유혹에 넘어가지 않을 수 있었던 것도 하나님을 향한 경외심 때문이었다.

내가 어찌 이 큰 악을 행하여 하나님께 죄를 지으리이까 창 39:9

오늘날 한국 교회가 도덕적으로, 윤리적으로 욕을 먹게 된 근본적인 원인이 무엇인가? 하나님을 향한 경외심을 잃어버렸기 때문이다. 이 하나님을 향한 경외심을 회복해야 한다.

이웃을 향한 사랑

또한 우리는 이 세상에서 만나는 사람들, 곧 우리의 이웃을 향한 '사랑의 마음', 곧 섬김과 긍휼의 마음을 회복해야 한다.

우리는 요한계시록에서 자신도 밧모 섬에 유배되어 어려운 상황에 처해 있으면서도 성도들이 고통당하고 있다는 소식을 전해 들으며 마음 아파하는 요한의 모습을 볼 수 있다. 이것이 주님을 기다리는 사람의 자세이다.

간혹 다시 오실 주님을 열심히 기다리는 분들 중에 자신의 생각과 다르다고 하여 굉장히 공격적으로 비판하는 분들이 있는데, 그런 분들을 볼 때면 그것이 과연 옳은 종말론을 견지하는 태도일까 하는 의문이 든다. 하나님은 실로 광대하셔서 우리의 좁은 머리로는 그분을 다 담지 못한다. 어떤 면에서는 우리의 작은 머리에 그분이 다 담긴다면 그 순간 그분은 가짜 하나님이 된다. 하나님께서는 우리의 작은 머리에 담기실 정도로 작은 분이 아니시기 때문이다.

어쩌면 우리가 '하나님을 안다'고 하는 것은 '장님 코끼리 다리 만지기'랑 비슷하다. 어떤 사람은 큐티를 깊이 하다가 하나님을 만나고, 어떤 사람은 통성기도를 하다가 하나님을 만나고, 어떤 사람은 또 다른 방식으로 만난다. 마치 어느 시각장애인이 코끼리 다리를 만지고 '아, 코끼리는 기둥 같은 거구나'라고 이해를 하고, 다른 시각장애인은 코끼리 꼬리를 만지고 '아, 채찍 같은 것이 코끼리구나', 또 어떤 시각장애인은 코끼리 배를 더듬으며 '아, 침대처럼 쿠션이 좋은 게 코끼리구나'라고 할 수 있다는 것이다. 다 다르다. 그런데 그것이 다 틀린 것이 아니라 다 맞다.

똑같은 이치로 어떤 사람은 하나님에 대해 이렇게 이해하고, 어떤 사람은 저렇게 이해한다. 만약 그 안에 십자가가 빠지고 예수 그리스도가 빠져 있다면 전혀 다른 이야기겠지만, 진리 안에서 각각 다르게 하나님을 만났다면 우리는 그것을 인정해주어야 한다.

그렇지 않고 코끼리를 기둥으로 만난 시각장애인이 꼬리를 만져보고 코끼리가 채찍이라고 말하는 사람을 비난해서야 되겠는가? 오늘날 우리의 싸움이 꼭 이런 싸움이지 않은가? 우리가 회복해야 할 것은 너무 냉랭해져버린 우리의 태도이다. 나와 조금만 다르면 비난하고 비판하는 우리의 무시무시한 태도가 변해야 한다.

사랑을 딛고 진리로

사도 요한은 요한계시록을 기록하기 전에 요한일이삼서를 썼다. 요한일이삼서의 주제는 '진리와 사랑'이다. 진리를 말하되 사랑의 마음을 담아서 해야 하는 것, 사랑 없는 진리는 거짓이라는 것이다. 요한계시록보다 이것이 먼저다. 무슨 의미인가? 우리는 요한계시록이 요한일이삼서라는 사랑의 징검다리를 딛고 건너야 하는 것인 줄 믿어야 한다.

우리가 마지막 때 회복해야 하는 것은 사랑의 마음과 태도이다. 그래서 우리는 이웃을 섬겨야 한다. 나누어야 한다. 파송해야 한다. 약한 교회를 도와야 한다. 그러다가 주님이 부르시면 가는 존재가 바로 우리이다.

우리 교회에 경조부가 있는데, 그 분들이 하는 일은 슬픔을 당한 교우들을 찾아가 섬기고 그 슬픔을 함께 나누는 것이다. 경조부에서 섬기는 어느 권사님의 인터뷰를 들었다. “힘들지 않으세요?” 하고 묻는 질문에 그 분이 이렇게 대답하셨다.

“아유, 참 힘들어요. 새벽에 나오는 거. 그런데 가만히 생각해보니까 어두운 밤이 우리 앞에 쉬 다가올 텐데, 하고 싶어도 할 수 없는 날이 눈앞에 금방 다가올 텐데, 조금이라도 건강이 있을 때, 힘이 있을 때 하루라도 섬기는 일을 하고 싶어요.”

이것이 말세를 사는 우리의 자세여야 한다. 뜬구름 잡는 이상한 진리에 몰두하는 것이 아니라 우리 삶에 밀착되어 있는 이웃을 돌아보는 이 사랑의 자세가 회복되어야 한다. 그래서 하나님을 향해서는 갈망하는 마음과 경외하는 마음이 회복되어야 하며, 이웃을 향하여는 사랑과 섬김으로 함께 이 마지막 때를 잘 살아내는 것, 그것이 우리에게 주어진 사명이다.

요한계시록 2:1-7

에베소교회의 사자에게 편지하라 오른손에 있는 일곱 별을 붙잡고 일곱 금 촛대 사이를 거니시는 이가 이르시되 내가 네 행위와 수고와 네 인내를 알고 또 악한 자들을 용납하지 아니한 것과 자칭 사도라 하되 아닌 자들을 시험하여 그의 거짓된 것을 네가 드러낸 것과 또 네가 참고 내 이름을 위하여 견디고 게으르지 아니한 것을 아노라 그러나 너를 책망할 것이 있나니 너의 처음 사랑을 버렸느니라 그러므로 어디서 떨어졌는지를 생각하고 회개하여 처음 행위를 가지라 만일 그리하지 아니하고 회개하지 아니하면 내가 네게 가서 네 촛대를 그 자리에서 옮기리라 오직 네게 이것이 있으니 네가 니골라 당의 행위를 미워하는도다 나도 이것을 미워하노라 귀 있는 자는 성령이 교회들에게 하시는 말씀을 들을지어다 이기는 그에게는 내가 하나님의 낙원에 있는 생명나무의 열매를 주어 먹게 하리라

CHAPTER

2

끝까지 지켜야 하는 것

《우리는 사도행전적 교회를 꿈꾼다》라는 책이 있다. 그 책에서 저자인 하용조 목사님은 이 땅에 오신 예수님에게 세 가지 비전이 있으셨다고 말한다. 주님의 세 가지 비전 중에서 첫 번째 비전은 십자가이다. 인생을 구원하기 위해 이 땅에 오신 주님은 33년의 기간 동안 온통 십자가에 초점을 맞추는 삶을 사셨다는 것이다. 그런가 하면 예수님은 두 번째로 교회를 세우시는 비전을 갖고 계셨다.

또 내가 네게 이르노니 너는 베드로라 내가 이 반석 위에 내 교회를 세우리니 음부의 권세가 이기지 못하리라 마 16:18

그리고 세 번째로 예수님은 성령님을 우리에게 보내주시는 꿈을 가지고 계셨다는 것이다.

내가 아버지께로부터 너희에게 보낼 보혜사 곧 아버지께로부터 나오시는 진리의 성령이 오실 때에 그가 나를 증언하실 것이요 요 15:26

십자가, 교회, 성령님의 세 가지 비전을 주님이 갖고 계셨다는 요지의 글을 읽으면서 새삼 '아, 교회란 것이 얼마나 소중한 존재인가?'라는 마음이 들었고, 그런 교회를 섬기는 목회자로서 정말 잘해야겠다는 다짐이 생겼다. 우리가 지금 살펴보고 있는 요한계시록에서도 교회에 대해 매우 중요하게 다루고 있다.

교회들을 향한 편지

요한계시록의 주제를 정리하면 크게 세 가지로 나눌 수 있는데, 첫째가 마지막 때를 알려주는 '종말론', 둘째가 예수님에 대해 알려주는 '기독론', 세 번째가 '교회론'이다. 사실 요한계시록의 수신자는 개인이 아니라 교회이다.

요한은 아시아에 있는 일곱 교회에 편지하노니 계 1:4

또한 요한계시록 전체를 보면 크게 요한이 본 네 가지 환상에 대해서 서술하고 있는데, 요한이 경험한 네 가지 환상 중에 두 가지는 교회에 관한 것이고 두 가지는 세상 심판에 관한 것이다.

요한이 경험했던 첫 번째 환상은 요한계시록 1장 9절부터 3장까지 나오는 일곱 촛대에 관한 환상이다. 일곱 촛대는 당시 소아시아 지방에 있었던 일곱 교회를 의미하는 것으로 요한계시록에 나오는 첫 번째 환상의 주제는 교회이다.

두 번째 환상은 요한계시록 4장부터 16장까지 나오는 일곱 인, 일곱 나팔, 일곱 대접에 관한 환상이다. 이것은 모두 타락한 세상을 향한 심판에 관한 메시지이다. 그러니까 두 번째 환상의 주제는 세상이라고 할 수 있다.

그런가 하면 세 번째 환상은 요한계시록 17장부터 20장까지 나오는 큰 성, 바벨론의 멸망에 관한 환상인데, 여기서 큰 성 바벨론은 세상을 상징하기 때문에 이 주제 역시 세상에 대한 심판이라고 할 수 있다.

마지막 네 번째 환상은 요한계시록 21장 1절부터 22장 5절까지 나오는 거룩한 성 새 예루살렘에 관한 환상인데, 여기서 새 예루살렘은 완성된 교회를 상징하기 때문에 마지막 환상의 주제는 교회이다.

이것이 요한계시록의 큰 줄거리이다. 이런 맥락에서 말세를 살고 있는 우리가 요한계시록을 잘 읽으면 교회와 관련하여 많은 유익을 얻을 수 있다.

구체적으로 어떤 유익을 얻을 수 있을까? 먼저 요한계시록의 말씀은 '비록 현실에서는 교회가 고난 중에 있지만 교회는 반드시 승리한다'는 확신을 얻게 한다. 또한 '말세에 교회들이 어떤 자세를 견지해야 하는가?'에 대한 많은 지침을 얻을 수 있다.

교회의 주관자는 오직 예수

요한계시록 2,3장에 나오는 소아시아의 일곱 교회를 향해 주신 주님의 말씀도 마찬가지다. 우선 그 말씀에서 우리는 교회와 관련된 중요한 두 가지 포인트를 발견할 수 있다.

첫째로 우리는 이 말씀을 통해 교회의 주관자는 예수 그리스도시라는 사실을 직시하게 된다. 이것이 첫 번째 포인트다.

> 에베소교회의 사자에게 편지하라 오른손에 있는 일곱 별을 붙잡고 일곱 금 촛대 사이를 거니시는 이가 이르시되 계 2:1

주님은 자신을 '일곱 별을 붙잡고 일곱 금 촛대 사이를 거니시는 이'라고 묘사하시는데, 여기 나오는 일곱 별과 일곱 촛대에 대해서는 요한계시록 1장 20절에 분명하게 설명되어 있다.

일곱 별은 일곱 교회의 사자요 일곱 촛대는 일곱 교회니라 계 1:20

다시 말해서 이 말씀을 통해 주님이 주시는 선명한 메시지는 교회를 주관하는 분은 예수 그리스도시라는 것이다.

교회의 주관자는 목사도 아니고 장로도 아니고 권사도, 집사도 아니다. 교회를 주관하시는 분은 오직 예수 그리스도시다. 우리는 한시도 이 사실을 잊어서는 안 된다. 오늘날 교회 타락의 모든 출발은 다 이것을 망각하는 데서 시작한다.

이런 점에서 보면 나 같은 목회자가 훨씬 더 위험한 지점에 서 있다. 담임목사랍시고 앞장서서 일하다 보면 문득문득 나 자신이 얼마나 위험에 노출되어 있는지 스스로 느끼곤 한다. 그렇기 때문에 날마다 자각해야 한다. 목사인 나는 그저 교회에 있어서 중요한 직책을 맡았을 뿐이지 내 존재 자체가 중요한 것이 아님을 인식하고 또한 자주 입으로 시인해야 한다. 이것을 잊는 것만큼 위험한 범죄 행위도 없기 때문이다. 교회에서는 주님 한 분만 중요하면 된다. 주님 외에 다른 사람 누구도 중요해선 안 되는 곳이 교회이다.

방해만 안 하면 된다!

내가 2009년에 안식년을 가질 때 안식년 가기 전 마지막 예배 광고 시간에 성도들에게 이런 인사를 했다.

"제가 내일부터 안식년을 떠납니다. 1년 동안 제가 여러분 앞에서 사라져드리겠습니다. 1년 동안 제가 분당우리교회에서 사라짐으로 말미암아 모든 성도님들이 분당우리교회에 이찬수라는 존재가 없어도 하나님의 교회가 손색없이 유지된다는 사실을 깨달으실 때쯤 다시 돌아오겠습니다."

사실 교회를 개척하고 그때까지 하나님의 은혜로 교회가 세워지고 성장했기 때문에 안식년을 가져야겠다는 필요를 느낄 만큼 피곤하지도, 지치지도 않았다. 그래서 안식년을 갖지 않으려다가 갑자기 마음이 바뀌었는데, 그것은 이 사실을 깨달았기 때문이다. 교회란 곳이 담임목사가 있으면 부흥하고 없으면 흔들거리면 안 된다는 사실 말이다. 안식년을 다녀오면 이 부분에 대한 점검이 되리라 생각했다.

실제로 1년 가까이 안식년을 다녀왔는데도 교회는 아무런 문제없이 오히려 더 부흥하고 성장했다. 섭섭할 정도로 그 기간 동안에 아쉬워하며 나를 찾는 성도들이 없었다. 지금도 이 교훈이 우리 교회에도, 또 나에게도 절실하다.

간혹 나를 찾아와 이렇게 묻는 분들이 있다.

"목사님, 교회 부흥의 비결이 뭡니까?"

만약 후배들이 이런 질문을 하면 나는 "무슨 그런 질문이 다 있느냐"고 싫은 소리를 한다.

"진짜 교회 부흥을 원하나? 담임목사인 당신이 방해만 안 하면 교회는 부흥한다. 우리 같은 목사들이 방해만 안 하면 교회는 부흥하게 되어 있다."

사실 친한 후배들에게 하는 소리이긴 하지만 나 자신에게 하는 말이기도 하다. 주님의 십자가를 자양분으로 하는 교회는 그 자체가 부흥이다. 만약 '나'라는 존재가 인간적으로 힘을 써서 교회가 성장했다고 하면 그것은 숫자가 늘어난 것이지 부흥이 아니다. 우리는 요한계시록을 통해 교회의 주권자는 오직 예수 그리스도 한 분뿐이시라는 사실을 뼈저리게 배워야 한다. 다른 어떤 사람도 주님이 누리셔야 할 영광의 자리를 탐내서는 안 된다. 모두가 다 자기 자리로 돌아가서 주님의 주권을 인정해드릴 때 거기서 교회의 부흥이 시작된다.

책망도 격려가 된다

둘째로 요한계시록에서 발견할 수 있는 포인트는 책망도 격려가 될 수 있다는 사실이다.

소아시아의 일곱 교회를 향한 주님의 말씀을 보면 거기에는 칭찬과 격려도 있지만 추상같은 꾸지람도 있다. 등골이 오싹할 정도다.

그러나 너를 책망할 것이 있나니 너의 처음 사랑을 버렸느니라 계 2:4

요즘 말로 하면 완전히 돌직구 날리신 것이다. 심지어 사데교회를 향해선 이런 말씀도 하셨다.

> 내가 네 행위를 아노니 네가 살았다 하는 이름은 가졌으나 죽은 자로다 계 3:1

정말 추상같은 꾸지람이다. 요한계시록은 말세를 사는 성도들을 격려하기 위해 쓴 편지인데, 그런 계시록에 이런 책망이 있다는 것은 무엇을 의미하는가? 진정한 격려는 잘못을 잘못이라고 지적해서 그 것을 고치도록 하는 것이지, 그저 눈감아주고 얼버무린 채 등만 두 드려주는 게 아니라는 것이다. 그런 의미에서 주님의 책망 역시 사랑 가득한 격려란 것을 알아야 한다.

이런 차원에서 오늘날 교회 강단에서 선포되는 말씀들이 표면적 인 격려에만 머무는 것을 경계해야 한다. 진정한 격려는 엄중하고 날 카로운 책망을 포함한다. 하나님의 말씀을 받은 종으로서 때로는 힘든 성도를 따뜻하게 격려해야 하겠지만, 때로는 악역도 맡아서 책 망하고 꾸짖는 설교도 피하면 안 된다. 그러기 위해선 목회자인 나 부터 더 긴장하고 하나님 앞에 바로 살아야 한다. 그래서 이 사실을 늘 가슴에 새기기 위해 애쓰고 노력하는 것이다.

우리가 다 주님의 주권을 인정해드리고, 그분이 우리를 꾸짖으실 때 그 말씀을 수용하는 진정한 겸손이 우리 안에 회복되기를 바란다. 이 같은 전제 아래 소아시아 일곱 교회를 향해 주신 주님의 말씀들을 좀 더 구체적으로 살펴보자. 그중에서도 에베소교회를 향해 주신 말씀을 살펴보자.

진리를 잡았다

에베소교회에 대해 묵상하면서 말세를 맞은 이 시대의 교회들이 어떤 자세를 취해야 하는가에 대해 참으로 중요한 원칙을 발견했다. 말세의 교회가 유지해야 할 두 가지 균형이 있다는 것이다.

첫 번째 균형은 '진리 수호'이다. 에베소교회를 향해 주님이 어떤 칭찬들을 해주시는가?

> 내가 네 행위와 수고와 네 인내를 알고 또 악한 자들을 용납하지 아니한 것과 자칭 사도라 하되 아닌 자들을 시험하여 그의 거짓된 것을 네가 드러낸 것과 또 네가 참고 내 이름을 위하여 견디고 게으르지 아니한 것을 아노라 계 2:2,3

주님은 가장 먼저 에베소교회의 행위와 수고와 인내를 칭찬해주신다. 또 악한 자들을 용납하지 않고 거짓된 것을 드러낸 것과 예수님의 이름을 위해 견디고 게으르지 아니한 것을 칭찬해주신다.

이 내용들을 종합해보면 에베소교회는 극심한 로마 당국의 박해 속에서도 믿음을 잘 지켰다. 그리고 온갖 이단의 공격과 유혹 속에서도 흔들리지 않고 진리를 수호한 교회였다. 그러고 보면 바울이 에베소교회를 떠나면서 눈물로 한 설교가 그 결실을 맺은 것 같다.

"내가 떠나고 나면 사나운 이리들이 교회를 어지럽게 할 텐데, 그 때 흔들리지 말고 진리를 잘 지켜라"(행 20:29-31 참조).

사도 바울의 눈물의 호소를 에베소교회 성도들이 깊이 깨닫고 새겨서 이리들의 공격을 잘 막아내고 진리를 지켰다는 것이다. 얼마나 귀한 일인지 모른다. 《요한계시록 어떻게 설교할 것인가》란 책에서 백석대학교 이우제 교수는 이 부분을 이렇게 설명한다.

"에베소교회는 교리를 신실히 붙잡는, 오늘날로 말하면 정통파 교회로서 유서 깊은 신학적 정통을 가지고 있고 뛰어난 성경공부 프로그램도 있어서 거짓된 이단 사상과 가르침을 분별할 수 있는 나름대로의 신앙적 경륜을 가진 교회였다."

정말 부러운 교회이다. 이렇게 진리를 수호하고자 애썼던 에베소교회는 우리가 닮아야 하는 교회의 모범이다. 특히 말세를 맞은 오늘 이 시대 교회들은 진리 수호라는 에베소교회의 덕목을 배워야 한다. 이 시대는 진리가 모호해져버린 시대이다. 진리가 모호하다 보니 이것도 진리 같고 저것도 진리 같다. 바로 이 모습이 오늘 우리 시대의 현실이다.

그렇기 때문에 우리가 영적으로 타협하기 쉬운 현실에 물들지 않기 위해서는 진리 수호에 대한 결단이 필요하다. 코끼리 다리도 코끼리고, 코끼리 꼬리도 코끼리라고 인정하는 포용력은 우리에게 필요하나, 단 한 가지 분명하게 해야 하는 것은 코끼리를 보고 코끼리라고 해야지 코뿔소를 만져놓고는 코끼리라고 우겨서는 안 된다는 것이다. 분명히 살아 계신 하나님이 하나님 되심을 인정하는 진리 사수를 전제로 한 포용력이 되어야 한다. 우리는 모두 진리 수호에 힘썼던 에베소교회처럼 하나님의 말씀을 사모하고 묵상하여 진리 수호를 위해 몸부림쳐야 한다.

그러나 사랑을 놓쳤다

그런가 하면 교회가 견지해야 하는 두 번째 균형은 '사랑 수호'이다. 주님께 그렇게 칭찬 들었던 에베소교회가 주님의 꾸지람을 듣게 된 부분이 있다.

> 그러나 너를 책망할 것이 있나니 너의 처음 사랑을 버렸느니라 계 2:4

에베소교회는 진리 수호라는 귀한 일을 했지만, 사랑을 놓쳤다. 그들은 왜 그렇게 진리를 지키기 위해 애를 썼는가? 그 출발점은 주님을 향한 사랑이었을 것이다. 그런데 시간이 지나면서 그 사랑의 정신은 사라지고 껍데기만 남게 된 것이다. 여기서 우리가 기억해야 할 중요한 교훈은, 진리를 수호하는 것도 중요하지만 사랑을 수호하는 것 역시 놓쳐서는 안 되는 더없이 중요한 균형이라는 사실이다.

나는 아주 엄격하고 보수적인 교단인 장로교 고신 교단에서 자랐다. 그래서 아주 철저하게 배웠다. 나는 어릴 때 그렇게 엄격한 교단에서 신앙생활 한 것에 대해 감사와 자부심을 느낀다. 그런데 바로 이 부분에서 역효과도 있었다.

나는 주일에는 돈을 쓰면 안 되고, 나의 유익을 위해 시간을 써서도 안 된다고 배웠다. 그랬기 때문에 고3 입시생이던 때에도 주일에는 책을 닫고 공부를 하지 않았다. 심지어는 집에서 교회까지 3,40분 걸리는 거리를 걸어서 다녔다. 버스를 타려면 돈을 써야 했기 때문이다. 그리고 아침부터 주일학교 교사와 성가대로 봉사하고 대학부 멤버로 활동하면서 교회에서 점심으로 주는 잔치국수 한 그릇으로 하루를 버텼다. 보통 이른 아침에 집을 나와서 저녁 7시 저녁 예배를 드린 후에야 집에 가는데, 밥 한 끼 먹자고 중간에 왕복 80분 거리의 집에 갈 수도 없고, 주일에는 식당에서 돈을 주고 밥을 사 먹을 수도 없으니 그냥 굶고 저녁 예배에 들어가는 것이다.

그러고 예배에 앉아 있으니 말씀이 귀에 들어오질 않았다. 제일 은혜로운 말씀은 설교를 빨리 끝내는 목사님의 말씀이었고, 설교가 조금만 길어져도 목사님을 향한 미움이 싹 트고 은혜가 안 되었다. 또 그 안에 담긴 정신은 모른 채 행위만 지키다 보니 정죄를 많이 하게 되었다. 나는 배고파 죽겠는데 옆에 앉은 사람에게서 짜장면 냄

새가 솔솔 나면 속으로 얼마나 정죄했는지 모른다.

'어떻게 주일날 돈을 주고 짜장면을 사 먹고 교회에 와?'

그때에도 교회의 의식 있는 어른들 중에서 이런 말씀을 하는 분들이 계셨다.

"우리에게 훌륭한 '고신 교단'의 정신은 다 죽고 행위만 남아 있는 것은 아닌가?"

그때 그 분들이 무엇을 염려했던 것인지 나중에 나이가 들어서야 이해가 됐다. 주일날 돈 안 쓰고, 저녁 굶고, 버스도 안 타는 그 행위 안에 어떤 마음이 담겨 있었는가? 주님을 더 잘 사랑하고자, 더 잘 섬기고자 하는 정신이 담겨야 하는데, 시간이 가면서 그 정신은 없어져버리고 그저 기계적으로 습관적으로 행위만 지키게 되어버린 것이다. 오늘 우리도 이런 위험에 노출되어 있다. 예수 믿은 지 2,3년만 지나도 이런 정죄, 저런 정죄를 해대는 위험에 노출될 수 있다.

사랑 안에서 진리 잡기

이처럼 진리 수호가 너무나 중요하지만, 진리 수호가 제대로 된 진리 수호이기 위해서는 사랑의 수호가 필요하다. 우리가 진리를 왜 지켜야 하는가? 주님을 사랑하기 때문이다. 그것을 잃어버리고 나면 우리 내면이 경직되어버린다. 마치 바리새인들처럼 말이다. 그러다 보니 사나워지는 것 아닌가.

간혹 문제가 생겨 두 파로 나뉘어 서로 싸우는 교회가 있다. 그런 교회에서 중재를 부탁해서 가서 이야기를 들어보면, 정말 신기한 일이 벌어진다. 분명히 두 편으로 갈려 싸우고 있으니 진리에 비추어 어느 쪽은 틀리고 어느 쪽은 옳다는 판단이 서야 하는데, 들어보면 둘 다 맞다. 참 신기한 일이다. 다 교회를 사랑하지만 진리를 수호하는 데 너무나 극단적으로 치우쳐서 그것 때문에 싸우기 때문이다. 왜 이런 일이 일어나는지 너무 궁금했는데, 성경에서 그 답을 찾았다.

오직 사랑 안에서 참된 것을 하여 엡 4:15

한글 성경에는 없지만 영어 성경에 보면 여기에 'speaking'이란 단어가 있다.

"speaking the truth in love."

즉, 이 말씀은 '사랑 안에서 진리를 말하는 것'을 강조한 말씀이다. 왜 진리를 말하는 A파와 B파가 싸우는데, 교회가 같이 망하는가? 그들이 진리는 사수했을지 몰라도 사랑을 잃어버렸기 때문이다. 진리를 남 죽이자고 휘두르는 순간 더 이상 그것은 진리가 아니게 된다. 남을 정죄하자고 휘두르는 것은 진리가 아니다. 진리는 사람을 살리고, 교회를 살리고, 서로 용서하고 하나 되고 베풀려고 하는 것이다.

이런 면에서 오늘날 우리 그리스도인들은 세상으로부터 '사납다'라는 평을 듣는 것에 대해 회개하고 돌이켜야 한다. 때로 책망하고 꾸짖고 잘못된 것을 잘못되었다고 말하는 것이 필요할지라도, 그것이 사나움으로 연결되어선 안 된다. 아무리 꾸짖고 책망하는 것이 필요하다 할지라도 경직되어선 안 된다는 말이다.

영적 신축성을 가져라

사실 우리나라 사람들은 좀 경직된 성향을 가지고 있다. 미국 메릴랜드주립대 미셸 갤펀드 교수가 30여 개국 심리학자와 함께 '경직된 문화와 유연한 문화의 차이'에 대해 공동 연구를 진행하며 33개 나라 문화의 경직성 정도를 조사했다. 그런데 조사 결과, 참으로 가슴 아프게도 우리나라가 33개국 가운데 문화경직도 5위에 올랐다. 그만큼 많이 경직되어 있다는 뜻이다.

여기서 경직된 사회란 엄격한 사회 규범을 가지고 있고 일탈행동을 하는 것에 대해서는 관용적이지 않은 사회를 말한다. 우리나라가 규범을 정해놓고 조금만 벗어나면 정죄하고 비난하기 좋아하는 것으로 33개국 가운데 5위라는 것이다. 이것이 우리 사회의 현실이니 어떻게 하면 좋겠는가? 바로 이런 우리를 위해서 예수님이 주신 놀라운 메시지가 있다.

새 포도주를 낡은 가죽 부대에 넣지 아니하나니 그렇게 하면 부대가 터져 포도주도 쏟아지고 부대도 버리게 됨이라 새 포도주는 새 부대에 넣어야 둘이 다 보전되느니라 마 9:17

새 포도주의 특징은 발효를 한다는 것이다. 그래서 새 포도주는 시간이 흐를수록 그 부피가 늘어난다. 또한 이런 특징을 가진 새 포도주를 담을 새 가죽부대의 특징은 신축성이다. 그래서 부피가 늘어나는 새 포도주를 새 가죽부대에 담으면 신축성 있게 부피가 늘어나기 때문에 터지지 않는다. 반대로 낡은 가죽부대의 특징은 경직성이다. 그렇다 보니 내용물의 부피가 늘어나면 터져버리는 것이다.

예수님이 지금 이 말씀을 누구에게 하고 계신가? 바리새인들이다. 예수님이 바리새인들에게 이 말씀을 주신 이유가 무엇일까? 자기들만의 전통에 갇혀 경직되어버린 그들에게 영적인 포용력과 수용력을 가져야 한다고 말씀하시는 것이다. 경직된 틀 안에서 내 잣대를 가지고 남을 정죄하고 판단하는 것이 아니라 새 포도주를 담을 수 있도록 새 가죽부대처럼 용납해주고 포용해주고 수용해주는 영적인 신축성을 요구하고 계신 것이다.

혹시 우리 가운데 진리는 사수하고 있는데 사랑을 수호하고 있지 못한 사람이 있는가? 그렇다면 주님의 이 경고의 말씀을 깊이 받아야 한다.

나는 지금까지 담배를 피워본 적이 없다. 그러나 나는 담배를 피우는 사람을 정죄해본 적도 없다. 뭣 하러 남을 정죄하는가? 그것은 그 사람과 하나님과의 관계이다. 그래서 처음 교회를 개척할 때 교회 안에 흡연실을 만들까 하는 생각도 잠깐 했었다. 교회 개척 장소가 학교다 보니 실행에 옮기진 못했지만, 지금도 내 생각에는 변함이 없다. 담배 안 피우고 교회 밖에서 방황하는 것보다 담배를 피우더라도 교회 안에서 구원의 도를 함께 나누는 것이 낫다. 물론 이것이 담배를 피우라고 권장하는 이야기는 아니다. 우리에게 영적인 신축성이 있어야 한다는 것이다.

게다가 나는 우리가 정죄하고 비난하지 않더라도 그가 은혜 받고 하나님의 사랑에 휩싸이면 그 은혜 안에서 담배를 끊는 능력이 나타날 줄 믿는다. 그러니 우리는 수용해주고 포용해주는 영적인 신축성을 발휘해야 한다.

해답은 하나님의 은혜

이제 사랑을 수호해야 하고 영적인 신축성을 가져야 한다는 사실을 알게 된 우리는 무엇을 어떻게 해야 하는가? 주님이 그 대안을 주신다.

귀 있는 자는 성령이 교회들에게 하시는 말씀을 들을지어다 이기는 그에게는

내가 하나님의 낙원에 있는 생명나무의 열매를 주어 먹게 하리라 계 2:7

도덕적으로 결심한다고 신축성이 생기는 게 아니다. 하나님 앞에서 은혜를 받아야 한다. 미국에 계시면서도 늘 한국에서 목회하는 아들 걱정에 끊임없이 기도하시고 염려하시는 어머니는 내게 이런 말씀을 자주 하신다.

"내 말 잘 들어라. 성도들은 은혜 받으면 순한 양이 되고 은혜 못 받으면 사나운 이리가 된다. 이 사실을 절대 잊지 마라. 그러니 목회하다가 어려운 일이 생길 때 인간관계로 풀고 정치로 풀고 편법 쓰려고 하지 말고 그럴 때일수록 더욱 은혜의 양식을 공급하려고 애써야 한다."

나는 이 말씀을 들을 때마다 이것이 정말 나를 향한 경고의 메시지로 들려진다. 나는 정말 인간적인 방법으로 목회하는 것이 아니라 하나님의 은혜의 통로로 쓰임받길 원한다. 하나님이 주신 은혜를 성도들에게 잘 공급하여 그 생명의 열매를 받아 먹고 누리는 교회가 된다면, 성도들은 순한 양처럼 신축성 있고 포용력 있게 진리를 사수하는 동시에 사랑도 사수하여 용서하고 용납하는 데 앞장서는 균형 있는 그리스도인들이 되리라 믿는다.

그러니 우리는 이 두 가지를 잊지 말고 하나님께 구해야 한다. 하나님의 은혜를 받아 영적인 신축성을 발휘하며, 진리를 지키는 동시에 사랑을 지키는 두 가지 균형을 유지하게 해달라고 말이다. 그래서 진리를 사수하는 것과 사랑을 사수하는 것, 이 두 가지 균형을 갖추고 낡아빠진 헌 가죽부대가 아니라 새 가죽부대처럼 포용력과 신축성 있는 유연한 그리스도인이 되기를 간절히 바란다.

요한계시록 2:8-11

서머나교회의 사자에게 편지하라 처음이며 마지막이요 죽었다가 살아나신 이가 이르시되 내가 네 환난과 궁핍을 알거니와 실상은 네가 부요한 자니라 자칭 유대인이라 하는 자들의 비방도 알거니와 실상은 유대인이 아니요 사탄의 회당이라 너는 장차 받을 고난을 두려워하지 말라 볼지어다 마귀가 장차 너희 가운데에서 몇 사람을 옥에 던져 시험을 받게 하리니 너희가 십 일 동안 환난을 받으리라 네가 죽도록 충성하라 그리하면 내가 생명의 관을 네게 주리라 귀 있는 자는 성령이 교회들에게 하시는 말씀을 들을지어다 이기는 자는 둘째 사망의 해를 받지 아니하리라

CHAPTER

3

주님이 알아주시면 됐다

요한계시록에 기록된 소아시아 일곱 교회를 향한 주님의 메시지를 보면, 주님께 꾸지람 듣지 않고 칭찬만 받았던 교회는 일곱 교회 중에 서머나교회와 빌라델비아교회 딱 두 곳뿐이다. 사실 영적으로 보면 서머나교회는 부러움의 대상이 될 만큼 참 좋은 교회가 틀림없지만 육적으로는 말로 다할 수 없는 고통과 고난, 극심한 박해 가운데 있던 교회였다.

당시 서머나교회가 자리 잡고 있던 서머나 지역은 에베소, 버가모와 더불어 아시아의 로마 속령 중에서 가장 큰 도시 중 하나였다고 한다. 게다가 항구도시로 무역이 활발했기 때문에 경제적으로 매우 부유한 지역이었다. 그리고 서머나 지역은 당시 로마 정부에 충성을 다하던 도시로도 유명했다. 로마 정부에 정성을 다해 세금과 조공을 바치고, 황제숭배사상에 적극적으로 협조하던 도시였다. 로마의 역사가 키케로(Cicero)는 서머나 지역을 가리켜 이렇게 말할 정도였다.

"우리의 동맹 중에 가장 신실한 동맹이 바로 서머나 지역이다."

그래서인지 그 지역 그리스도인들에게 황제숭배사상은 큰 문제였다. 유일신 하나님을 섬기는 그리스도인이 아무리 마음이 좋고 너그러워도 절대로 타협할 수 없는 것이 여호와 하나님 외에 다른 신의 존재를 두는 것이기 때문이다.

그러다 보니 로마 제국에 협조적이던 당시 서머나의 분위기에 눈엣가시 같은 존재가 바로 예수쟁이들이었다. 요즘 같으면 인터넷에 '개독교' 하고 욕하고 끝나지만, 그때는 그런 정도가 아니었다. 예수 믿는다는 이유로 일자리도 구할 수 없고 재산을 몰수당하기도 하는 등 극단적인 박해를 당했다. 그러다 보니 그 부유한 도시에서 눈에 띄게 가난하고 어려운 삶을 살던 자들은 다 그리스도인들이었다.

그래서 주님은 이렇게 말씀하신 것이다.

내가 네 환난과 궁핍을 알거니와 계 2:9

여기서 '환난'은 원어로 '큰 바위가 짓누르다'라는 뜻으로, 이 단어만으로도 엄청난 고통을 당하고 있던 서머나교회 성도들의 상황을 충분히 짐작할 수 있다. 모두가 다 넉넉하고 부유하게 사는 상황 속에서 예수 믿는 사람들만 찢어지게 가난하고 바위로 짓누르는 듯한 고통 속에 살아야 했다. 그럼에도 어떻게 끝까지 믿음을 지켜낼 수 있었는가? 솔직히 오늘날 믿음 좋다는 크리스천들 가운데서 이런 상황에서 믿음을 지킬 사람이 얼마나 있겠는가?

그렇기 때문에 나는 이런 생각을 해보았다. 초대교회 사람들도 우리와 똑같이 연약한 육신을 가진 평범한 사람에 불과한데, 그들이 그 극심한 고난과 박해를 이겨낼 수 있었던 것은 지금의 태평성대를 사는 우리가 절대로 경험하지 못하는 그들만의 특별한 영적 체험이 있었으리라고 말이다. 그런 것이 없었다면 그들이 어떻게 견뎌낼 수 있었겠는가.

그렇다면 그 특별한 영적 체험과 은혜가 무엇이었을까? 늘 그것이 궁금했는데 요한계시록 말씀 속에서 힌트를 얻었다. 당시 고통당하던 서머나교회 성도들에게는 주님이 주신 특별한 영적 은혜가 두 가지 있었다.

내가 안다

첫 번째는 '위로해주심' 혹은 '격려해주심'이었다. 요한계시록 2장 9절 말씀에서 "내가 네 환난과 궁핍을 알거니와"라고 하셨는데, 여기서 '알다'라는 단어는 단순히 '내가 네 고통을 안다' 정도의 지적인 앎을 말하는 게 아니다. 이 단어와 비슷한 의미를 가진 단어가 출애굽기에 나온다.

> 여호와께서 이르시되 내가 애굽에 있는 내 백성의 고통을 분명히 보고 그들이 그들의 감독자로 말미암아 부르짖음을 듣고 그 근심을 알고 출 3:7

여기서 쓰인 '안다'라는 단어의 히브리어는 '야다'이다. 이것은 부부가 하나 되어 서로 아는 것처럼 친밀하게 아는 것을 뜻한다. 부부가 서로 안다는 것은 단순히 지식적으로 아는 것을 뛰어넘어 감정적, 의지적, 전인격적으로 안다는 뜻이다. 구약의 이 단어를 헬라어로 번역할 때 쓴 단어가 '주님이 서머나교회의 환난과 궁핍을 안다'라고 했을 때의 그 '안다'이다.

즉, 십자가에서 고통을 몸소 체감하셨던 주님은 극도로 궁핍한 생활과 극심한 박해와 고통 중에 있던 서머나교회 성도들의 상황을 지식적으로 아는 것이 아니라 전인격적으로 알고 계셨다는 것이다. 이 말씀이 고통 중에 있던 서머나교회 성도들에게 얼마나 큰 위로가 되었겠는가?

오늘 이 시대를 살아가는 우리 가운데도 이런저런 아픔과 고통 가운데 있는 사람들이 많다. 그런 분들에게 주님의 이 위로의 말씀이 들려지기를 간절히 바란다.

'내가 너 힘든 것, 수고하는 것 다 안다.'

하나님이 나를 기억하신다

나도 이런 위로를 받은 기억이 있다. 30여 년 전 스물세 살 때, 시카고에서 인생의 밑바닥을 기고 있던 때의 일이다. 정부에서 주관하는 랭귀지 스쿨에 등록을 하면 영어도 공짜로 가르쳐주고 정부에서 장학금 명목으로 보조금을 조금 준다는 정보를 얻었다.

차도 없고 영어도 못할 때였는데, 물어물어 겨우 지하철을 타고 그곳을 찾아갔다가 조건이 맞지 않아서 퇴짜를 맞고 돌아왔다. 낙심된 마음을 달래며 집으로 돌아가는 지하철을 탔다. 당시 시카고는 40도를 육박하는 더운 날씨여서 심신이 지쳐버린 나는 초점 하나 없는 눈으로 지하철 맨 끝 자리에 머리를 기댄 채 앉아 있었다. 누가 봐도 '저 청년이 지금 낙심해 있구나'라는 것을 금방 눈치 챌 정도로 눈에 띄게 지치고 피곤해하던 모습이었다.

그런데 그날 나는 평생 잊을 수 없는 만남을 경험했다. 내 옆에 한 미국 신사가 앉았다. 내 행색이 너무 초라하고 불쌍해 보였는지 내게 말을 걸어왔다. 그도 그럴 것이 당시 내 사진을 보면 광대뼈는 툭 튀어나오고 눈은 쑥 들어가 꼭 해골 같은 몰골이었다.

존(John)이라는 이름을 가진 크리스천이라고 자신을 소개한 그

신사는 진심으로 나를 대해주었다. 영어 한마디 제대로 할 줄 모르는 나를 위해 아주 천천히 말을 건넸다. 내가 못 알아들으면 몇 번을 설명해주고 또 설명해주었다.

그렇게 더듬더듬 대화를 나누었는데, 어려운 내 처지를 이해해주는 그가 고마워서 나도 모르게 마음을 열고 그와 대화를 나누었다. '나는 미국에 온 지 얼마 안 됐고, 취직이 안 돼서 힘들고, 오늘 랭귀지 스쿨에 등록하러 갔다가 잘 안되었다'는 등의 이야기를 했다.

다운타운에서 집까지 꽤 먼 거리였는데 그 시간 동안 존(John)은 나를 많이 위로해주었다. 그러다 그 분이 지하철에서 내릴 때가 되자 갑자기 지갑에서 5불을 꺼내 '점심 한 끼 사먹으라'고 하며 내게 건네주었다. 나는 그것이 나를 향한 사랑의 표현임을 알았다.

끝내 사양하여 그 돈을 받지는 않았지만, 그것이 내게 얼마나 위로가 되었는지, 지금까지도 잊혀지지 않는 일이다. 하나님을 많이 원망하던 때였는데 그 분을 통해 '아, 하나님이 그래도 나를 기억하시는구나'라고 위로를 받았던 것이 기억난다. 그런 위로가 서머나교회에 있었던 것이다.

힘든 일로 아파하는 누군가를 위해 따뜻한 말 한 마디 건네는 작은 사랑의 표현이 죽어가는 사람을 살려내는 힘이 될 수 있음을 나는 잘 안다. 그 작은 섬김을 통해서 하나님은 일하고 계시단 사실을 기억하면서 우리는 주변을 둘러봐야 할 것이다.

내가 너를 인정한다

두 번째로 주님은 그들을 '인정해주심'으로 용기를 북돋아주셨다. 9절 말씀을 다시 한 번 보자. 주님은 서머나교회를 향해 "내가 네 환난과 궁핍을 알거니와 실상은 네가 부요한 자니라"라고 말씀하셨다. 온 세상 사람들에게 손가락질 당하고 극심한 궁핍 가운데 있는 그들에게 주님은 이렇게 말씀하신 것이다.

"영안을 열고 봐라. 너는 절대로 가난하지 않다. 너는 부요한 인생이다."

이 말씀이 그들에게 정말 큰 감동이었을 것이다. 서머나교회를 향해 주신 '인정해주심'의 말씀과 상대적인 말씀이 라오디게아교회를 향한 말씀이다.

> 네가 말하기를 나는 부자라 부요하여 부족한 것이 없다 하나 네 곤고한 것과 가련한 것과 가난한 것과 눈 먼 것과 벌거벗은 것을 알지 못하는도다 계 3:17

나는 이 부분을 읽을 때마다 두 말씀이 대조되면서 너무 두렵다. 솔직히 내가 섬기고 있는 분당우리교회는 육적으로 봤을 때 서머나교회 같은 상황이 아니다. 오히려 라오디게아교회와 같은 부유한 교회에 속한다. 그래서 두려운 것이다.

오늘 우리가 겉으로 보이는 풍요로움만 바라보고 주님 앞에 방심하여 영적으로는 지극히 가난한 상태가 되어 “네 곤고한 것과 가련한 것과 가난한 것과 눈 먼 것과 벌거벗은 것을 알지 못하는도다”라는 주님의 책망을 들을까봐 두렵다. 이것을 피하기 위해선 어떻게 해야 하는가? 주님이 우리에게 대안을 주신다.

> 내가 너를 권하노니 내게서 불로 연단한 금을 사서 부요하게 하고 흰 옷을 사서 입어 벌거벗은 수치를 보이지 않게 하고 안약을 사서 눈에 발라 보게 하라
>
> 계 3:18

바로 우리의 영안이 밝아져야 한다. 아무리 사람들이 칭찬하고 떠받들어도 우리가 안약을 사서 눈에 발라 영안이 밝아져 주님께 이런 고백을 해야 한다.

‘하나님, 저희는 영적으로 빈곤합니다. 세상의 소문만 무성할 뿐이지 저희는 영적으로 빈곤합니다. 하나님의 은혜를 구합니다.’

나는 사실 사람들에게 ‘잘한다, 부럽다’는 칭찬의 말을 들을 때마다 그런 칭찬에 취해서 내 영안이 어두워져 실상은 초라한 인생이 되어버릴까봐 늘 두렵다. 우리는 늘 우리의 영안이 열려져 우리의 실상을 제대로 볼 수 있도록 하나님께 기도하고 깨어 있어야 한다.

칭찬이든 비난이든 10년만 지나봐라

나는 우리 교회 성도들이 영적으로 부유하기를 원한다. 영적으로 풍성하기를 원한다. 그래야 우리 교회가 부유한 교회가 되는 것이다. 우리 교회 장로님들, 권사님들, 순장님들, 안수집사님들이 사람들의 관심을 받으며 그 자리까지 가면서 라오디게아교회와 같은 형편이 되어 방심하다가 결정적으로 주님께 '너는 영적으로 가난하다'는 책망을 받는 일이 없기를 바란다.

그래서 이런 면에서 우리 교회가 서머나교회와 같은 교회가 되었으면 좋겠다는 생각을 한다. 사람들이 인정을 하든 안 하든 그것이 중요한 것이 아니다. 정말 중요한 것은 '중심을 보시는 하나님께서 우리를 어떻게 인정하시는가'이다. 하나님이 부유하다고 인정하신 서머나교회 같은 교회가 행복한 교회이다.

언젠가 우리 교회 교역자 한 사람이 이런 질문을 했다.

"목사님, 우리가 하는 사역을 두고 사람들이 오해해서 가끔씩 목사님을 비판하는 소리가 들릴 때 억울하지 않으십니까?"

나는 그 질문에 이렇게 대답했다.

"처음에는 나도 기분이 나빴지만 그런 일에 마음 안 쓰기로 한 지 좀 되었습니다. 사람들이 나를 칭찬해주고 세워준다고 한들, 또 사람들이 오해하고 비난한다고 한들 그것이 얼마나 오래가겠습니까? 사람들의 평가는 일시적인 것입니다. 곧 잊혀질 사람들의 평가나 입

방아에 마음 쓰는 바보가 되고 싶지는 않습니다."

이 말은 진심이다. 우리 윗대 어른들을 생각해보라. 한 시대를 대표하던 유명한 목회자들도 은퇴하고 시간 지나면 다 잊혀진다. 결국 이렇게 잊혀질 이 세상에서 사람들에게 좋은 평가를 받겠다고 연연하며 마음 쓰는 일이 어리석은 것 아니겠는가?

광야의 소리처럼

나는 이런 태도를 세례 요한에게서 배웠다. 그리고 이런 점에서 나는 세례 요한을 정말 존경한다. 세례 요한에게 사람들이 몰려들던 때가 있었다. 사람들이 다가와 호기심을 가지고 그에게 묻는다.

"당신은 대체 누구입니까? 어디서 왔습니까? 당신은 대체 어떤 존재입니까?"

그러자 세례 요한이 자신의 존재를 이렇게 말한다.

> 이르되 나는 선지자 이사야의 말과 같이 주의 길을 곧게 하라고 광야에서 외치는 자의 소리로라 하니라 요 1:23

나는 은퇴할 때까지 이 말씀을 가슴 깊이 담고 싶다. 세례 요한은 자신의 존재를 '광야에서 외치는 자의 소리'라고 했다. 소리의 특징은 메시지를 전달하고는 조용히 사라진다는 것이다. "여러분, 사랑합니다" 하고 외치면 '여러분, 사랑합니다'라는 메시지를 전달한 소리는 사라진다. 만약 그 소리가 사람들의 뇌리 속에 잊혀지고 싶지 않아서 계속 울림으로 소리를 낸다면 사람들은 일대 혼란에 빠지게 될 것이다.

세례 요한은 자신을 그런 '광야의 소리'라고 말했다. 그는 예수 그리스도를 높이고 그분을 증거하는 역할이 끝나면 소리 없이 사라지기를 원했다. 이것은 우리에게 정말 큰 메시지이다. 잊혀지고 싶지 않아 발버둥치는 데서 타락과 변질이 시작되기 때문이다.

나도 이런 부분에 대해 하나님께 기도하며 매달린다.

"하나님, 제가 소리이길 원합니다. 몇 년이 남았는지는 모르지만 이 교회에 저의 역할이 다 끝났을 때 미련 갖지 말고 소리 없이 사라지길 원합니다."

이런 마음을 갖기 시작하니 아등바등하는 일이 예전에 비해 많이 없어졌다. 누가 오해해서 뭐라고 욕을 해도 예전보다 덜 답답해졌다. 물론 아직 완전한 경지는 아니지만, 마음에 상당한 자유를 누리게 되었다. 누가 칭찬을 하든 욕을 하든, 그것은 소리일 뿐이다. 조금 지나면 다 잊혀진다. 그렇기 때문에 다른 사람의 인정을 받으려고 발버둥치는 것은 공허하기 짝이 없는 허무만 남을 뿐이다.

'세상 누가 뭐라고 해도 너는 부요한 자다'라고 하나님께 인정받았던 서머나교회처럼 우리는 하나님께 인정받아야 한다. 주님의 그 인정하심이 힘을 얻는 원동력이 된다. 서머나교회가 받았던 두 가지 신비, 주님의 위로하심과 주님의 인정하심을 늘 공급받는 우리 모두가 되었으면 좋겠다.

역사와 생명의 주관자

요한계시록 2,3장의 일곱 교회를 향한 메시지를 읽어보면, 주님은 각 교회를 향해 각각 다르게 자신을 묘사하고 계신다. 그렇다면 서머나교회 성도들을 위로하고 인정해주신 주님이 그들에게는 자신을 어떻게 묘사하고 계시는가? 서머나교회를 향해서는 이렇게 자신을 묘사하신다.

> 서머나교회의 사자에게 편지하라 처음이며 마지막이요 죽었다가 살아나신 이가 이르시되 계 2:8

주님은 자신을 '처음이며 마지막이요 죽었다가 살아나신 이'라고 말씀하신다. 여기에는 두 가지 의미가 있다. 첫 번째는 역사를 주관하시는 분은 하나님이심을 강조하는 것이고, 두 번째는 사망 권세를 이기는 하나님의 능력을 강조하는 것이다. 하나님은 극심한 고통 중에 있던 서머나교회 성도들을 향해 이런 메시지를 통해 힘을 주고자 하신 것이다.

'나는 역사를 주관하는 자다. 생명을 주관하고 사망의 권세를 깨뜨리는 자다. 죽음으로 끝나지 않고 부활한 하나님이다. 그러니 육신의 죽음을 두려워 말고 나를 바라보며 힘을 얻으라!'

어려움을 겪고 있는 성도의 집에 심방을 다녀오면 많은 분들이 "목사님이 다녀가심으로 큰 위로를 받았습니다"라고 말한다. 하물며 역사를 주관하시고 생명을 주관하시는 하나님이 우리의 고통을 위로해주신다고 하면 그것이 얼마나 큰 능력과 위로가 되겠는가?

자꾸 사람에게 기대고 사람에게 위로 받으려고 하면 거기에 중독된다. 하나님으로부터 오는 진정한 위로는 받지 못한 채 사람에게 위로받는 것으로 만족하게 되어버린다.

그래서 나는 가끔, 약간 불친절한 교회를 만나는 것도 나쁘지 않다는 생각을 한다. '어떻게 이 교회는 위로해주는 사람이 하나도 없어? 할 수 없이 주님만 찾아야겠다'라고 생각할 수 있다면 그런 교회야말로 우리에게 필요한 교회가 아닐까 싶어서 말이다. 중요한 것은 진정한 능력자 되시는 주님으로부터 위로를 받아야 한다는 것이다.

생명의 면류관을 주리라

주님은 서머나교회 성도들을 위로하시면서 또한 그들에게 두 가지 명령을 내리신다.

너는 장차 받을 고난을 두려워하지 말라 볼지어다 마귀가 장차 너희 가운데에서 몇 사람을 옥에 던져 시험을 받게 하리니 너희가 십 일 동안 환난을 받으리라 네가 죽도록 충성하라 그리하면 내가 생명의 관을 네게 주리라 계 2:10

첫 번째 명령은 '고난을 두려워하지 말라'는 것이고, 두 번째 명령은 '네가 죽도록 충성하라'는 것이다. 주님은 이 두 명령을 서머나교회에 주시면서, 그 명령을 잘 지키면 '생명의 관'을 주겠다고 말씀하신다. 이것이 이 본문의 핵심이다.

생명의 면류관을 주시겠다는 뜻이 무엇인가? 이에 대해 대부분의 학자들이 공통적으로 하는 이야기가 생명의 면류관이 '영생'을 가리킨다는 것이다. 그러므로 주님은 그들에게 영생을 주겠다고 하신 것이다. 이어지는 11절을 보자.

귀 있는 자는 성령이 교회들에게 하시는 말씀을 들을지어다 이기는 자는 둘째 사망의 해를 받지 아니하리라 계 2:11

여기서 둘째 사망이 구원받지 못한 자들이 받는 지옥의 형벌을 이야기하는 것이라면 모두 연결이 된다. 그런데 이 말씀을 묵상하다가 의문이 생겼다.

'그렇다면 우리가 극심한 고통의 불로 연단 받고 고통당하면서 그것을 이겨야만 구원받는 것인가? 구원은 은혜로 받는 것 아닌가? 그런데 왜 주님은 극심한 고통 속에 있는 사람들에게 그것을 이겨내고 극복하면 영생을 주겠다고 약속하시는 것일까? 이것이 무슨 의미일까?'

고통은 지나간다

이것을 곰곰이 묵상하다가 중요한 세 가지를 깨달았다. 첫째는 우리의 시선을 현재의 고통에서 영원으로 옮겨야 한다는 것이다.

우리가 고통당할 때는 우리의 시선이 온통 현재의 어려움에만 쏠리기 쉽다. 요한계시록을 읽다 보니 주님이 일곱 교회 중에서 생명의 면류관을 주겠다고 약속한 교회는 서머나교회밖에 없다. 우리가 고통 중에 있을 때 고통당하는 현실에만 몰두하면 절대 그 고통을 이길 수 없다. 우리의 눈을 '지금'이 아니라 '영원'으로 돌릴 때 현재의 고통을 이겨내는 능력을 얻을 줄 믿는다.

이런 맥락에서 10절 하반절을 다시 보자.

> 너희가 십 일 동안 환난을 받으리라 네가 죽도록 충성하라 그리하면 내가 생명의 관을 네게 주리라 계 2:10

여기에 나오는 '십 일 동안'이란 표현도 마찬가지다. 이것을 문자적으로만 해석해선 안 된다. 미국 웨스트민스터신학교의 그레고리 빌 교수는 이 표현의 배경을 다니엘서 1장에서 찾는다.

청하오니 당신의 종들을 열흘 동안 시험하여 채식을 주어 먹게 하고 물을 주어 마시게 한 후에 당신 앞에서 우리의 얼굴과 왕의 음식을 먹는 소년들의 얼굴을 비교하여 보아서 당신이 보는 대로 종들에게 행하소서 하매 그가 그들의 말을 따라 열흘 동안 시험하더니 열흘 후에 그들의 얼굴이 더욱 아름답고 살이 더욱 윤택하여 왕의 음식을 먹는 다른 소년들보다 더 좋아 보인지라 단 1:12-15

그는 '십 일 동안'의 배경을 여기 나오는 '열흘 동안 시험하더니'라는 말씀에서 인용하여 설명한다. 열흘 동안 다니엘과 세 친구들의 믿음을 테스트한 것처럼 서머나교회의 성도들이 당하는 고통은 '십 일 동안 환난을 받는 것' 즉 한시적으로 테스트를 받는다는 것이다. 다시 말해 그 고통이 영원하지 않다는 뜻이다. 고통을 당하는 순간에는 그 고통이 마치 영원한 것처럼 느껴진다. 그러나 하나님은 그것이 아니라고 말씀하신다. 그 고통은 한시적이고 제한된 것으로 반드시 지나간다는 것이다.

오늘날 우리 가운데 어려움에 처해 있는 자들이 있다면 서머나교회의 성도들과 마찬가지로 이 말씀을 깨닫게 되기를 바란다. 우리가 이 사실을 인식할 때 고난 속에서도 담대함을 얻게 될 것이다.

더 극심한 고통 가운데 있는 자들이 있다

둘째는 우리에게 닥치는 고통은 공동체를 향한 고통인 경우가 많다는 것이다.

> 너희 가운데에서 몇 사람을 옥에 던져 시험을 받게 하리니 계 2:10

이 말씀에서 요한은 '너희 가운데에서'라고 복수형을 쓰고 있다. 이 표현은 서머나교회 공동체를 가리킨다. 여기서 우리가 깨달아야 하는 것은 마지막 때에 사탄이 공격하는 대상은 우리 개인이기도 하지만 주로 교회라는 것이다. 따라서 우리는 나 혼자만 고통당하고 있다고 생각할 것이 아니라 공동체적으로 대처해야 한다.

그리고 너희 가운데에서 '몇 사람'이 옥에 던져 시험받게 된다는 것은 고통 받는 공동체 중에 특별히 더 고통 받는 누군가가 있다는 말이다. 그래서 우리는 어려움을 당하고 고통 가운데 있을 때 지금도 누군가는 나보다 더 극심한 고통을 당하고 있다는 사실을 기억해야 한다. 나만 그렇게 힘든 것이 아니다.

사실 생각해보면 나는 목회자로서 꽤 상황이 편안한 편이다. 가정도 크게 속 썩이는 일 없이 무난한 편이다. 아내를 잘 만나 부부싸움이라는 것이 거의 없고, 세 아이들도 사춘기 치고는 정말 무던하게 지나고 있다. 하나님이 나에게 여러 가지 은혜를 주셨다. 이런 나의 상황을 어떻게 해석해야 하는가?

이렇게 좋은 환경을 주신 것은 이 모든 것을 나 혼자 누리라고 주신 특혜가 아니라 말씀 그대로 '너희 가운데에 몇 사람을 옥에 던져 시험을 받게 하리니' 그 극심한 어려움 가운데 있는 성도들을 말씀으로 위로해주라고 하심임을 믿는다. 우리는 우리의 상황이 편안할 때는 물론이고 우리가 고통 중에 있을 때에라도 나보다 더 극심한 고통에 있는 자들이 있음을 기억하고 그들을 위로하고 섬기는 자리로 나아가야 한다.

열흘의 고통

셋째로 우리의 고통이 하나님의 살아 계심을 증거하는 도구가 된다는 사실이다. 요한계시록과 관련하여 마르바 던이라는 신학자가 《약할 때 기뻐하라》라는 책을 썼다. 그 책에 보면 저자가 대학원 시절에 유대인 철학자에게 강의를 들었다고 한다. 그 유대인 철학자는 유대인 랍비들이 전하는 미드라쉬(midrash, 해설된 성경이야기)를 가지고 창세기 22장에 나오는 아브라함이 외아들 이삭을 바치는 사건을 설명했다고 한다. 그 미드라쉬는 다음과 같다.

아브라함이 하나님께 물었다.

"제가 왜 이 일을 겪어야 했나요? 제 충성심을 알아보기 위해 이 시험을

필요로 하셨습니까?"

하나님이 대답하셨다.

"아니다. 나는 너를 시험할 필요가 없었다."

그러자 아브라함이 말했다.

"그렇다면 제 자신의 충성심을 검증하기 위해 저에게 시험이 필요했나요?"

다시 하나님이 대답하셨다.

"아니다."

"그럼 무엇 때문에 제가 이 일을 겪어야 했나요?"

아브라함이 물었다. 하나님이 대답하셨다.

"열방에게 증거하기 위해서다."

이것이 내게 큰 깨달음이 되었다. 이 대목을 읽으면서 나는 왜 '30년 전 시카고에서 밑바닥 같은 초라한 인생의 과정을 겪어야 했을까? 왜 극심한 터널을 지나는 인생의 밤을 겪어야 했을까?'를 다시 생각해보게 되었다. 이 원리에 의하면 하나님은 그 일을 통해 열방에 하나님의 살아 계심을 증거하기를 원하신다는 것이다.

내가 인생의 밑바닥을 지나고 있던 스물세 살 때는 그 시간이 영원처럼 느껴졌다. 도대체 어떤 희망도, 빛도 보이지 않았다. 아침에 잠이 깨도 눈을 뜨고 싶지 않았고, 저녁에 눈을 감으면 영원히 눈을 감게 해달라는 말도 안 되는 신음소리를 내곤 했다. 그 고통은 끝날 조짐이 보이지 않았다.

그런데 지나고 보니 성경의 말씀처럼 '열흘'이었다. 하나님은 왜 나로 하여금 그 죽을 것 같던 터널을 거쳐 지나오게 하셨을까? 그 과정을 통해 내가 절망 가운데 있는 수많은 사람들에게 하나님이 오늘도 일하고 계시다는 사실을 증거하는 도구로 쓰이고 있다고 믿는다.

지금 어떤 어려움을 겪고 있는가? 두 가지 사실을 꼭 기억하라. 그것은 영원하지 않다. 열흘이다. 곧 끝난다. 지금 겪고 있는 고통이 영원처럼 힘들지만 반드시 지나가고 반드시 끝이 온다. 이 사실을 꼭 기억해야 한다.

그리고 또 하나 우리가 붙잡아야 할 것이 있다. 지금의 이 고통을 통해 언젠가는 누군가에게 위로가 되고 열방에 하나님이 하나님 되심을 증거하는 도구가 될 것이라는 믿음이다. 이 믿음이 우리에게 필요하다.

그러니 우리는 고통당할 때 우리의 시선을 현재에만 두지 말고 영원하신 하나님, 처음과 끝을 주관하시고 죽음과 생명을 관장하시는 능력의 하나님에게로 옮겨야 한다.

또한 내 고통과 아픔에만 집중하지 말고 주변에 나보다 더 고통당하는 자, 나보다 더 절망적인 자들이 있음을 늘 기억하고 그들에게로 시선을 돌려야 한다. 그래서 지금 나의 고통이 그들에게 위로와 격려가 되는 인생이 되어야 한다.

이 소망을 붙잡고 현실의 어려움을 능히 이겨내는 우리 모두가 되자.

요한계시록 3:7-13

빌라델비아교회의 사자에게 편지하라 거룩하고 진실하사 다윗의 열쇠를 가지신 이 곧 열면 닫을 사람이 없고 닫으면 열 사람이 없는 그가 이르시되 볼지어다 내가 네 앞에 열린 문을 두었으되 능히 닫을 사람이 없으리라 내가 네 행위를 아노니 네가 작은 능력을 가지고서도 내 말을 지키며 내 이름을 배반하지 아니하였도다 보라 사탄의 회당 곧 자칭 유대인이라 하나 그렇지 아니하고 거짓말하는 자들 중에서 몇을 네게 주어 그들로 와서 네 발 앞에 절하게 하고 내가 너를 사랑하는 줄을 알게 하리라 네가 나의 인내의 말씀을 지켰은즉 내가 또한 너를 지켜 시험의 때를 면하게 하리니 이는 장차 온 세상에 임하여 땅에 거하는 자들을 시험할 때라 내가 속히 오리니 네가 가진 것을 굳게 잡아 아무도 네 면류관을 빼앗지 못하게 하라 이기는 자는 내 하나님 성전에 기둥이 되게 하리니 그가 결코 다시 나가지 아니하리라 내가 하나님의 이름과 하나님의 성 곧 하늘에서 내 하나님께로부터 내려오는 새 예루살렘의 이름과 나의 새 이름을 그이 위에 기록하리라 귀 있는 자는 성령이 교회들에게 하시는 말씀을 들을지어다

CHAPTER

4

내가 너를 지켜주리라

빌라델비아교회는 서머나교회와 더불어 소아시아 일곱 교회 중에 예수님에게 책망은 듣지 않고 칭찬만 들었던 귀한 두 교회 중에 한 교회이다. 빌라델비아교회와 서머나교회를 살펴보다가 이 두 교회에 공통점이 있다는 것을 발견했다.

그 두 교회 모두 극심한 핍박 가운데 있었고, 주변 환경이 좋지 않았다. 서머나교회 지역이 로마의 황제 숭배 정책에 가장 적극적으로 동조했던 도시 중 하나였던 것처럼 빌라델비아교회 지역은 우상숭배가 극심했던 곳이었다. 헬라 혼합 종교가 득세하였고, 여러 신전들이 있었다. 그래서 '작은 아테네'라고 불리기도 했다.

그토록 영적으로 혼미한 지역에서 신앙생활을 하려다 보니 성도들이 얼마나 혼란스러웠겠는가? 이것을 보면 반드시 신앙 환경이 좋아야 신앙생활을 잘하는 것이 아님을 알 수 있다. 오히려 그 반대인 경우가 많다. 이런 점에서 서머나교회와 빌라델비아교회는 참으로 귀하다.

말씀과 현실의 아이러니

빌라델비아교회에 대해 본격적으로 살펴보기 전에 먼저 봐야 하는 구절이 있다. 요한계시록 3장 7절 말씀이다.

> 빌라델비아교회의 사자에게 편지하라 거룩하고 진실하사 다윗의 열쇠를 가지신 이 곧 열면 닫을 사람이 없고 닫으면 열 사람이 없는 그가 이르시되

앞에서 언급한 것처럼 소아시아 일곱 교회를 향해 말씀하실 때 주님은 먼저 자신에 대해 묘사하신다. 각 교회에 주시는 묘사가 모두 다른데, 빌라델비아교회를 향해서는 자신을 '거룩하고 진실하신 분', 또 '다윗의 열쇠를 가지신 분'으로 묘사하신다. 이 부분에 대해 고려신학대학원 교수회에서 집필한 《요한계시록 주석》은 이렇게 설명한다.

"여기 나오는 다윗의 열쇠란 메시아가 가지고 있는 열쇠라는 뜻인데, 곧 메시아이신 예수님께서 생명과 사망, 천국과 지옥, 세상의 모

든 권세를 가지고 계심을 나타낸다."

이런 권세를 가지신 주님이 자신에 대해 '열면 닫을 사람이 없고 닫으면 열 사람이 없다'고 말씀하신다. 그런 강력한 능력을 가지고 계신 주님이 빌라델비아교회를 향해 이렇게 말씀하신다.

> 볼지어다 내가 네 앞에 열린 문을 두었으되 능히 닫을 사람이 없으리라 계 3:8

이게 무슨 말인가? 다윗의 열쇠를 가지신 능력 많으신 주님이 지금 강력한 능력으로 복음 전파의 문을 활짝 열어두셨다는 의미이다. 그야말로 주님의 강한 파워를 느낄 수 있다. 그런데 당시 빌라델비아교회는 초라하기 짝이 없는 교회, 그야말로 옹색한 교회였다.

빌라델비아교회의 삼중고

그들에게는 현실적으로 겪어야 했던 엄청난 박해와 고난이 있었다. 첫째로 그들은 로마 정부로부터 극심한 핍박을 받았고, 둘째로 동족인 유대인들에게까지 괴롭힘을 당했다. 요한계시록 3장 9절에 보면 "보라 사탄의 회당 곧 자칭 유대인이라 하나 그렇지 아니하고 거짓말하는 자들 중에서"라는 표현이 나오는데, 이걸 보면 동족인 유대인들이 빌라델비아교회를 핍박하고 있었다는 걸 알 수 있다.

그런가 하면 빌라델비아 지역은 활화산 지대로 지진이 자주 일어나 환경적인 고통도 겪어야 했다. 자료를 보면 주후 17년에 그 지역에 대지진이 일어났다. 그래서 도시 전체가 폐허가 되었는데, 당시 로마 정부가 조공 바치는 것을 5년간 유예해줄 정도로 극심한 지진이었다고 한다. 그렇게 계속되는 지진 때문에 빌라델비아 지역 사람들은 불안한 가운데 지내야 했다.

이렇게 이중 삼중으로 고난을 당하는 그들이었지만, 그들에게는 그 고난을 감당할 힘이 없었다. 요한계시록 3장 8절에 보면 주님은 그들을 향해 이렇게 말씀하신다.

"네가 작은 능력을 가지고서도."

여기에 나오는 '작은 능력'은 정말 미약한 능력, 없는 것이나 다를 바 없는 능력을 말한다. 여기 쓰인 '작다'라는 단어는 헬라어로 '미크란'이라는 단어인데, '어리다, 작다, 거의 없다'란 뜻을 가지고 있다. 여기서 영어단어 '마이크로(micro)'가 파생되었다. 이 단어가 얼마나 초라한 것을 나타내는 단어인지 보려면 신약에서 이 단어가 쓰인 다른 곳을 보면 된다.

> 그들에게 이르시되 누구든지 내 이름으로 이런 어린아이를 영접하면 곧 나를 영접함이요 또 누구든지 나를 영접하면 곧 나를 보내신 이를 영접함이라 너희 모든 사람 중에 가장 작은 그가 큰 자니라 눅 9:48

여기 나오는 '작은'이 바로 '미크란'이다. 당시 유대 사회에서 여자와 어린아이는 사람 취급도 받지 못했다. 그렇게 미천한 존재로 취급받던 어린아이를 가리킬 때 사용되었다면, 이 단어가 얼마나 보잘것없고 초라한 것을 가리키는 단어인지 알 수 있다.

즉, 지금 우리가 살펴보고 있는 빌라델비아교회 사람들이 그렇게 초라하기 짝이 없는 존재란 것이다. 요즘으로 치면 상가 한쪽에 자리한 아주 조그만 교회, 겉보기엔 너무나 미약해서 뭐라고 격려하기에도 조심스러운 그런 교회를 주님이 칭찬해주신 것이다. 그것도 열면 닫을 사람이 없고 닫으면 열 사람이 없는 강력한 능력으로 그 앞에 열린 문을 두셨다는 것이다.

고난 속에서도 인내할 수 있는 힘

주님은 강력한 능력을 가지고 교회를 열린 문으로 인도하신다는데, 현실은 초라하기 짝이 없다. 그렇다면 지금 주님이 빌라델비아교회를 향해 말씀하시는 그 강력하심은 무엇을 의미하는가? 나는 이것을 두 가지 힘으로 정리해보았다.

주님이 주기를 원하셨던 강력한 힘, 그 첫 번째는 고난 속에서도 인내할 수 있는 힘을 이야기한다. 빌라델비아교회 성도들은 지극히 미약한 능력을 가지고서도 예수님의 말씀을 지켰다(계 3:8). 그 말씀은 '인내의 말씀'이다.

네가 나의 인내의 말씀을 지켰은즉 계 3:10

이것이 주님이 말씀하시는 능력이다. 우리는 자꾸 하나님의 말씀을 우리에게 좋고 유리하도록 해석한다. 우리는 하나님의 능력을 슈퍼맨이 가진 것 같은 탁월한 능력, 어떤 환경도 뒤집어엎을 수 있는 강력한 능력으로 생각한다. 그러나 우리가 생각하는 능력과 하나님이 말씀하시는 능력에는 차이가 있다.

능력에 대한 오해

성경이 말하는 능력은 그런 능력과는 거리가 멀다. 대표적인 구절이 빌립보서 4장 13절 말씀이다.

내게 능력 주시는 자 안에서 내가 모든 것을 할 수 있느니라

많은 사람들이 이 말씀을 정말 좋아한다. 읽기만 해도 얼굴이 확 펴진다. 식당 같은 데 가보면 이 구절을 액자로 걸어놓은 곳이 많다. 나는 식당에 들어가서 벽에 걸린 이 구절을 만나면 반가우면서도 한편으로는 이런 생각이 든다.

'이 식당 주인은 둘 중에 하나다. 엄청나게 용감하거나 아니면 무식하거나.'

그 식당 주인이 벽에 그 말씀을 걸어놓으며 생각한 그 능력은 어떤 능력이었을까? 아마도 "온 동네 식당이 불경기로 다 망해도 하나님의 은혜로 우리 식당은 망하지 않을 줄 믿습니다" 하는 능력이었을 것이다. 그런데 그것은 오해다. 이 구절을 제대로 보려면 그 앞에 있는 구절도 함께 봐야 한다.

> 내가 궁핍하므로 말하는 것이 아니니라 어떠한 형편에든지 나는 자족하기를 배웠노니 나는 비천에 처할 줄도 알고 풍부에 처할 줄도 알아 모든 일 곧 배부름과 배고픔과 풍부와 궁핍에도 처할 줄 아는 일체의 비결을 배웠노라 빌 4:11,12

이 같은 전제 하에서 그 다음 구절인 "내게 능력 주시는 자 안에서 내가 모든 것을 할 수 있느니라"가 나오는 것이다. 다시 말해, 여기서 말하는 '능력'이란 어려운 상황과 환경을 뛰어넘고 초월하는 차원에서의 능력을 말한다. 따라서 문맥 안에서 말씀을 이해하면 식당 벽에 걸린 이 말씀은 이런 뜻이 된다.

"저에게는 환경을 초월하는 주님의 능력이 함께하기 때문에 식당이 망해도 괜찮습니다."

이처럼 하나님이 말씀하시는 능력은 환경을 초월하는 능력이다. 내가 어떤 상황에 처하든지 상관없이, 심지어 복음을 전하다가 억울하게 감옥에 갇히거나 요셉처럼 억울하게 강간미수범으로 감옥에 갇히더라도 절대로 내 안의 평강은 빼앗기지 않겠다는 고백의 능력이다.

우리는 이런 능력을 자꾸 눈에 보이는 결과에만 적용하여 좋은 대학 가고, 대기업에 취직하고, 사업이 날로 번창하고, 교회 개척만 하면 몇 만 명씩 몰려드는 능력으로 호도하고 있다. 이것이 잘못이란 얘기다. 이런 의미에서 빌라델비아교회는 비록 '미크란', 곧 너무나 초라하고 보잘것없는 존재에 불과했지만 그들의 내면은 강한 하나님의 능력으로 덧입혀져서 그런 박해와 핍박 속에서도 흔들리지 않을 수 있었다. 하나님은 그것을 칭찬하신다.

오스왈드 챔버스가 이런 말을 했다.

"믿음의 삶이란 날개를 펼쳐 저 높은 곳에 단숨에 날아오르는 삶을 의미하지 않습니다. 오히려 한 걸음씩 계속 걸으며 나아가지만 지치지 않는 삶을 의미합니다."

정말 멋진 말이다. 우리가 한 번 받은 은혜로 단숨에 내 모든 환경을 뛰어넘는 탁월한 능력을 추구할 게 아니라 한 걸음 한 걸음 고난의 길을 걸어가면서도 하나님이 주시는 능력으로 지치지 않는 삶, 환경에 함몰되지 않는 삶, 넘어졌다가도 다시 벌떡 일어나는 삶을 사는 능력을 구해야 할 것이다.

세상 가치관에 물들지 않는 힘

두 번째로 빌라델비아교회 성도들은 세상 가치관에 물들지 않는 힘을 가지고 있었다. 다음 말씀을 보자.

> 네가 나의 인내의 말씀을 지켰은즉 … 이기는 자는 내 하나님 성전에 기둥이 되게 하리니 계 3:10,12

'이기는 자'는 요한계시록에서 무척 중요한 개념이다. 여기 나오는 '이기는 자'라는 것이 뭘 의미하는지 좀 더 구체적으로 알 수 있는 구절이 있다. 요한이 기록한 다른 성경인 요한일서를 보자.

> 아비들아 내가 너희에게 쓰는 것은 너희가 태초부터 계신 이를 알았음이요 청년들아 내가 너희에게 쓰는 것은 너희가 악한 자를 이기었음이라 … 너희가 흉악한 자를 이기었음이라 요일 2:13,14

여기서 '이겼다'라는 표현을 쓰고 있는데, 바로 다음에 보면 '이기는 것'이 무엇을 뜻하는지 구체적으로 이렇게 설명한다.

> 이 세상이나 세상에 있는 것들을 사랑하지 말라 누구든지 세상을 사랑하면 아버지의 사랑이 그 안에 있지 아니하니 이는 세상에 있는 모든 것이 육신의 정욕

과 안목의 정욕과 이생의 자랑이니 다 아버지께로부터 온 것이 아니요 세상으로부터 온 것이라 요일 2:15

요한이 '세상을 이겼다'라고 할 때 '세상'이라는 것은 이 세상에서 통용되는 세상적인 가치관을 말한다. 빌라델비아교회가 강한 능력을 가지고 로마 군대와 총칼로 겨루어 이겼다는 것이 아니라 그들의 세상적인 가치관, 황제 숭배라는 그 무서운 가치관에 물들지 않고 끝끝내 지켜냈다는 뜻이다.

지금 세상의 가치관이 홍수처럼 우리 내면세계로 밀려들어오고 있다. TV나 인터넷을 켜면, 소설책을 읽고 신문을 펼치면 세상 가치관은 어김없이 우리 내면을 공격해온다. 그런 거대한 홍수 가운데서 하나님께서 원하시는 가치관을 따라가고자 하는 우리가 얼마나 미크란 같은 존재이겠는가? 그렇지만 끝끝내 세상 가치관에 물들지 않고 하나님나라의 가치관을 붙잡고 나아가는 삶, 때때로 넘어지고 때때로 실족한다 할지라도 정답을 알고 세상 가치관과의 싸움을 포기하지 않는 삶, 그것이 하나님이 말씀하시는 능력이다.

내가 너를 지켜주리라

그렇다면 이렇게 주님의 말씀을 지키려고 애쓰는 교회와 성도들에게 하나님이 어떤 복을 주시는가? 빌라델비아교회를 향해 주신 주님의 두 가지 약속이 있다.

첫째, 지켜주심의 약속이다.

> 네가 나의 인내의 말씀을 지켰은즉 내가 또한 너를 지켜 시험의 때를 면하게 하리니 계 3:10

여기서 중요한 법칙 한 가지를 발견할 수 있는데, '지켰은즉 너를 지켜'의 법칙이다. 내가 오늘 비록 약하지만, 때로는 실족하고 때로는 말씀대로 못 살지만, 내가 하나님의 말씀을 말씀으로 알고 그 말씀을 지키려 노력하고 몸부림치면 그 몸부림을 하나님이 귀하게 보시고 그것을 감당할 힘을 주신다는 약속의 말씀이다.

최근에 일본의 신사참배 강요에 끝까지 굴하지 않고 순교하신 주기철 목사님의 마지막 설교문을 보면서 정말 큰 감동을 받았다. 그리고 그렇게 순교할 수 있는 힘이 어디서 났는지를 발견하게 되었다. 주기철 목사님의 마지막 설교를 함께 보자.

> 처음에는 우리가 십자가를 지지만 나중에는 주님의 십자가가 우리를 져줍니다. 주님을 위하여 오는 고난을 내가 이제 피하였다가 이 다음에 내가 무슨 낯으로 주님을 대하오리까. 이 다음에 주님이 너는 내 이름과 평안과 즐거움을 다 받아 누리고 내가 준 유일한 유산인 고난의

십자가는 어찌하고 왔느냐고 물으시면 내가 무슨 말로 대답해야 합니까. 처음에는 우리가 십자가를 지지만 나중에는 십자가가 우리를 져줍니다. 십자가 십자가 내 주의 십자가만 바라보고 나아갑시다.

우리와 똑같이 나약한 성정을 가진 윗대 어른들은 어떻게 그렇게 놀라운 순교 신앙을 지켜낼 수 있었는가? 그것을 위해 몸부림치는 자들에게만 주시는 축복이 있다는 것이다. 처음에는 우리가 십자가를 지지만, 나중에는 주님의 십자가가 우리를 져준다.

예수님을 오래 믿으면서 이 말이 도대체 뭘 의미하는지 전혀 경험해본 적이 없다면 그것은 부끄러운 일이다. 주님의 말씀을 사수하려고 몸부림칠 때 주님이 십자가를 통하여 공급해주시는 능력을 맛보는 우리가 되기를 바란다.

내가 너를 귀히 여기리라

그런가 하면 주님이 두 번째로 주신 약속은 '귀히 여겨주심의 약속'이다.

이기는 자는 내 하나님 성전에 기둥이 되게 하리니 그가 결코 다시 나가지 아니하리라 계 3:12

하나님 성전의 기둥이 된다는 말씀은 그만큼 하나님나라의 소중한 존재로 인도하시겠다는 것이다. 그 기둥에는 하나님의 이름도 새겨져 있고, 새 예루살렘의 이름도 새겨져 있고, 예수 그리스도의 이름도 새겨져 있다. 사람들이 나를 어떻게 평가하든지 하나님은 나를 그 존귀한 하나님나라의 기둥 같은 존재로 만드시겠다는 것이다. 그러니 우리가 어떻게 초라해질 수 있겠는가?

그리고 하나님 성전의 기둥이 된다는 것은 안전함을 의미하기도 한다. 내가 하나님을 신뢰하고 붙잡으면 하나님은 우리를 든든한 기둥같이 지켜주시겠다는 것이다.

그 약속의 말씀이 있었기에 빌라델비아교회 성도들은 그 핍박 속에서도 믿음을 지켜낼 수 있었던 것이다. 이토록 부러운 믿음을 우리도 다 갖게 되기를 바란다. 그래서 고난 가득한 오늘일지라도 능히 견디며 이겨내는 우리 모두가 되길 바란다.

PART 2

눈을 들어 주를 바라보라

요한계시록 4:9-11

그 생물들이 보좌에 앉으사 세세토록 살아 계시는 이에게 영광과 존귀와 감사를 돌릴 때에 이십사 장로들이 보좌에 앉으신 이 앞에 엎드려 세세토록 살아 계시는 이에게 경배하고 자기의 관을 보좌 앞에 드리며 이르되 우리 주 하나님이여 영광과 존귀와 권능을 받으시는 것이 합당하오니 주께서 만물을 지으신지라 만물이 주의 뜻대로 있었고 또 지으심을 받았나이다 하더라

CHAPTER

5

이리로 올라오라

우리나라에서 매년 '초중고등학교 학생들을 위한 학생 정서 행동 특성 검사'를 실시하고 있다고 하는데, 그 검사에서 가슴 아픈 결과가 나왔다. 우리나라 초중고생 648만 명을 대상으로 조사를 했더니 무려 105만 4천 명의 학생들이 관심군, 또 22만 3천 명의 학생들이 주의군 판정을 받았다고 한다.

관심군이란 교내 상담과 지속적인 관심이 필요한 학생들을 뜻하는데, 평소에는 별 이상증세를 보이지 않지만 검사 결과에서 약한 우울감이 나타나는 학생들이 그 대상이다. 그런데 그 숫자가 무려 105만 4천 명이라는 것이다.

그리고 관심군에 해당되는 학생들을 대상으로 2차 검사를 해서

심층상담과 같은 집중관리가 필요하다고 파악된 학생들이 주의군인데, 관심군 학생 중의 25퍼센트가 여기에 해당된다는 것이다.

더 가슴 아픈 것은 이렇게 정서적으로 문제가 있는 학생들이 매년 늘어나고 있는 추세이고, 초등학교 아이들에게도 이런 경우가 많다는 것이다. 이렇게 어린 아이들이 벌써부터 정서적으로 어려움을 겪고 있다는 것이 뭘 의미하겠는가?

슬픈 눈의 세대

그런가 하면 최근에 우리나라 50대 어른들의 애환을 다룬 《그들은 소리 내 울지 않는다》라는 책이 나왔다. 그 책에서는 50대를 이렇게 평한다.

"습자지에 글씨 연습을 하던 초등학생이 스마트 폰을 만들어낸 세대. 실패에 고무줄을 감아 만든 장난감 차로 유년을 보낸 소년들이 세계적 자동차 산업을 일군 세대. 고무신을 접어 냇물에 흘려보내며 놀던 아이들이 세계적인 조선 창업을 창출한 세대. 수출액 100만 불에 머물던 후진국이 1조 달러 선진국으로 도약하는 대장정에서 디딤돌이 된 세대. 판잣집을 초현대식 아파트로 바꾸는 천지개벽하는 건설 현장에서 청운을 바친 세대."

이렇게 대단한 세대로 묘사하고 나서 마지막 문장이 이렇게 끝이 난다.

"각종 스펙으로 무장한 자식 세대에 밀려 쓸쓸하게 퇴장할 수밖에 없는 세대."

그러고 보니 앞에 그토록 장황한 미사여구를 나열한 것은 뒤에 있는 이 한 마디를 위한 것 같다. 그 책에 보면 또 이런 내용이 있다.

"우리 세대가 왜 이렇게 되었을까. 쫓기면서 살아왔는데. 이제 노후에 위로받을 곳도 없고 부모와 자식도 아직 챙겨줘야 하는데 가진 거라곤 나날이 쇠락하는 몸밖에 없는데."

그 책의 저자가 어느 인터뷰에서 한 이야기를 읽어보니, 어느 날 자기 딸이 그 책을 읽고 펑펑 울면서 들어왔다고 한다. 그것을 보면서 나도 마음이 참 아팠다. 아무리 화려한 인생을 살았다 할지라도 나이가 들어가고 50대가 되고, 60대가 되면 쓸쓸히 퇴장할 수밖에 없는 것이 인생의 수순이다. 이런 점에서 보면 인생이란 참 마음이 아픈 것이란 생각이 든다. 또 이 땅의 모든 사람들은 서로 미워하고 분노하며 살 것이 아니라 서로를 불쌍히 여기며 살아야 할 인생들이란 생각이 들었다.

땅에만 머물지 말고

그 책의 내용들이 유난히 마음에 머물면서 나도 모르게 눈시울이 붉어졌다. 왜 그 책이 그렇게 위로가 되고 마음에 밟혔는가 생각하다 보니, 요한계시록 4장 1절 말씀이 자꾸 오버랩 되었다.

이 일 후에 내가 보니 하늘에 열린 문이 있는데 내가 들은 바 처음에 내게 말하던 나팔 소리 같은 그 음성이 이르되 이리로 올라오라 이 후에 마땅히 일어날 일들을 내가 네게 보이리라 하시더라 계 4:1

이 말씀은 소아시아 일곱 교회들에 주시는 말씀으로 구성된 첫 번째 환상이 끝난 후에 바로 주신 말씀이다. 지금 소아시아 일곱 교회 성도들의 형편이 어떤가? 그들은 하나같이 극심한 박해로 고통당하고 있었다. 예수 믿는다는 이유로 일터에서 쫓겨나고 재산이 몰수당했으며 심지어는 콜로세움에서 사자 밥이 되어 죽어가고 있는 절망적인 상황이다.

그런 절망적인 상황이 묘사되던 요한계시록 2,3장이 끝나자마자 주님은 "이리로 올라오라"고 말씀하신다. 이 말씀이 내게 너무나 큰 위로가 되었다.

'이리로 올라오라. 이 혼란스러운 땅만 바라보며 살지 말고 이리로 올라오라. 절망적이고 고통스러운 이 땅에만 몰두하지 말고 이리로 올라오라' 하시며 천상의 아름다운 하나님의 교회의 모습을 보여주시기 위해 요한을 부르시는 주님의 그 부르심이 나에게 얼마나 위로가 됐는지 모른다. 그러니 밧모 섬에 갇혀 있던 요한뿐만 아니라 박해 당하던 수많은 초대교회 성도들에게 얼마나 큰 위로가 되었겠는가?

그런데 여기서 우리가 알아야 할 것은 이 말씀은 이렇게 단순하게 어려움 당하는 사람들에게 위로가 되는 차원이 아니라 그보다 훨씬 높은 의미의 하나님의 메시지가 담겨 있다는 것이다. 그것이 무엇인지 두 가지로 살펴볼 수 있다.

인생을 멀리 보라

첫째로 먼 관점으로 인생을 보라고 하시는 주님의 말씀이 그 안에 담겨 있다. 미로 속에 들어가 있으면 아무리 사방을 바라보아도 길을 찾을 수가 없다. 그러나 높은 곳에 올라가서 내려다보면 길이 다 보인다. 왜 그렇게 길을 헤맸는지도 알 수 있다. 그래서 주님은 이 땅에만 시선을 두지 말라고 하신다.

이 말씀을 묵상할 때 내 머릿속에 계속 맴돌던 찬양이 하나 있었다. '나 지금 말고 훗날에'라는 가사로 시작하는 찬양이다. 그 가사가 이렇다.

나 지금 말고 훗날에 더 좋은 그 나라에서
이 눈물의 뜻을 알고 또 그 말씀 이해하리

이곳에서 못 다한 일 그곳에서 끝마치고
저 하늘의 비밀 풀면 그때 모두 이해하리

내 손 잡은 주 믿고서 험악한 길 다 갈 동안
늘 힘 있게 찬송하면 훗날 그 뜻 이해하리

이 찬양의 결론은 이것이다.

"훗날 그 뜻 이해하리."

이 한마디가 내 머릿속에 계속 되뇌어지면서 어려움을 당하는 성도들이 생각났다. 얼마 전에 분당우리교회의 연로한 성도 중의 한 분이 예배드리러 교회로 오시다가 교통사고가 나서 병원에 입원하는 일이 있었다. 중환자실에 계시던 그 분을 방문하고 나오니 너무나 눈물이 났다.

'하나님, 이것은 무슨 뜻입니까? 왜 이런 시련이 이 가정에 일어나야 합니까?'

아무리 질문해봐야 미로 안에서는 답을 찾을 수 없다. 그럴 때 우리가 들어야 하는 하나님의 메시지가 이것이다.

"이리로 올라오라!"

이 땅에서의 삶으로 이 땅에서 일어나는 모든 미로를 풀려고 한다면 도리어 미궁에 빠질 수밖에 없다. 이 땅에서의 삶이 끝이 아니고 하나님나라가 도래할 때에, 요한이 목도한 그 놀라운 광경들을 바라보게 될 그 훗날에 우리가 그 뜻을 이해하게 될 것이다.

우리 가운데도 이해할 수 없는 어려움과 고통을 당하고 있는 사람들이 있을 것이다. 그러나 누구도 그 답을 찾아주지 못한다. 그럴 때 우리는 "이리로 올라오라"는 주님의 말씀을 기억해야 한다. 그래서 요한이 경험했던 하나님나라의 아름다운 모습을 목도하면서 장차 이 모든 것들을 이해하게 될 그 날을 기대하는 우리 모두가 되기를 바란다.

진정한 권력자

둘째로 이 말씀 안에는 '이 싸움은 승리할 수밖에 없다'는 주님의 메시지가 담겨 있다.

> 내가 곧 성령에 감동되었더니 보라 하늘에 보좌를 베풀었고 그 보좌 위에 앉으신 이가 있는데 계 4:2

여기서 하나님을 묘사하는 표현으로 '보좌'라는 상징적인 단어를 사용한다. 그리고 하나님을 '보좌 위에 앉으신 이'로 묘사한다. 왜 주님은 지금 창조주 하나님을 보좌에 앉아 계시는 분으로 보여주셨을까? 그것은 통치자 되시는 하나님을 상징하기 위함이다. 많은 학자들은 '보좌'라는 상징을 통하여 요한이 말하고 싶어 하는 것은 진정한 권력자 되시는 하나님의 모습이라고 말한다.

당시 사람들의 눈에 보이는 가장 강력한 권력자는 로마 황제였다. 그는 모든 크리스천들에게 공포의 대상이자 힘의 상징인 로마 황제를 보고 두려워하는 초대교회 성도들에게 하나님을 보좌에 앉아 계시는 분으로 묘사하고 보여줌으로써 지금 우리가 보고 있는 세상의 권력자인 로마 황제는 일시적이고 한시적인 존재이며, 육체는 건드릴 수 있어도 영혼은 건드릴 수 없는 무능한 자란 사실을 알려주고자 했던 것이다. 그래서 진정한 권력자 되시는 오직 한 분 여호와 하나님을 바라보고 그분을 의지하게 되기를 바란다는 메시지가 이 말씀 속에 담겨 있는 것이다.

영광과 존귀를 받으실 분

그러고 보면 요한계시록 전반에 이런 구도가 흐르고 있다. 예를 들어 요한계시록 4장 11절을 보자.

> 우리 주 하나님이여 영광과 존귀와 권능을 받으시는 것이 합당하오니

이십사 장로들이 보좌에 앉으신 하나님을 찬양하는 이 장면에 나오는 '우리 주'라는 표현은 당시 백성들이 로마 황제를 가리킬 때 사용하는 단어였다. 요한은 의도적으로 이 단어를 사용하고 있다.

그리고 그 다음에 나오는 '영광과 존귀와 권능'이란 단어도 당시 로마 황제가 입궁할 때 쓰던 단어라고 한다. 여기에 요한이 '영광과

권능'이란 표현까지 덧붙여 하나님을 찬양하는 것으로 묘사하고 있는 것이다.

즉, 눈에 보이는 가시적인 권력자, 이 땅을 지배하는 권력자만 통치자가 아니라 영원하신 하나님, 우주를 다스리시는 여호와 하나님이 통치자 되심을 기억하고 그분을 바라봐야 한다는 것이다. 그 메시지가 요한계시록 4장에 담겨 있다.

이런 구도가 또 있다.

> 내가 또 보니 보좌와 네 생물과 장로들 사이에 한 어린 양이 서 있는데 일찍이 죽임을 당한 것 같더라 계 5:6

이 구절은 예수님을 묘사하고 있다. 그런데 여기 나오는 '어린 양'의 원어인 '아르니온'은 구약에 계속 언급되는 '어린 양'이라는 단어와 다르다. 구약을 헬라어로 번역한 70인역 성경에 보면 '어린 양'을 '프로바톤'이란 단어로 표현한다. 이것이 보편적으로 사용되는 어린 양의 개념, 즉 피 흘리고 희생당하심으로 하나님의 진노에서 우리를 보호해주시는 역할로서의 어린 양이다. 그런데 요한은 전통적으로 사용해온 '프로바톤'이라는 단어 대신 '아르니온'이라는 단어를 의도적으로 사용하고 있는 것이다.

이를 통해 요한은 어린 양 되신 주님이 우리를 위해 희생당하시고 피를 흘리시는 분이실 뿐 아니라 불의와 싸우시며 그 불의를 꺾고 승리하시는 심판자의 모습으로 오실 분이심을 강조하는 것이다.

다시 말해서 로마 황제를 비롯한 세상 권력은 대단해 보이고 그에 비해 우리는 너무나 초라하게 보이지만, 결국은 보좌에 앉으신 하나님의 권능과 권위가 이 악한 세상을 멸하시고 최후 승리를 얻으실 것이란 뜻이다. 이러한 메시지를 주심으로써 고난당하고 있는 성도들에게 용기를 주기 원하셨던 것이다.

우리를 위하여 죽으시고, 우리를 위하여 십자가를 져주신 '프로바톤'의 주님도 정말 놀라운 주님이시다. 그러나 그 주님은 오늘날 세상을 뒤덮은 악한 권세와 불의를 꺾으시고 장차 왕으로 등극하실 승리의 주님, '아르니온'의 주님이시기도 하다. 그 주님을 바라보며 사는 것, 이것이 믿음이다.

땅을 향한 인생 vs 하늘을 향한 인생

이 세상을 사는 크리스천은 두 종류로 나뉜다. 하나는 이 땅만 바라보며 사는 인생, 다른 하나는 천상의 하나님나라를 바라보며 사는 인생이다. 성경에 보면 이 두 종류 인생의 대조가 굉장히 많이 나온다. 우리가 잘 아는 마태복음 17장을 보자.

주여 내 아들을 불쌍히 여기소서 그가 간질로 심히 고생하여 자주 불에도 넘어

지며 물에도 넘어지는지라 내가 주의 제자들에게 데리고 왔으나 능히 고치지 못하더이다 마 17:15,16

이것이 지상 교회의 모습이다. 혼란스럽다. 어렵다. 문제는 많은데 해결이 안 된다. 그런데 그 시각, 다른 곳에선 어떤 일이 벌어지고 있는가?

엿새 후에 예수께서 베드로와 야고보와 그 형제 요한을 데리시고 따로 높은 산에 올라가셨더니 그들 앞에서 변형되사 그 얼굴이 해같이 빛나며 옷이 빛과 같이 희어졌더라 마 17:1,2

우리는 도대체 어느 부류의 사람인가? 베드로와 야고보와 요한처럼 하나님의 영광을 바라보고 가슴이 터질 것 같은 감격을 가지고 신앙생활을 하는 사람인가, 아니면 서로 헐뜯고 미워하고 분노하며 이 땅만을 바라보며 사는 사람인가?

세상은 타락했어도

내가 마태복음 17장의 이 대조와 함께 종종 머리에 떠올리며 위로를 받는 구절이 있다.

너희가 어찌하여 매를 더 맞으려고 패역을 거듭하느냐 온 머리는 병들었고 온 마음은 피곤하였으며 발바닥에서 머리까지 성한 곳이 없이 상한 것과 터진 것과 새로 맞은 흔적뿐이거늘 그것을 짜며 싸매며 기름으로 부드럽게 함을 받지 못하였도다 사 1:5,6

얼마나 타락하고 변질됐는지 발바닥에서 머리까지 성한 곳이 하나도 없다고 했다. 이 한 마디가 그 시대를 규정하는 하나님의 메시지이다. 어떤 측면에서는 오늘날 한국 교회도 바로 이런 상황이 아닌가 싶다. 머리부터 발끝까지 성한 곳이 없다. 대형 교회서부터 작은 동네 교회에 이르기까지 성한 데가 하나도 없다. 그런데 이런 절망적인 상황 속에서 이사야는 놀라운 일을 경험했다.

웃시야 왕이 죽던 해에 내가 본즉 주께서 높이 들린 보좌에 앉으셨는데 그의 옷자락은 성전에 가득하였고 스랍들이 모시고 섰는데 각기 여섯 날개가 있어 그 둘로는 자기의 얼굴을 가리었고 그 둘로는 자기의 발을 가리었고 그 둘로는 날며 서로 불러 이르되 거룩하다 거룩하다 거룩하다 만군의 여호와여 그의 영광이 온 땅에 충만하도다 하더라 사 6:1-3

나는 목회가 힘들거나 나 자신에게 어떤 아픔이 있을 때마다 이 장면을 상상한다. 지금 우리의 육안으로 보면 온 세상은 썩어 냄새가 진동한다. 살고 싶지 않다. 너무나 타락해서 머리부터 발끝까지 성한 곳이 하나도 없어 보인다. 그런데 바로 그 시각에 이사야가 영안을 열고 하나님의 영광을 목도하자 타락하고 부패한 그 땅이 온전히 하나님만 영광 받으시는 거룩한 땅으로 바뀌어 있었다.

슬픈 진실, 세상은 변질될 수밖에 없다

내가 청빙 받아 기성 교회로 가지 않고 개척을 한 것은, 물론 옥한흠 목사님이 그렇게 권하신 것이 가장 큰 이유이지만, 당시 내 눈에 보여지는 기성 교회의 모습이 너무 복잡했던 것도 큰 이유를 차지했다. 교회의 전통이 깊으면 깊을수록 문제도 많고 골이 깊다. 나는 그런 복잡한 교회에 들어가 감당할 자신이 없었다.

그래서 개척을 했다. 개척 초기부터 기초를 잘 닦아 문제 많은 기성 교회의 모습을 철저하게 배제해야겠다는 각오를 수없이 했었다. 초기에는 실제로 그것이 이루어지는 듯했다. 그러나 시간이 지나면서 시인할 수밖에 없는 것은 결국 우리 교회도 이런 저런 문제가 드러나는 기성 교회의 범주를 벗어날 수 없는 나약한 지상 교회라는 사실이다. 그래서 때로 이렇게 한숨 섞인 독백을 하곤 한다.

'아무리 순수하게 시작된 개척교회라 할지라도 결국 시간 지나면 기성 교회로 변질될 텐데, 그럴 바에는 그냥 기성 교회로 청빙 받아 갈 걸 괜히 개척한다고 고생한 것 아닌가?'

그런데 이런 고민을 하는 과정에서 내가 깨달은 것이 있다. 내 안에 자리하고 있는 무서운 교만이다.

'분당우리교회는 그러면 안 된다. 이 교회에선 불평하는 사람이 나와선 안 된다. 이 교회에선 원망하고 미워하는 사람이 나와서는 안 된다. 흠도 없고 깨끗한 교회가 되어야 한다.'

주님은 이것이 얼마나 무서운 교만인지 깨닫게 해주셨다. 지상 교회에서 완벽을 기하는 것 자체가 오류이다. 지상 교회는 원래 아픈 곳이다. 영적으로, 정서적으로 병든 사람들이 오는 곳이다. 지상 교회는 원래 원망과 불평이 많고 자기 잘난 맛으로 사는 사람들이 모여드는 곳이다.

모이는 성도의 숫자가 적고 연조가 짧을 때에는 티가 안 날지 몰라도 모이는 성도의 숫자가 늘어나고 연조가 깊어갈수록 문제가 드러난다. 시간이 지나면 변질되고, 시간이 지나면 퇴색되고, 시간이 지나면 결국엔 이사야 시대의 머리부터 발끝까지 성한 곳이 하나도 없는 곳처럼 되어버리는 것이 지상 교회다.

그러나 이런 상황 속에서도 우리는 자주 눈을 감고 천상의 교회, 그곳에서 하나님만을 향해 울려 퍼지는 찬양소리를 바라봐야 한다. 그 나라를 갈망하는 은혜가 이 땅을 살아가는 우리에게 필요하다.

인간은 변질될 수밖에 없는 나약한 존재다. 그래서 모든 인간은 존경의 대상이나 정죄의 대상이 아니라 불쌍히 여겨야 하는 긍휼의 대상인 것이다. 목사라고 다르지 않다. 인간에게 기대하는 것 자체가 사탄이 주는 빌미이다. 우리 모두는 다 긍휼의 대상이다. 그래서 요한계시록 4장 1절의 "이리로 올라오라"는 말씀이 너무나 위로가 된다.

쉬지 않고 찬양하는 천상의 교회

그렇다면 지금 요한이 목도하고 있는 천상 교회의 놀라운 일들은 무엇인가? 자세히 보니 방 중심으로 보좌가 가운데 놓여 있고, 그 보좌 주위에 네 생물이 있으며, 그 네 생물을 또 에워싸는 이십사 장로가 있다.

여기 나오는 네 생물이 어떤 존재인가에 대해서는 학자들마다 의견이 다양하다. 성경이 정확하게 명시를 안 하니 어떤 학자는 네 생물을 천사라고 해석하고, 또 어떤 학자는 새 창조물을 상징하는 표현으로 보기도 하며, 또 어떤 학자는 사복음서를 기록한 기자들이라고 해석하기도 한다.

정답은 모른다. 성경이 명시하지 않은 것에 대해 너무 자세히 알려고 할 필요가 없다. 중요한 것은 무엇인가? 그 네 생물이 무엇을 하고 있느냐 하는 것이다.

네 생물은 각각 여섯 날개를 가졌고 그 안과 주위에는 눈들이 가득하더라 그들이 밤낮 쉬지 않고 이르기를 거룩하다 거룩하다 거룩하다 주 하나님 곧 전능하신 이여 전에도 계셨고 이제도 계시고 장차 오실 이시라 하고 그 생물들이 보좌에 앉으사 세세토록 살아 계시는 이에게 영광과 존귀와 감사를 돌릴 때에 계 4:8,9

그 네 생물은 밤낮 쉬지 않고 "거룩하다 거룩하다 거룩하다" 하며 하나님을 찬양하고 예배했다. 그러나 이를 행위적으로만 보면 안 된다. 존재론적으로 봐야 한다. 즉 그들은 하나님을 찬양하는 존재로 지음 받았다는 뜻이다.

우리의 힘으로 이긴 것이 아니기에

우리 역시 하나님을 찬양하기 위해 지음 받은 존재이다. 이것은 이십사 장로 역시 마찬가지다. 여기에 나오는 이십사 장로에 대해서는 학자들의 의견이 대체로 일치한다. 구약의 열두 지파의 족장과 신약의 예수님의 열두 제자들을 합한 것이 이십사 장로로, 신구약 시대의 구원 받은 성도들을 대표하는 인물로 묘사되어 있다. 그 이십사 장로들도 네 생물들과 마찬가지로 하나님을 경배하며 예배하고 있다.

이십사 장로들이 보좌에 앉으신 이 앞에 엎드려 세세토록 살아 계시는 이에게 경배하고 자기의 관을 보좌 앞에 드리며 이르되 우리 주 하나님이여 영광과 존귀와 권능을 받으시는 것이 합당하오니 주께서 만물을 지으신지라 만물이 주의 뜻대로 있었고 또 지으심을 받았나이다 하더라 계 4:10,11

그런데 이십사 장로들은 "자기의 관을 보좌 앞에 드리며" 하나님께 영광을 돌리고 있다. 헬라어로 '관(면류관)'을 뜻하는 단어는 두 가지가 있다. 하나는 왕들이 쓰던 왕관을 의미하는 '디아데마라'는 것이고, 또 다른 하나는 경기에서 이긴 사람들에게 주는 월계관을 뜻하는 '스테파노스'라는 단어이다.

여기서 요한은 '스테파노스'라는 단어를 사용하고 있다. 즉, 이십사 장로들이 그들 머리에 쓰고 있던 면류관은 끝까지 참고 이기는 자에게 주시는 하나님의 상이었다.

그런데 그 영광스러운 면류관을 쓰고 있던 장로들이 하나님을 경배하면서 그 관을 하나님께 되돌려드리고 있다. 이것이 무엇을 뜻하는가? 자기는 하나님께 이 상을 받을 이유가 없다는 것이다. 내가 참고 견딜 수 있었던 것은 내 능력이나 힘에서 기인한 것이 아니라 그것을 가능하도록 힘을 주신 하나님 때문임을 고백하는 겸손한 신앙고백이다.

내가 잘난 것이 없다

오늘날 우리가 하나님을 경배할 때 가장 중요하게 생각해야 할 것이 바로 이 은혜에 대한 겸손이다. 오래 예수 믿으면 이 부분이 약해지기 쉽다. 장로가 되고, 권사가 되고, 나처럼 목사가 되면 바로 이 부분이 가장 취약해진다.

'너는 나처럼 왜 헌신하지 못해? 교회가 왜 이 모양이야?'

비판하는 사람들의 핵심은 늘 이것이다. 왜 다들 자기처럼 하지 못해서 이렇게 만들어놓았느냐고 비판하는 것 아닌가? 정말 가슴 아픈 현실이다. 나 역시 내 안에 그런 모습이 참 많이 배어 있구나 하는 사실을 깨달을 때마다 얼마나 부끄럽고 가슴이 아픈지 모른다. 그러나 진정한 예배자는 그렇게 목이 곧은 사람이 아니다. 이사야서 6장에서 이사야가 하나님의 영광을 경험하고 고백하는 것은 딱 한 가지다.

"화로다 나여 망하게 되었도다."

우리도 이렇게 고백해야 한다. 우리가 잘난 것이 없다. 겸손히 우리 머리 위에 쓰여 있던 그 관을 하나님께 반납해드리며 모든 영광을 하나님께만 올려드려야 한다.

언젠가 연예인 연합예배에 참석한 적이 있는데, 거기에서 참 아름다운 예배를 경험했다. 연예인이라는 화려함을 내려놓고 전심으로 예배하는 모습도 아름다웠지만 예배를 마치고 이어지는 간증에도 많은 도전을 받았다.

예배를 마치고 개그우먼 이성미 집사가 예정에 없던 간증을 했다.

최근에 이성미 집사가 암 수술을 했다고 한다. 속으로 '하나님을 그렇게 사랑하고 열심히 섬기는데 어떻게 암이 올 수 있나? 아마도 훗날 그 뜻을 이해할 수 있겠지' 하며 혼자 민망해하고 있는데, 마치 그런 내 질문을 들여다보기라도 한 듯이 이성미 집사가 이런 말을 이어갔다.

지금은 세상을 떠났지만 그룹 울랄라세션의 리더였던 임윤택 씨가 한창 암 투병을 하고 있을 때, 이성미 집사는 그 젊은 형제에게 복음을 전하고 그 고통을 위로하고 싶었다고 한다. 그런데 계속 자기 마음에 '나는 암을 겪지 않아서 그 고통을 모른다. 나는 말만 가지고 떠든다'라는 생각이 들더라는 것이다. 그러면서 '내게도 그런 고통이 있다면 그러면 내가 다가가서 위로할 수 있을 텐데' 하는 생각이 들었다고 한다. 그랬는데 하나님이 그 기도를 들으시고 정말로 자기에게 암을 주셨다는 것이다.

이성미 집사가 울면서 하는 이야기가 자기가 암 판정을 받고 가장 먼저 임윤택 씨에게 전화를 걸어 이렇게 말했다고 한다.

"윤택아, 내가 암에 걸려 보니까 그동안 네가 얼마나 힘들었는지 이제는 내가 조금 알겠다. 네 마음을 내가 조금 알겠다."

평상시에 '한 영혼'을 향하신 주님의 애틋한 마음이 그 안에 없었다면 불가능한 이야기 아닌가? 이성미 집사가 펑펑 울면서 그런 고백을 하는데, 그 고백에 내 마음이 무너졌다. 예배가 다 끝나고 집으로 돌아오는 길에 많은 생각이 머리를 맴돌았다.

'내 안에는 한 영혼을 향한 저런 순수한 마음이 있는가? 나는 성도가 당하는 아픔과 고통에 대해 저렇게 진지한 눈물을 흘린 적이 있는가? 한 영혼을 향한 긍휼함을 가진 목사이기보다는 또 하나의 직업인으로 전락하고 있는 것은 아닌가?'

우리는 자신을 되돌아보아야 한다. 나는 어떤 크리스천인가? 눈에 보이는 대로만 바라보며 안달복달하고 미워하고 싸우고 분노하며 살아가는 사람인가? 아니면 이성미 집사처럼 한 영혼의 귀함을 알아 자신이 암에 걸린 충격적인 상황조차도 암으로 고통 중인 한 형제를 위로하고 격려하는 도구로 연결하는 애틋한 마음을 가진 사람인가?

우리에게 지금 눈앞의 현실만 바라보는 근시안이 아니라 멀리 하늘의 예배를 바라보는 눈이 회복되길 바란다. 먼 훗날 알게 될 그것을 기대하는 기대감이 회복되길 바란다.

초대교회 성도들이 눈만 뜨면 그 악한 황제에게, 세상 권력자에게 억압당하고 고통당하면서도 "이리로 올라오라. 저 악한 세상 권세자만 바라보지 말고 이리로 올라오라. 보좌에 앉으신 하나님, 공의로 다스리시는 하나님, 그 하나님을 마음껏 찬양하는 네 생물과 이십사 장로들과 더불어 너희들도 함께 찬양할 날이 있을 테니, 그것을 잊지 말라" 하셨던 하나님의 음성에 귀를 기울였던 그 은혜가 우리에게 회복되어야 한다.

우리 모두 이 기대감이 회복되기를 간절히 바란다. 그 천상의 예배를 기대하고 꿈꾸는 우리 모두가 되길 바란다.

요한계시록 5:1-7

내가 보매 보좌에 앉으신 이의 오른손에 두루마리가 있으니 안팎으로 썼고 일곱 인으로 봉하였더라 또 보매 힘있는 천사가 큰 음성으로 외치기를 누가 그 두루마리를 펴며 그 인을 떼기에 합당하냐 하나 하늘 위에나 땅 위에나 땅 아래에 능히 그 두루마리를 펴거나 보거나 할 자가 없더라 그 두루마리를 펴거나 보거나 하기에 합당한 자가 보이지 아니하기로 내가 크게 울었더니 장로 중의 한 사람이 내게 말하되 울지 말라 유대 지파의 사자 다윗의 뿌리가 이겼으니 그 두루마리와 그 일곱 인을 떼시리라 하더라 내가 또 보니 보좌와 네 생물과 장로들 사이에 한 어린 양이 서 있는데 일찍이 죽임을 당한 것 같더라 그에게 일곱 뿔과 일곱 눈이 있으니 이 눈들은 온 땅에 보내심을 받은 하나님의 일곱 영이더라 그 어린 양이 나아와서 보좌에 앉으신 이의 오른손에서 두루마리를 취하시니라

CHAPTER

6

내가 크게 울었더라

사도 요한은 요한계시록 4장에서 천상 교회에서의 황홀한 예배를 경험했다.

> 네 생물은 각각 여섯 날개를 가졌고 그 안과 주위에는 눈들이 가득하더라 그들이 밤낮 쉬지 않고 이르기를 거룩하다 거룩하다 거룩하다 주 하나님 곧 전능하신 이여 전에도 계셨고 이제도 계시고 장차 오실 이시라 하고 그 생물들이 보좌에 앉으사 세세토록 살아 계시는 이에게 영광과 존귀와 감사를 돌릴 때에
>
> 계 4:8,9

사실 우리는 이런 구절을 읽으면서도 이것이 얼마나 감격스러운

것인지 잘 모른다. 온 영이 하나님을 향하여 집중할 때 누릴 수 있는 이 기쁨을 우리 대부분이 경험하지 못하고 살기 때문이다. 그래서 사도 요한이 경험한 이 황홀함을 잘 이해하지 못한 채 그냥 글로만 읽는 것이다.

요한의 기쁨, 이어진 눈물

요한계시록 5장으로 넘어가면서 요한은 새로운 국면에 직면하게 된다.

> 내가 보매 보좌에 앉으신 이의 오른손에 두루마리가 있으니 안팎으로 썼고 일곱 인으로 봉하였더라 계 5:1

요한은 하나님의 손에 들려져 있던 인봉된 책을 보았다. 두루마리로 된 그 책에는 안팎으로 글씨가 빼곡하게 적혀져 있는데, 요한은 요한계시록에서 그 내용이 뭔지는 설명하지 않는다. 그 내용을 알려면 에스겔서 2장을 보아야 한다. 에스겔은 요한과 똑같은 환상을 경험하고 이런 기록을 남긴다.

> 내가 보니 보라 한 손이 나를 향하여 펴지고 보라 그 안에 두루마리 책이 있더라 그가 그것을 내 앞에 펴시니 그 안팎에 글이 있는데 그 위에 애가와 애곡과

재앙의 말이 기록되었더라 겔 2:9,10

애가와 애곡과 재앙의 말, 즉 심판에 관한 말이 하나님이 오른손에 들고 계시는 그 두루마리에 적혀져 있었다. 그런데 가슴 아프게도 그 내용을 볼 수가 없다.

또 보매 힘 있는 천사가 큰 음성으로 외치기를 누가 그 두루마리를 펴며 그 인을 떼기에 합당하냐 하나 하늘 위에나 땅 위에나 땅 아래에 능히 그 두루마리를 펴거나 보거나 할 자가 없더라 계 5:2,3

누군가가 이 두루마리의 인을 떼어내고 봉해져 있는 두루마리를 펼쳐야 하는데, 그래야 악한 권세자들을 심판하여 박해로 신음하는 성도들을 구해낼 수 있는데, 불행하게도 그 인을 뗄 자가 아무도 없었다. 이런 안타까운 상황을 보며 요한이 고통의 눈물을 흘린다.

그 두루마리를 펴거나 보거나 하기에 합당한 자가 보이지 아니하기로 내가 크게 울었더니 계 5:4

이 장면을 상상해보라. 4장에서 천상 교회의 황홀한 하나님의 임재와 예배를 경험한 요한이 5장으로 넘어와서는 고통스럽게 울고 있다. 그냥 우는 정도가 아니다. 여기서 사용된 '울었다'는 단어는 헬라어 원어로 보면 '에클라이온'으로, 이 단어는 소리 내어 통곡하는 것을 나타내는 단어이다. 그러니까 지금 요한은 고통스럽게 소리를 내서 울고 있는 것이다.

4장에서의 그 황홀한 천상 예배를 경험하고 가슴이 터질 것 같은 감격을 경험했던 그가 5장에서 지금 고통의 눈물을 흘리고 있다. 나는 여기에 중요한 메시지가 담겨 있다고 생각한다.

우리의 신앙생활이라는 것은 이 두 감정이 교차하는 것이다. 한편으로는 4장에서 요한이 경험한 것과 같은 가슴 벅찬 감격, 나 같은 죄인이 하나님의 존전에 나와 하나님을 찬양하고 사죄의 은총을 경험하고 너무나 기뻐서 가슴이 뛰는 감격을 경험하는 것이고, 또 다른 한편으로는 5장의 요한과 같이 오늘 이 시대의 아픔과 타락과 변질을 보며 가슴을 치며 통곡하는 슬픔이 교차하는 것이 신앙인의 모습이라는 것이다.

혹시 우리 가운데 4장의 감격을 누리는 사람이 있는가? 예배 때마다 눈물이 흐르고 사죄의 은총을 경험하고 내 영이 살아 춤을 추는 기쁨이 넘치는 은혜를 누리고 있는가? 거기에만 머무르면 안 된다. 5장으로 건너가야 한다. 울어야 한다. 이 시대를 보고 애통해야 한다. 신앙은 나 한 사람에게만 몰두하는 것이 아니다.

지금 애통의 눈물을 흘리는 사람이 있는가? 이 시대를 보니 절로 탄식이 나오고 절망이 엄습하는가? 그러나 5장에서만 머무르면 안 된다. 4장에서의 놀라운 하나님의 임재를 경험하고 하나님이 대안이시라는 것을 발견하고 기뻐 춤을 추는 균형이 필요하다.

내 안에도 이 두 감정이 날마다 교차하고 있다. 나처럼 연약한 사람이 목사로 임명 받아 귀한 성도들과 더불어 목회하는 특권을 누리고 있으니 얼마나 기쁘고 감사한지 모른다. 나는 날마다 기쁘다. 너무너무 감사하다.

그런가 하면 또 다른 한 감정이 내 안에 동시에 존재하는데, 타락한 시대에 목사로 부름 받은 입장에서 나는 날마다 마음이 힘들다. 아침에도 힘들고 저녁에도 힘들다. 신음하고 있는 한국 교회를 생각하면 내 마음은 근심하지 않을 수가 없다. 성도들의 고통과 아픔을 떠올리면 내 입에선 절로 탄식이 나온다. 이 두 감정이 뒤섞여서 자리 잡고 있는 상태, 이것이 이 시대를 살아가는 신앙인들의 모습이라는 것이다.

천상의 놀라운 영광을 누리면서도 그 시대의 아픔을 보면서 통곡한 사도 요한, 이 모습이 우리에게 있어야 한다. 우리가 정말 회복해야 할 것은 바로 이 눈물이다.

우리도 울자, 하나님 앞에서 울자

나는 눈물과 관련하여 두 가지 권면을 하고 싶다. 첫째로 우리도 울어야 한다. 요한처럼 우리도 울어야 한다. 그런데 울되 하나님 앞에서 울어야 한다.

요한계시록 5장 4절에 나오는 '울었다'라는 단어가 원어로 '소리 내어 통곡하다'는 뜻의 '에클라이온'이라고 했는데, 이 의미를 담은 단어가 신약에 한 군데 더 나온다.

> 마리아가 예수 계신 곳에 가서 뵈옵고 그 발 앞에 엎드리어 이르되 주께서 여기 계셨더라면 내 오라버니가 죽지 아니하였겠나이다 하더라 예수께서 그가 우는 것과 또 함께 온 유대인들이 우는 것을 보시고 요 11:32,33

여기 나오는 '우는 것'이 바로 '에클라이온'이다. 이 말씀의 배경은 우리가 익히 알고 있다. 지금 마리아가 왜 울고 있는가? 오빠가 죽었다. 절망적인 상황이다. 그래서 오빠의 죽음 앞에서, 그 절망적인 상황 앞에서 너무나 고통스러워서 통곡하고 있는 것이다. 그러니 여기서 마리아의 눈물은 죽음 앞에 무기력한 인생의 한계 때문에 흘리는 눈물이다.

오빠의 죽음 앞에 눈물 흘리는 마리아의 모습은 나에게 많은 생각을 하게 한다. 50세가 되기 전의 나는 죽음보다는 삶 쪽에 더 많은 인생의 무게를 실었다. 내게 있어서 '죽음'이란 단어는 먼 남의 나라 이야기였다. 그러나 50세를 지나고 나자 내 마음에서 그 멀리 있던

'죽음'이 내 삶 아주 가까운 곳으로 다가와 있는 것을 느낀다. 살아 있을 때뿐 아니라 죽음 이후의 삶에 대해서도 묵상하게 된다.

이와 마찬가지로 50세 이전의 나는 은퇴보다는 현역에 늘 생각이 머물렀다. 그런데 50세가 넘어가면서는 현역보다 은퇴 이후에 관심이 쏠린다. 은퇴 이후도 내 인생이기에 내가 지금 무엇을 준비해야 은퇴 이후에도 여전히 하나님 앞에 부끄럽지 않을까를 많이 생각하게 된다.

누가 죽음의 권세 앞에 굴복하지 않을 수 있겠는가? 누가 죽음의 권세 앞에 초라하게 눈물 흘리지 않을 수 있겠는가? 마리아도 그랬다. 그런데 아무도 죽음의 권세를 이겨낼 수 없어서 절망의 눈물을 흘릴 수밖에 없는 게 육신을 가진 우리 인생이지만, 마리아는 그 눈물을 주님 앞에서 흘리고 있다. 이것이 마리아가 가지고 있던 귀한 자세이다.

그래서 이 세상은 눈물 흘리는 사람과 눈물 안 흘리는 사람으로 나뉘는 것이 아니라, 누구나 다 예외 없이 눈물 흘릴 수밖에 없는 인생이지만 그 눈물을 누구 앞에서 흘리느냐에 따라 나뉜다. 하나님 앞에서 흘리느냐, 비굴하게 세상 사람들 앞에서 흘리느냐로 나뉘는 것이다.

시편 56편에 나오는 다윗도 마찬가지이다.

나의 유리함을 주께서 계수하셨사오니 나의 눈물을 주의 병에 담으소서 이것이 주의 책에 기록되지 아니하였나이까 시 56:8

이 말씀은 사무엘상 21장을 배경으로 하고 있다. 사무엘상 21장에 보면 다윗은 지금 일생 중에 가장 비참한 상황에 처해 있다. 다윗은 자신을 죽이고자 달려드는 대적들 때문에 목숨을 부지하기 위해 적지로 뛰어들었다. 블레셋은 다윗에게 어떤 존재인가? 철천지원수이다. 그런데 얼마나 급했으면 다윗이 블레셋으로 뛰어들어 망명을 신청했다.

적지인 그곳에서 다윗이 어떻게 편히 지내겠는가? 다윗은 블레셋에서도 위험한 상황에 처하게 되어 호구지책으로 미친 사람 흉내까지 내는 비참한 상황을 연출했다. 이 장면을 상상해보면 다윗이 얼마나 비참했을지 충분히 짐작할 수 있다.

그런데 그렇게 목숨을 부지하고자 적 앞에서 침을 질질 흘리며 미친 사람 흉내를 내며 목숨을 구걸하고 있는 그 상황에서 쓴 시가 시편 56편이다. 이 시에서 발견되는 다윗의 귀함이 무엇인가? 다윗은 그런 절망적인 상황을 앞에 놓고 다른 사람이 아닌 하나님 앞에서 눈물을 흘린다.

"나의 눈물을 주의 병에 담으소서."

목회를 하다 보면 마음이 아플 때가 많다. 나 자신의 연약함 때문에 저지른 실수로 마음이 아플 때도 있고, 때로는 나를 괴롭히는 누군가 때문에 마음이 아플 때도 있다. '가지 많은 나무에 바람 잘 날 없다'는 말처럼 교회가 커지면 커질수록 성도들이 가진 이런 아픔, 저런 상처, 이런 병, 저런 눈물도 많아지기 때문에 하루라도 마음 편히 그냥 지나가는 경우가 없다. 그래서 마음이 아프다. 그러다 보니 하나님 앞에서 교회를 놓고 기도할 때마다 눈물이 흐를 때가 많다.

조금 부유하게 사는 사람들이나 경제적으로 힘들고 어렵게 사는 사람들이나, 좋은 직장을 가지고 있는 사람들이나 직장이 없어 힘들어하는 사람들이나 결국에 보면 눈물의 양은 똑같은 것 같다. 눈물 흘리는 내용이 다를 뿐이지 그 양은 같다. 그래서 그 고통의 눈물을 가지고 사는 성도들을 위해 나는 이렇게 기도한다.

"하나님, 저들의 눈물을 없게 하여 주소서. 하지만 기왕 눈물 흘릴 수밖에 없는 것이 인생이라면 하나님 앞에서 눈물 흘리기 원합니다. 저들의 눈물이 하나님의 병에 담기기를 원합니다."

우는 자의 위로가 되시는 예수님

눈물과 관련하여 잊을 수 없는 장면이 있다. 옥한흠 목사님이 소천하시기 직전, 병원 중환자실에 계실 때였다. 어느 주일 저녁에 아내와 함께 옥 목사님과 사모님을 뵈러 병원에 찾아갔는데, 목사님은 중환자실에 계셔서 면회가 어려웠고 사모님만 뵙고 왔다. 민망한 그 자리에서 무슨 말로 사모님을 위로할 수 있었겠는가? 할 말이 없어 마음만 송구한 채로 서먹서먹하게 앉아 있는데, 사모님이 울먹이시면서 이렇게 부탁하셨다.

"목사님, 찬송가 하나만 불러주세요."

그래서 사모님과 아내와 함께 찬송가 96장을 불렀다.

예수님은 누구신가 우는 자의 위로와

없는 자의 풍성이며 천한 자의 높음과

잡힌 자의 놓임 되고 우리 기쁨 되시네

이 찬송을 부르면서 계속 눈물이 났다. 예수님은 우는 자의 위로가 되신다. 옥한흠 목사님처럼 크게 쓰임 받은 종이나 우리 아버지처럼 지방의 작은 교회에서 목회하다가 하나님 앞에 부름 받은 이름 없는 목회자나 할 것 없이 누구나 하나님의 긍휼이 필요한 연약한 육신임을 자각했다. 그리고 이렇게 위로가 필요한 것이 인생이라면 다른 곳이 아니라 우는 자의 위로가 되시는 하나님 앞에 나아와 그 분 앞에서 우는 것이 필요하다는 생각을 했다.

옥 목사님의 사모님이 왜 이 찬송을 불러달라고 하셨을까? 그 분은 하나님만이 진정한 위로자란 사실을 아셨던 것이다. 예수님이 가르치신 산상수훈 중에 이런 말씀이 있다.

애통하는 자는 복이 있나니 그들이 위로를 받을 것임이요 마 5:4

여기 나오는 '위로'는 원어로 '파라칼레오'라는 단어인데, 이 단어는 '곁으로, 옆으로'라는 뜻을 가진 '파라'와 '부르다, 청하다'라는 뜻의 '칼레오'의 합성어이다. 즉, '파라칼레오'는 바로 곁에 와서 나를 위로해주는 그런 위로를 뜻한다. 이것이 애통하는 자들이 받는 위로이다.

옥한흠 목사님의 사모님을 비롯하여 이 땅의 수많은 믿음의 어른들이 이것을 경험했다. 마음이 아플 때, 죽음의 권세를 이길 수 없는 인간의 한계를 절감할 때, 그래서 눈물 흘릴 수밖에 없는 상황에서 사람을 찾아가는 것이 아니라 하나님 앞에서 눈물 흘릴 때에 하나님이 바로 내 곁에 오셔서 내 눈물을 닦아주시는 위로자가 되어주신다는 사실을 경험한 것이다.

우리가 신앙생활 하는데 위로자 되시는 주님을 못 만난 채로 신앙생활 한다면 너무 억울한 일 아닌가? 우리 가운데 지금도 이런 저런 일로 마음 상하고 아파하는 사람들이 많다. 그럴 때 이 말씀처럼 주님 앞으로 나아와 울기 바란다. 그러면 주님이 우리 가까이에서 우리의 눈물을 닦아주실 것이다.

우리도 위로자로 서자

두 번째로 권면하고 싶은 것은 우리도 이십사 장로 중의 한 사람처럼 진정한 위로자가 되어야 한다는 것이다. 요한이 통곡하고 울고 있을 때 하나님께서 어떤 방식으로 그를 위로해주시는가?

> 장로 중의 한 사람이 내게 말하되 울지 말라 계 5:5

의미가 있는 말씀이다. 오늘 내가 고통당하고 아파할 때, 내가 하나님 존전에 나아와 눈물 흘릴 때 하나님께서는 날개 달린 천사를 통해 일하지 않으신다. 오늘 내 옆에 있는 어떤 한 사람을 통해 위로를 주신다.

우리는 둘 중의 하나를 해야 한다. 내가 지금 위로가 필요해서 눈물 흘리는 상황에 처해 있다면 하나님 앞으로 나아가야 하고, 다른 한편으로 우리 눈의 눈물을 닦아주시는 하나님의 위로를 통해 치유함 받고 위로를 받았다면 이제 나도 누군가를 위로하는 역할을 감당해야 한다. 위로만 받으려고 해서는 안 된다. 이제는 눈물을 닦아주는 역할의 자리로 옮겨가야 한다.

어떤 교회가 좋은 교회인가? 이처럼 주님으로부터 위로함을 받은 은혜에 힘입어 자신도 아파하는 누군가에게 위로자가 되어주기 위해 애쓰는 성숙한 성도들이 많은 교회가 좋은 교회이다.

어떤 청년이 내게 장문의 이메일을 보내온 적이 있다. 그 메일을 읽어보니 사연 속의 청년이 너무 힘든 삶을 살고 있었다. 그 모습이 안쓰러워서 불러 격려해주며 많은 이야기를 나누었다.

그 청년은 지방에 살다가 서울로 올라와서 뭔가 해보려고 자영업을 시작했다. 그러다가 일이 잘 안 되고 꼬이기 시작하면서 빚더미에 올라앉게 되었고, 청주에 계시는 부모님에게까지 도움을 청하게 되었다고 한다. 부모님이 가지신 재산이라고는 작은 평수의 아파트 한 채가 전부인데 결국 자기가 진 빚 때문에 그 집을 팔아야 하는 가슴 아픈 결과를 가져왔다.

자기 상황도 너무 힘들지만 부모님에게까지 어려움을 끼쳤다는 생각에 그 청년의 마음이 무너졌다. 그렇게 앞뒤 다 막힌 절망적인 상황을 견딜 수 없어 그 청년은 자살을 시도하기까지 했다. 그러면서 하는 말이 "목사님, 저는 가방 안에 항상 노끈을 가지고 다녀요. 너무 힘들어요"라고 한다. 그 청년의 절망스런 마음이 고스란히 전해지는 것 같았다. 그날 나는 이런 저런 이야기를 나누면서 그 청년을 위로해주고 기도를 해주었다.

그런데 내 마음 안에서 계속 그 청년만 위로하지 말고 청주에 내려가서 그 부모를 위로하라는 하나님의 음성이 울렸다. 그때가 고난주간 특별집회 기간이었는데, 저녁마다 초청된 강사님들 접대도 해야 하고 성금요일과 부활주일 설교 준비도 해야 하는 상황이었다.

그런데 하나님은 자꾸 청주에 내려가라는 메시지를 주시는 것이다.

만약 주변의 누군가가 "목사님, 청주에 가셔서 그 부모님을 위로해주고 오세요"라고 했다면 화를 냈을 것이다. 이런 상황에 어떻게 청주에 다녀오느냐고. 그런데 하나님이 그 마음을 계속해서 주시니 별 도리 없이 청주로 내려갔다.

주소를 물어 그 청년의 부모님이 계시는 집에 가보았더니, 하나님이 왜 나를 이곳에 보내셨는지 이해가 되었다. 아버지는 신앙생활을 안 하는 분이셨고 어머니는 결혼 전에 교회 다니다가 교회에 발 끊은 지 벌써 몇 십 년이 되신 것 같다고 한다. 그러다 최근에 너무 힘이 들어 교회의 문을 두드렸는데 공교롭게도 그 교회가 갈등으로 갈라지기 직전이었다. 그야말로 마음 둘 데가 없는 상황이었다.

그 청년의 어머니가 눈물을 흘리시며 그동안 누구에게도 꺼내놓을 수 없었던 아픈 사연을 들려주시는데, 그 눈물을 보면서 이런 생각이 들었다.

'아, 이래서 나를 이곳까지 내려오게 하셨구나. 이 분들에게 주님이 주시는 위로가 필요했었구나.'

생각이 여기에 이르자 하나님의 타이밍이 정말 절묘하다는 생각이 들었다. 새삼스레 하나님의 절묘한 인도하심에 감탄하며 마음을 다해 그 청년의 어머니를 위로해드렸다.

그러고는 다시 서울로 올라오는데 고속도로 안에서 내 마음이 그렇게 기쁠 수가 없었다. 나는 어려움을 겪고 계시는 그 분들을 위로해주러 청주로 내려갔는데 그 일로 도리어 내가 더 기쁨을 얻고 위로를 받았다.

위로란 이런 것이다. 우리가 누군가를 위로할 때 실상은 우리 자신이 위로 받는다. 오늘날 우리의 신앙생활이 왜 이렇게 밋밋한지 아는가? 자꾸 머리로만 받아들이고 깨달음만 얻으려 하지, 몸을 움직이지 않기 때문이다. 위로자의 삶을 살지 않기 때문이다. 그래서 기독교 신앙의 진수를 누리지 못하는 것이다.

우리끼리 좋다고 가만히 앉아서 신앙생활 하는 것은 진짜가 아니다. 그렇게 신앙생활 해서는 20년, 30년 교회 다녀도 복음의 진수를 절대로 맛보지 못한다. 성경공부 하느라 책상머리에 앉아서 머리만 끄덕거리는 것은 온전한 기쁨을 얻는 통로가 아니다. 지식은 온전한 기쁨을 얻는 데 필요한 것이지 지식 자체가 목표가 될 수는 없다.

우리는 요한처럼 크게 우는 자가 되거나 아니면 요한을 위로해준 그 장로처럼 우는 자들의 눈물을 닦아주는 위로자가 되어야 한다. 정말 눈물로 호소하고 싶다. 이것을 회복해야 한다. 하나님의 말씀 앞에 순종하는 자들이 하나님 존전에 나아와 눈물 흘릴 때, 그리고 그 상처를 서로가 보듬어 안고 닦아주는 일들이 회복되는 교회가 좋은 교회이다.

대안을 알려주는 위로

또한 그 이십사 장로 중 한 사람이 요한에게 주는 위로를 보면 그 위로에 특징이 있음을 발견하게 된다.

> 장로 중의 한 사람이 내게 말하되 울지 말라 유대 지파의 사자 다윗의 뿌리가 이겼으니 그 두루마리와 그 일곱 인을 떼시리라 하더라 계 5:5

여기 나오는 장로의 위로의 특징이 무엇인가? 첫째, 그는 막연한 위로로 위로하지 않고 정확한 영적 지식을 바탕으로 위로했다. 둘째, 절망하던 요한에게 구체적인 대안을 제시하는 위로를 했다. 그는 그 대안이 예수 그리스도시라는 사실을 가르쳐주는 위로를 했다. 이처럼 우리 안에 정확한 하나님의 말씀으로 위로하고 예수 그리스도가 대안이 되신다는 사실을 알려주는 위로들이 더욱 활발하게 일어나야 한다.

장로의 위로에 힘을 얻은 요한이 눈을 들어 보자 깜짝 놀랄 만한 장면이 펼쳐졌다.

> 내가 또 보니 보좌와 네 생물과 장로들 사이에 한 어린 양이 서 있는데 일찍이 죽임을 당한 것 같더라 계 5:6

요한을 위로하던 장로는 예수님을 "유대 지파의 사자 다윗의 뿌리가 이겼으니"라고 소개했다. 그런데 눈을 들어 봤더니 사자가 아닌 일찍이 죽임 당해 피 흘리는 어린 양의 모습으로 주님이 서 계신 것이다.

이것이 무엇을 의미하는가? 여기에 나오는 사자와 어린 양은 어떤 연관성이 있을까? 백석대학교의 이우제 교수는 이 부분을 이렇게 해석한다.

"그분이 인 떼기에 합당하신 이유는 단순히 그분이 사자가 되셨기 때문이 아니라 어린 양의 길을 지나서 사자가 되셨기 때문이다. 주님은 세상이 언제나 악을 처단하는 방식으로 선호하는 총과 칼의 방식으로 군사력을 통한 힘의 과시가 아니라 십자가의 연약함을 통하여 이기시는 것이다. 다시 말해 지는 것으로 이기는 방식이다. 아니 좀 더 정확히 말하면 져주는 것으로 이기는 방식이다."

놀라운 표현이다. 져주는 것으로 이기는 방식, 이것이 주님의 방식이란 것이다. 그래서 어린 양의 길을 지나 사자가 되신 것이다.

어린 양을 통하여 사자가 되는 길

오늘날 이 땅의 질서는 처음부터 끝까지 사자이다. 그러나 성경이 가르쳐주는 원리는 그것이 아니다. 희생과 죽음과 무너짐으로 말미암아 이기는 것, 어린 양을 통하여 사자가 되는 길이다.

어떤 의미에서 오늘날 한국 교회가 이런 크나큰 위기를 만난 것은 사람이 적어서도 아니고 재정이 부족해서도 아니라 이 방식을 취하기를 거부했기 때문이 아닐까 생각한다. 우리는 사자가 되기를 원했다. 시종일관 더 강한 사자가 되기를 원했던 우리의 방식이 잘못됐다는 것이다.

우리가 이왕에 예수님을 믿고 신앙생활 하는데, 언제까지 무미건조하고 능력 없고 어떤 영적 변화도 없는 생활을 계속할 것인가? 그런 생활을 청산하기 위한 첫 단추가 사자의 모습을 한 내가 어린 양으로 내려가는 것이다. 이것을 하지 않는 한 회복은 없다. 앞에서 본 이우제 교수님의 책에 이런 글이 있다.

"우리는 힘과 권력으로 세상을 제압해야 하는 사람들이 아니라 내어줌과 희생의 방식으로 세상을 돌아오게 하는 사람들이다."

가정의 회복을 가져올 열쇠도 여기에 있다. 부부가 대립해서는 가정의 회복은 없다. 하나는 죽어야 한다. 하나는 희생해야 한다. 하나는 어린 양이 되어 피를 흘려야 한다. 그래야 회복이 일어난다.

교회도 마찬가지다. 오늘날 한국 교회가 어려우면 어려울수록 더 과격한 하나님의 방법으로 순종의 길을 가야 한다. 인정하기 싫고 가슴 아프지만 한국의 모든 공동체 중에 교회만큼 말 많은 곳이 없다. 다 죽은 척하지만 사실은 안 죽은 채 살아가기 때문이다. 그러니 내게 조금만 손해가 가해져도 견디질 못한다.

이제 진짜 죽어야 한다. 하나님 앞에 죽은 시늉하는 것이 아니라 십자가 앞에 진짜 내 자아가 죽어야 한다. 그렇게 진짜 죽었을 때 부활의 기쁨을 누릴 수 있다. 우리 모두가 그 기쁨을 누리게 되기를, 그래서 진정한 회복이 우리 가운데 임하기를 간절히 바란다.

요한계시록 5:7-14

그 어린 양이 나아와서 보좌에 앉으신 이의 오른손에서 두루마리를 취하시니라 그 두루마리를 취하시매 네 생물과 이십사 장로들이 그 어린 양 앞에 엎드려 각각 거문고와 향이 가득한 금 대접을 가졌으니 이 향은 성도의 기도들이라 그들이 새 노래를 불러 이르되 두루마리를 가지시고 그 인봉을 떼기에 합당하시도다 일찍이 죽임을 당하사 각 족속과 방언과 백성과 나라 가운데에서 사람들을 피로 사서 하나님께 드리시고 그들로 우리 하나님 앞에서 나라와 제사장들을 삼으셨으니 그들이 땅에서 왕 노릇 하리로다 하더라 내가 또 보고 들으매 보좌와 생물들과 장로들을 둘러 선 많은 천사의 음성이 있으니 그 수가 만만이요 천천이라 큰 음성으로 이르되 죽임을 당하신 어린 양은 능력과 부와 지혜와 힘과 존귀와 영광과 찬송을 받으시기에 합당하도다 하더라 내가 또 들으니 하늘 위에와 땅 위에와 땅 아래와 바다 위에와 또 그 가운데 모든 피조물이 이르되 보좌에 앉으신 이와 어린 양에게 찬송과 존귀와 영광과 권능을 세세토록 돌릴지어다 하니 네 생물이 이르되 아멘 하고 장로들은 엎드려 경배하더라

CHAPTER

7

이 땅에서도 천국을 사는 인생

최근에 어느 경제 월간지를 보니 "가치관이 확립된 회사는 뭐가 다를까?"라는 제목의 글이 실려 있는 것이 보였다. 그중에 이런 내용이 있었다.

"라면의 본질은 면발에 있다. 국물과 양념이 아무리 그럴싸해도 꼬불꼬불한 면발이 아니면 라면이라고 부르기 힘들다. 그렇다면 기업의 본질은 무엇일까? 가치관이다. 사람에게 영혼이 있듯이 기업은 가치관을 지녀야 혼이 살아난다. CEO에서 말단 직원에 이르기까지 임직원 모두가 동일한 가치관에 따라 일사분란하게 기업 활동을 벌이는 것, 이것이 바로 가치관 경영이다."

그 다음에 이런 내용도 있었다.

"사람은 살면서 왜 사는가, 어떻게 살 것인가, 앞으로 무엇이 될 것인가를 고민하면서 성숙해진다. 기업도 마찬가지다. 회사는 왜 존재하는가? 어떤 방식으로 사업할 것인가? 앞으로 어떤 회사가 될 것인가가 명확해야 제대로 생존하고 장수도 할 수 있다."

나는 이 글이 기업을 위해 쓴 글이지만 교회에도 그대로 적용되고, 우리 개인의 삶에도 적용된다는 생각을 했다. 그러다 웨스트민스터 소요리문답이 문득 떠올랐다. 소요리문답에 제일 먼저 나오는 질문은 이것이다.

"사람의 제 일 되는 목적이 무엇인가?"

그리고 그 질문에 대해 이런 답을 제시한다.

"사람의 제 일 되는 목적은 하나님을 영화롭게 하는 것과 영원토록 그를 즐거워하는 것이다."

인생을 살면서 세월이 빠르단 말도 많이 하지만 가만히 생각해보면 우리가 살아가는 날들이 참 긴 것도 사실이다. 우리가 이 땅을 사는 동안 얼마나 많은 일들을 경험하고 행하는가? 그 많은 것을 압축하고 압축해서 딱 하나로 정리한 것이 '하나님을 영화롭게 하고 그분을 경배하고 찬양하는 것이 인생의 목적이다'란 것이다.

교회의 제 일 되는 목적

그런 관점에서 요한계시록을 읽어보면, 그 안에 참 많은 의미가 담겨 있는 것을 보게 된다. 요한계시록 4장과 5장에서는 천상 교회의 모습이 묘사되고 있는데, 4장에는 성부 하나님을 전심으로 찬양하고 경배하는 모습이, 5장에는 성자 예수님을 향하여 전심으로 예배하고 찬양하는 모습이 묘사되고 있다.

지상 교회에는 얼마나 다양한 일이 많은가? 그런데 천상 교회의 모습은 딱 하나뿐이다. 하나님께서는 요한에게 천상의 교회를 보여주시면서 이 땅의 모든 교회에 여러 모습들이 펼쳐져 있지만 그것을 압축하면 교회가 할 일은 하나님을 경배하고 찬양하는 그 한 가지뿐이라는 것을 보여주고 싶으신 것이다.

그러고 보면 요즘 교회들이 힘쓰고 있는 일들이 많다. 어려운 이웃을 돕고, 해외 선교를 하고, 고아들을 돕고, 노인들을 돕고, 복지관을 운영하고…. 그 외에도 열거되지 않은 많은 일들을 행한다. 이 모든 일들이 다 귀한 일이긴 하지만, 여기서 잊어서는 안 될 것이 하나 있다. 교회는 그런 일들을 하려고 존재하는 게 아니라는 것이다. 그 많은 일들은 곁가지에 불과하다. 교회가 존재하는 가장 중요한 목적은 예배하는 공동체가 되기 위해서다. 이것을 잃어버리면 우리는 길 잃은 어린 양과 같이 헤맬 수밖에 없다.

우리 인생의 목적도 마찬가지다. 우리는 궁극적으로 하나님을 영화롭게 하고 하나님을 예배하기 위해 지음 받았으며 존재한다. 그렇기에 우리가 올바른 삶의 방향을 제대로 찾을 때 행복이 온다.

예배하는 인생 vs 예배를 멸시하는 인생

성경의 예를 들어보자. 사무엘상 초반부에 보면 두 인생을 의도적으로 비교하고 있는 걸 느낄 수 있다. 엘리 제사장과 한나의 인생이다. 엘리 제사장은 당대 대표적인 종교 지도자였다. 그에 비해 한나는 이름 없는 무명의 여인이었다. 이것이 벌써 대조가 된다.

그런데 이 두 인물과 두 가문이 계속해서 대조가 되는 것은, 우뚝 선 존재로 시작한 엘리 제사장은 미끄럼틀에서 내려가는 것처럼 점점 미끄러지고 있다. 초반에 잘 나가다 마지막에 몰락한 케이스이다.

여기에 반해 한나는 점점 더 상승해서 나중에는 그 아들 사무엘을 통해 놀라운 영광을 누리게 된다. 이 대조가 우리에게 묘한 의미를 전해준다.

어느 날 성경을 읽다가 두 인생이 이런 대조를 보이게 된 요인이 무엇인지를 밝혀주는 구절을 발견했다.

> 이 소년들의 죄가 여호와 앞에 심히 큼은 그들이 여호와의 제사를 멸시함이었더라 삼상2:17

이 말씀은 엘리 제사장의 아들들에 관한 말씀이다. 이에 반해 한나의 아들 사무엘은 어땠는가?

사무엘은 어렸을 때에 세마포 에봇을 입고 여호와 앞에서 섬겼더라 삼상 2:18

엘리 제사장의 두 아들은 하나님께 드리는 예배를 멸시했다. 이것이 그 가문을 몰락시키는 요인이 되었다. 반대로 사무엘은 어릴 때부터 하나님을 예배하는 일에 쓰임 받았고 그것을 기뻐하였기에, 그의 가문이 비상하는 통로를 마련할 수 있었던 것이다. 정말 중요한 이야기이다.

그러면서 문득 생각해보니 분당우리교회가 이처럼 성장하는 교회가 될 수 있었던 것은 개척 초기에 '두 가지 결핍'을 가지고 교회가 시작되었기 때문이었다.

하나는 담임목사인 내가 성인 목회 경험이 전혀 없는 상태로 개척을 했다는 것이다. 그러다 보니 심방 가서 무슨 말씀을 전해야하는지, 등록한 새가족들을 위해서는 어떤 도움을 드려야 하는지 등 아는 것이 없었다. 더군다나 청소년 사역 경험만 있다 보니 설교에서도 어려움이 많았다. '이찬수 목사는 애들만 상대해서 설교에 깊이가 없다'라는 평을 듣기도 했다.

그러다 보니 하나님께 매달리는 수밖에 없었다. 새벽마다 하나님 앞에 나아가 눈물로 기도했다. 그런데 지나고 생각해보니 이것이 오히려 은혜의 통로가 되었다.

만약 내가 똑똑하고 목회 경험도 많아서 아는 게 많았다면, 그래서 하나님을 의지하지 않고 내 힘으로 목회해보겠다고 나섰다면 그런 절박한 기도는 없었을 것이고, 그랬으면 오늘날 이런 큰 은혜를 누리는 일도 없었을 것이다.

이것 말고도 우리 교회가 성장하게 된 요인이 하나 더 있다. 개척 초기에 건물이 없었다는 것이다. 학교 건물을 빌려서 예배드리다 보니 주중에는 학교 안에 교회의 존재를 찾기가 어려웠다. 학생들 수업에 방해될까봐 주중 행사는 꿈도 못 꿨다. 그러니 또 하나님께 매달릴 수밖에 없었다.

"하나님, 지금 저희는 교회로서 할 수 있는 게 아무것도 없습니다. 그러니 주중에는 제자훈련하는 데 마음을 쏟게 하시고 주일에는 예배에 마음을 쏟게 해주세요. 예배에 목숨 걸게 해주세요."

나 자신도 스스로 할 수 있는 게 별로 없다 보니까 설교 준비에 혼신의 힘을 쏟았다. 나는 설교의 은사를 받은 사람이 아니다. 나 스스로도 느낀다. 25년 째 설교하고 있지만 나는 지금도 설교 준비를 할 때 토씨 하나 안 빼놓고 다 적어놓는다. 예배 올라가기 직전까지 원고를 다듬고 또 다듬는다. 그렇게 해야 설교가 된다. 그래서 하나님께 '하나님, 제게도 말씀을 잘 전하는 은사를 주세요'라고 기도할 수밖에 없다.

내가 대외 활동을 자제하는 이유도 이것이 크다. 대외 활동을 활발히 하면서 설교를 잘할 자신이 없기 때문이다. 그래서 외부 직함은 가능한 한 안 맡고 계속 하나님을 예배하며 내가 맡은 설교를 잘 감당하는 데 최선을 다하고자 한다. 그래야 할 수 있기 때문이다.

이처럼 교회 건물이 없기에 은혜로운 예배와 설교를 놓고 사모하며 기도했다. 화려한 행사나 이벤트가 아니라 오직 예배로 승부 거는 교회가 되기를 꿈꾸었다. 그런데 놀랍게도 이처럼 열악한 상황과 조건에도 교회가 부흥하기 시작했다. 그러면서 깨달은 것이 있다. 우리가 하나님 앞에 정말 참된 예배자로 마음을 다할 때, 온전하신 하나님을 예배하는 자로 세움 받을 때 그것을 하나님이 가장 기뻐하신다는 것이다.

우리는 이 같은 영적 원리를 반드시 기억해야 한다. 예배를 잘 드릴 때 인생의 회복이 일어날 줄 믿는다. 예배를 잘 드릴 때 어긋난 가정이 주님 앞에 회복되어 기쁨으로 영광을 돌리는 일이 일어날 줄 믿는다.

그러기 위해선 우리가 예배자로 이 땅에 부름 받았다는 사실을 철저하게 인식해야 한다. 우리가 이처럼 진정한 예배자로 거듭나기 위해서 꼭 회복해야 할 것이 몇 가지 있다.

나는 하나님의 자녀다

첫 번째, 우리가 올바른 예배자가 되기 위해서는 하나님의 자녀로서의 정체성을 회복해야 한다.

그들이 새 노래를 불러 이르되 두루마리를 가지시고 그 인봉을 떼기에 합당하시도다 일찍이 죽임을 당하사 각 족속과 방언과 백성과 나라 가운데서 사람들을 피로 사서 하나님께 드리시고 그들로 우리 하나님 앞에서 나라와 제사장들을 삼으셨으니 그들이 땅에서 왕 노릇 하리로다 하더라 계 5:9,10

구원 받은 하나님의 백성들이 무엇을 노래하고 있는가? 십자가의 구속 사역을 노래한다. 그리고 우리를 위하여 십자가를 지시고 우리를 구원해주신 주님의 그 은혜로 말미암아 회복된 자신의 정체성에 감격하고 있다.

우리 역시 예수 믿고 부자가 되고, 건강도 회복하고, 자녀들이 좋은 대학에 가는 것과 같은 주변 일들에 맴돌 것이 아니라 근본적으로 내가 십자가로 말미암아 하나님의 자녀가 되었다는 정체성을 회복해야 한다.

황상민 교수가 쓴 《독립 연습》이란 책이 있다. 그 책에 보면 정체성이 얼마나 중요한가를 이런 예를 들어 설명한다.

1950년대 미국의 인디언 보호구역에서 자라던 젊은이들이 마약이나 알코올 중독에 빠지거나 폭력을 일으키는 사태가 유난히 심각했다고 한다. 그래서 많은 학자들이 그 원인에 대해 연구를 했는데, 그 중에 미국의 심리학자 에릭슨이 그 원인을 알아내기 위해 연구팀과 함께 직접 인디언 보호구역에 들어갔다. 거기서 관찰한 결과 그 인디언 아이들에게 있는 문제를 발견했다.

인디언 보호구역에 살던 아이들이 다니는 학교의 선생님들은 다 백인이었다. 그래서 선생님들로부터 "너희는 왜 그렇게 인디언 짓을 하느냐" 하는 꾸지람을 들었다고 한다. 그리고 그 아이들이 집에 돌아가면 부모들은 "넌 왜 자꾸 백인 흉내를 내느냐?" 하면서 꾸짖는다는 것이다. 그러니 아이들에게 혼란이 생겼다.

아이들은 혼나지 않기 위해 인디언 색깔도 아니고 백인 색깔도 아닌, 자기 정체성이 드러나지 않는 애매한 행동들을 할 수밖에 없었던 것이다. 그것이 '무기력감과 좌절감'이란 결과를 가져왔다. 그것이 결국 마약에 손을 대게 하고 알코올 중독에 빠지게 하며 폭력 문제에 휘말리게 하는 결과를 초래하게 된 것이다.

이 글을 읽으면서 마음이 아팠다. 왜냐하면 오늘 이 시대를 사는 우리 젊은이들, 크리스천 자녀들이 겪는 갈등이 바로 이런 갈등이기 때문이다. 교회에 오면 '예수 믿는 애가 왜 그렇게 세상을 따라가는 거야?'라고 야단맞고, 엿새 동안 세상에 나가면 또 크리스천이라는 이유로 잘 섞이질 못한다. 혼전 순결 같은 이야기를 하면 '그런 구닥다리 같은 생각을 아직도 하냐'고 핀잔 듣기 일쑤이다. 여기서도 인정받지 못하고 저기서도 인정받지 못하는 정체성의 혼란을 바로 오늘 이 시대 예수 믿는 젊은이들이 겪고 있는 것이다. 이것이 누구의 책임인가?

최근에 외고에 다니는 딸을 둔 어느 교역자를 만나 자녀와 관련한 대화를 나누었다. 중학교 때 난다 긴다 하는 애들이 모인 외고를 다녔으니 학교가 얼마나 살벌했겠는가? 그 아이도 학교에 적응을 잘 못하고 사춘기를 심하게 겪고 있었다고 한다.

그러던 어느 날 학교에 어느 선교단체 전도사님이 와서 아이들에게 말씀을 가르쳤다. 그 성경공부를 통해 딸의 정체성이 회복되고 내면에 자리 잡고 있던 갈등이 사라졌다. 그러면서 아빠에게 이렇게 고백했다고 한다.

"아빠, 이제 문제가 다 해결되었어요. 왜 공부해야 하는지 이제 알겠어요."

그러면서 아이가 해맑게 웃으며 기뻐하더란 것이다. 여기에 중요한 원리가 있다. 우리가 자녀들에게 하나님의 자녀로서의 긍지를 심어주고 기독교 가치관을 가르치는 것이 그 아이를 행복하게 만든다는 사실이다. 인디언 보호구역에서 정체성의 혼란을 겪었던 그 인디언 아이들과 같은 혼미한 인생이 아니라 하나님의 자녀로서 살도록 가르쳐야 한다. 그것이 아이를 진정한 행복으로 이끈다.

이 땅에 발을 딛고 살아가지만 '나는 하나님의 자녀다'라는 긍지로 이 혼란한 시대에 혼란하지 않은 인생을 살아가는 지혜는 하나님 말씀에서 나온다. 하나님을 예배할 때 생겨난다.

나는 이 땅의 모든 청소년들과 젊은이들에게 이 은혜가 있기를 기도한다. 정말 간절히 바란다.

하나님나라를 향한 갈망을 회복하라

두 번째, 우리가 올바른 예배자가 되기 위해서는 하나님나라를 향한 갈망의 회복이 있어야 한다. 솔직히 말해서 오늘날 성도들의 문제가 무엇인가? 신앙생활의 초점이 전부 이 땅에 있다는 것이다. 지난 한 주간 동안 자신이 한 기도를 한번 분석해보라. 기도의 대부분이 이 땅의 것들을 구하는 것은 아니었는가?

'시험 잘 보게 해주세요. 우리 아들딸 좋은 대학 가게 해주세요. 좋은 남편 만나 시집 잘 가게 해주세요. 부자 되게 해주세요. 병 고쳐주세요.'

우리는 다 땅의 것에 관심을 갖고 있다. 그러나 우리가 진정 하나님 앞에 온전한 예배자가 되기 위해서는 하나님나라를 향한 갈망을 회복해야 한다. 요한계시록 4장의 말씀처럼 "이리로 올라오라"는 주님의 음성을 들어야 한다.

그 두루마리를 취하시매 네 생물과 이십사 장로들이 그 어린 양 앞에 엎드려 각각 거문고와 향이 가득한 금 대접을 가졌으니 이 향은 성도의 기도들이라

계 5:8

이 말씀이 우리에게 도전을 던져준다. 여기서 '기도'는 "부자 되게 해주세요, 복 받게 해주세요" 같은 것들이 아니다. 대부분의 학자들은 여기 나오는 기도는 초대교회 성도들이 당시 엄청난 박해 속에서 "마라나타, 아멘 주 예수여 오시옵소서" 하며 드렸던 주님을 갈망하는 기도를 가리킨다고 본다. 그리고 주님이 이 땅에 재림하심으로 말미암아 이루게 될 하나님나라에 대한 소망의 기도를 의미한다는 것이다.

과연 오늘 우리의 기도는 하나님 앞에 향으로 드려지는 기도가 될 수 있겠는가? 그러고 보면 영적으로 성숙해진다는 것은 시야가 넓어진다는 말과 같다.

이 땅에만 초점을 맞추고 살아가는 우리의 시야가 넓어져서 하나님나라를 꿈꾸고 갈망하고 그 나라를 향해 우리의 마음을 쏟게 될 때, 그때 성숙해진다고 말할 수 있는 것이다.

> 이 일 후에 내가 보니 하늘에 열린 문이 있는데 내가 들은 바 처음에 내게 말하던 나팔 소리 같은 그 음성이 이르되 이리로 올라오라 계 4:1

하나님은 요한을 "이리로 올라오라"고 부르시면서 그 이유를 이렇게 설명하신다.

이 후에 마땅히 일어날 일들을 내가 네게 보이리라 하시더라 계 4:1

마땅히 일어날 일들을 볼 수 있는 눈을 뜨게 해주기 위하여 주님이 요한을 부르셨다. 결국은 이것이 핵심이다.

이 말씀을 묵상하다가 문득 나 자신이 참 부끄러워졌다. 20대 초반의 내 삶을 보면 '현실 과장'이 많았다. 죽을 것같이 힘들고, 자살 충동을 느끼고, 길거리에서 하나님께 삿대질을 하며 대들고 했던 것들이 떠오르면서 '내가 왜 그런 말도 안 되는 짓을 저질렀을까' 싶었다. 사실 이유는 딱 하나였다! 철없는 20대 때의 나에게는 요한계시록 4장 1절이 없었던 것이다. "이후에 마땅히 일어날 일들을 내가 네게 보이리라"는 말씀을 누리지 못하다 보니 그저 눈에 보이는 현실만으로 좌절했던 것이다.

돌이켜보면 이것이 참 억울하고 원통하다. 고통스런 20대 때에, 이런 연단을 통해 누리게 될 '장차'의 기쁨을 미리 맛볼 수 있었다면 젊은 시절의 끔찍한 방황을 피할 수 있었을 것인데 말이다.

이스라엘 백성도 마찬가지 아니었는가? 그들이 홍해를 건너고 광야 생활을 하는 동안 가장 많이 한 것은 원망과 불평이었다. 그들은 틈만 나면 원망했다. 그 이유가 무엇인가? 스물세 살의 나처럼 철이 없었기 때문이다. 그들은 열악한 광야를 지나고 나면 만나게 될 젖과 꿀이 흐르는 가나안 땅을 보지 못했기 때문에 현실만 보고 자꾸 절망한 것이다.

이것이 오늘 우리의 모습은 아닌가 돌아보자. 교회에 왔다 갔다 하지만 결국 보는 건 땅의 현실이다. 그것만 보고 사니까 날마다 죽겠다 하는 것이다. 성령께서 우리에게 강력한 은혜를 주셔서 땅의 것만 보고 절망하는 인생이 아니라 멀리 눈을 들어 하나님나라를 볼 수 있는 영안이 열리기를 바란다.

나는 우리가 현실에 초점을 두고 안달복달하고 탐욕을 부리는 이에게 반드시 찾아오는 좌절과 절망으로 미끄러지는 인생이 아니라 멀리 눈을 돌려서 광야에서의 열악한 어려움 너머 젖과 꿀이 흐르는 가나안이 기다리고 있음을 기억하며 이 아픈 현실을 기쁨으로 이겨낼 수 있게 되길 바란다.

진정한 기쁨을 누려라

세 번째, 우리가 올바른 예배자로 살아가기 위해서는 하나님의 자녀 된 기쁨의 회복이 필요하다. 이 땅을 사는 동안 기쁨을 누리며 사는 게 얼마나 중요한가? 그런데 그 기쁨을 누리는 것도 중요하지만 하나님의 관점에서 보면 우리가 누리는 그 기쁨의 실체, 그 기쁨의 원인이 무엇인지를 분석하는 것도 중요하다.

누가복음 10장을 보면 예수님이 파송하신 전도대원들이 돌아와 이런 보고를 한다.

칠십 인이 기뻐하며 돌아와 이르되 주여 주의 이름이면 귀신들도 우리에게 항복하더이다 눅 10:17

그러자 주님이 뭐라고 말씀하셨는가?

그러나 귀신들이 너희에게 항복하는 것으로 기뻐하지 말고 너희 이름이 하늘에 기록된 것으로 기뻐하라 눅 10:20

이 말씀의 뜻이 무엇인가? '너희들이 기쁨 누리는 것 중요하다. 그러나 그 기쁨이 땅에 있는 어떤 현상으로서가 아니라 구원받은 하나님의 자녀로 존재됨을 늘 기뻐하라'는 뜻이다. 즉, 본질을 기뻐하라는 것이다.

요한계시록 5장 9절에도 "그들이 새 노래를 불러 이르되"라는 표현이 나오는 것을 볼 수 있다. 여기서 '새 노래'는 무엇을 의미하는가?

새 노래를 부르니 땅에서 속량함을 받은 십사만 사천밖에는 능히 이 노래를 배울 자가 없더라 계 14:3

이 구절을 참고해볼 때 지금 그들이 부르는 '새 노래'는 좋은 집을 얻게 해주셨을 때 부르는 것과 같은 기쁨의 노래가 아니다. 나 같은 죄인을 구원해주시려고 주님이 십자가를 지심으로 내가 하나님의 자녀 되었다는 그 구원의 감격, 나를 향한 하나님 아버지의 사랑을 확인하고 기뻐하는 것이다.

나는 하나님 앞에서 종종 이렇게 기도한다.

"하나님, 수준 낮은 목사가 되지 않기를 원합니다. 하나님께서 큰 교회로 만들어주셨다고 기뻐하는 낮은 단계의 기쁨으로 나아가고 싶지 않습니다. 조금 유명해졌다고 그것 때문에 기뻐하는 목사가 되지 않기를 원합니다. 내가 구원받은 하나님의 자녀로, 십자가를 통하여 변화 받은 하나님의 사람으로, 내 존재 자체를 기뻐하는 목사가 되기를 원합니다."

이 기도를 목사인 나만 해야 하는가? 우리 모두의 시야가 넓어져서 주님 앞에 구원의 감격을 기뻐 노래하는 우리가 되기를 정말 간절히 바란다.

나는 진심으로 축복하며 바란다. 예수 믿는 우리 모두가 정말 행복하기를 바란다. 그러기 위해서는 하나님 자녀로서의 정체성을 회복해야 한다. 그리고 날마다 눈에 보이는 현실만 보고 안달복달하지 말고 비록 몸은 광야를 살아가지만 가나안을 볼 수 있는 영안이 열려야 한다.

또한 기쁨을 추구하되 그 기쁨이 낮은 단계의 기쁨이 아니라 구원

받은 하나님의 자녀로서의 감격에서 기인하는 깊은 기쁨이 이 땅을 살아가는 내내 우리 모두에게 흘러넘쳐야 한다. 그런 은혜가 충만하게 있기를, 그래서 이 땅을 살면서도 천국을 사는 우리 모두가 될 수 있기를 진정으로 바란다.

요한계시록 7:1-14

이 일 후에 내가 네 천사가 땅 네 모퉁이에 선 것을 보니 땅의 사방의 바람을 붙잡아 바람으로 하여금 땅에나 바다에나 각종 나무에 불지 못하게 하더라 또 보매 다른 천사가 살아 계신 하나님의 인을 가지고 해 돋는 데로부터 올라와서 땅과 바다를 해롭게 할 권세를 받은 네 천사를 향하여 큰 소리로 외쳐 이르되 우리가 우리 하나님의 종들의 이마에 인 치기까지 땅이나 바다나 나무들을 해하지 말라 하더라 내가 인 침을 받은 자의 수를 들으니 이스라엘 자손의 각 지파 중에서 인 침을 받은 자들이 십사만 사천이니 유다 지파 중에 인 침을 받은 자가 일만 이천이요 르우벤 지파 중에 일만 이천이요 갓 지파 중에 일만 이천이요 아셀 지파 중에 일만 이천이요 납달리 지파 중에 일만 이천이요 므낫세 지파 중에 일만 이천이요 시므온 지파 중에 일만 이천이요 레위 지파 중에 일만 이천이요 잇사갈 지파 중에 일만 이천이요 스불론 지파 중에 일만 이천이요 요셉 지파 중에 일만 이천이요 베냐민 지파 중에 인 침을 받은 자가 일만 이천이라 이 일 후에 내가 보니 각 나라와 족속과 백성과 방언에서 아무도 능히 셀 수 없는 큰 무리가 나와 흰 옷을 입고 손에 종려 가지를 들고 보좌 앞과 어린 양 앞에 서서 큰 소리로 외쳐 이르되 구원하심이 보좌에 앉으신 우리 하나님과 어린 양에게 있도다 하니 모든 천사가 보좌와 장로들과 네 생물의 주위에 서 있다가 보좌 앞에 엎드려 얼굴을 대고 하나님께 경배하여 이르되 아멘 찬송과 영광과 지혜와 감사와 존귀와 권능과 힘이 우리 하나님께 세세토록 있을지어다 아멘 하더라

CHAPTER

8

하나님의 보호는 흔들리지 않는다

요한계시록은 사도 요한이 경험했던 환상을 뼈대로 삼아 기록된 성경이다. 가장 먼저 나오는 환상은 소아시아 일곱 교회에 대한 환상이었다. 4장부터 16장까지 나오는 것이 두 번째 환상으로, 타락한 세상을 향한 하나님의 심판을 나타내는 일곱 인, 일곱 나팔, 일곱 대접에 대한 환상이다.

그런데 두 번째 환상의 구조를 가만히 보면, 요한계시록 4,5장에서는 천상 교회에서 하나님을 찬양하는 모습이 드러나고 6장에서부터는 하나님의 심판이 드러난다. 요한계시록 7장은 하나님의 심판 내용이 열거되는 가운데 삽입된 장면이다. 그래서 요한계시록은 6장을 읽고 8장으로 건너가야 그 흐름이 자연스럽다.

심판 중에도 보호하시는 주님

그러면 왜 하나님의 심판을 열거하다가 갑자기 7장을 삽입했는가? 6장 마지막 구절을 보면 이런 질문이 나온다.

> 그들의 진노의 큰 날이 이르렀으니 누가 능히 서리요 하더라 계 6:17

즉 6장에서 그 무서운 하나님의 심판 앞에 누가 견디겠냐는 질문을 던지고, 7장에서 이 질문에 대한 대답을 하고 있는 것이다. 그 대답은 무엇인가?

> 또 보매 다른 천사가 살아 계신 하나님의 인을 가지고 해 돋는 데로부터 올라와서 땅과 바다를 해롭게 할 권세를 받은 네 천사를 향하여 큰 소리로 외쳐 이르되 우리가 우리 하나님의 종들의 이마에 인 치기까지 계 7:2,3

여기서 '하나님의 인'은 '하나님의 소유'를 뜻하는 말이다. 이 '인침'에 대한 말씀은 에스겔서 9장을 배경으로 하고 있다.

> 여호와께서 이르시되 너는 예루살렘 성읍 중에 순행하여 그 성읍 가운데에서 행하는 모든 가증한 일로 말미암아 탄식하며 우는 자의 이마에 표를 그리라 하시고 그들에 대하여 내 귀에 이르시되 너희는 그를 따라 성읍 중에 다니며 불쌍

히 여기지 말며 긍휼을 베풀지 말고 쳐서 늙은 자와 젊은 자와 처녀와 어린이와 여자를 다 죽이되 이마에 표 있는 자에게는 가까이하지 말라 겔 9:4-6

지금 이 말씀의 배경이 무엇인가 하면, 이스라엘 백성들이 너무 타락했기 때문에 하나님이 바벨론을 들어서 그들을 심판하고 징계하겠다는 말씀을 주시면서, 그 과정에서 이마에 표를 받은 자들은 보호해주시겠다는 말씀이다.

요한계시록에서는 이 말씀을 사용하여 장차 하나님의 심판이 도래하게 될 그때 하나님의 백성들을 이처럼 보호해주겠다고 말씀해주신다. 그러니까 6장 마지막 절의 "누가 이 무서운 하나님의 심판에서 견딜 수 있으랴?"라는 질문에 대해서 하나님은 상징적으로 "이마에 표를 받은 하나님의 자녀들에 대해서는 하나님이 보호해주시겠다"는 약속의 말씀을 주시는 것이다.

세상 심판에 대한 말씀을 주시다가 7장에서 이 같은 말씀을 삽입하심으로 하나님의 백성들인 우리에게 확신된 마음을 갖기를 원하신 것이다. 그래서 이 말씀은 우리에게 참 의미 있고 중요한 메시지이다. 이 땅을 살아가는 동안 우리는 이 메시지를 마음에 깊이 담아야 한다. 이런 맥락에서 요한계시록 7장이 주는 의미를 두 가지로 살펴보고자 한다.

하나님의 보호하심을 확신하라

첫째로, 우리는 이 땅에서 사는 내내 하나님의 보호하심에 대한 확신을 가지고 살아야 한다.

우리가 이것을 인식하고 사는 것이 얼마나 중요한지 모른다. 시편 3편은 하나님의 보호하심을 받으며 산다는 걸 확신하고 사는 사람의 태도가 얼마나 중요한지를 보여준다. 성경은 시편 3편의 배경을 이렇게 설명한다.

"다윗이 그의 아들 압살롬을 피할 때에 지은 시."

앞에서도 언급했지만 다윗의 아들 압살롬은 왕권에 눈이 어두워 쿠데타를 일으켰다. 못된 지혜가 얼마나 번뜩이는지, 백성들의 마음을 얻으려고 4년 동안 치밀하게 준비했다. 다윗의 마음이 더 무너졌던 이유는 그렇게 믿었던 신하들까지 압살롬의 편에 서서 그에게 등을 돌렸다는 것이다.

그래서 다윗은 목숨을 부지하기 위해 비참하게 도망갔다. 그 과정에서 쓴 시가 시편 3편이다. 첫 구절만 봐도 다윗의 심경이 딱 느껴진다.

여호와여 나의 대적이 어찌 그리 많은지요 일어나 나를 치는 자가 많으니이다

시 3:1

지금 다윗이 느끼는 내적인 감정은 절망감이다. 이런 절망감이 찾아오면 사람은 수치심을 느낀다.

많은 사람이 나를 대적하여 말하기를 그는 하나님께 구원을 받지 못한다 하나이다 시 3:2

아무리 그래도 다윗이 아직 왕인데, 사람들이 대놓고 '당신은 하나님께 구원도 못 받았다'라고 말하지는 않았을 것 같다. 그런데 왜 다윗은 2절과 같은 감정을 느낀 것일까? 사람이 1절과 같은 절망감을 느끼면 주변 사람이 다 자기를 비웃는 것처럼 여기게 된다. 사람들이 웃어도 나를 비웃는 것 같고, 뭐라고 수군거려도 날 조롱하는 것 같다. 칭찬을 해도 '이 사람이 지금 날 놀리나?' 하면서 기분이 나쁘다. 이처럼 사람이 자신감을 잃으면 주변 사람들이 다 자기를 조롱하는 것처럼 느끼게 되는데, 다윗이 지금 그런 상황이다.

시편 3편은 그렇게 비참하게 시작했다. 그런데 마치 시커먼 어둠으로 시작한 새벽이 점점 밝아지다가 어느 순간 동이 확 터오는 것처럼 비참함으로 시작한 시편 3편은 어느 순간 갑자기 확 밝아진다. 6절을 보자.

천만 인이 나를 에워싸 진 친다 하여도 나는 두려워하지 아니하리이다 초반의 1,2절과 완전히 달라진 분위기가 느껴지는가? 그 과정에 무슨 일이 있었기에 그 절망의 감정으로 시작한 시편 3편이 '천만 인이 나를 에워싼다 해도 나는 괜찮다'라는 확신과 자신감으로 가득한 시로 변할 수 있었는가? 이 6절의 대전환이 가능하도록 한 말씀이 바로 3절과 4절이다.

> 여호와여 주는 나의 방패시요 나의 영광이시요 나의 머리를 드시는 자이시니이다 내가 나의 목소리로 여호와께 부르짖으니 그의 성산에서 응답하시는도다

이 시에서 다윗이 잘한 게 하나 있다. 그는 1,2절에서 절망했다. 대적이 자기를 에워싸고 있는 상황이다. 그런데 그 상황에서 다윗은 자신의 시선을 그런 절망과 현실에만 고정하지 않고 자기를 보호하시는 여호와 하나님에게로 눈을 돌렸다. 그러자 6절과 같은 대반전이 일어나더라는 것이다.

너무나 답답하게도, 많은 크리스천들이 1,2절에 갇혀 산다. 그 안에서 날마다 절망한다. 날마다 좌절한다. 사람이 절망에 갇혀 살다 보면 수치심을 자주 느끼게 되고 말씀을 말씀으로 받지 못한다. 무슨 권면을 해도 그걸 잘 받아들이지 못한다. 때로는 말씀을 왜곡해서 듣기도 한다. 그래서 마음이 아프다. 목회가 어렵다는 생각을 하게 된다.

혹시 누가 뭐라고 한마디 하면 '지금 날 무시하는 건가?' 하면서 절망과 분노가 치미는 사람이 있는가? 이제는 그런 1,2절의 절망을 떨쳐야 한다. 그러기 위해선 다윗이 그랬던 것처럼 시선을 하나님께로 옮겨야 한다.

앞에서도 언급했지만, 이 말씀을 묵상하다가 젊은 시절의 미숙한 내 모습이 떠올라 부끄러운 마음이 들었다. 현실이 어려웠던 것은 사실이지만 돌이켜보면 그 어려움을 지나치게 크게 생각하여 좌절하고 절망했다.

이것이 왜 위험한가 하면, 이런 상황이 주어지면 2절 말씀처럼 자꾸 주변 사람들에게 섭섭함을 느끼게 되기 때문이다. 형제들에게도 섭섭하고 친구들에게도 섭섭하다. 그때 형제들은 최선을 다해 나를 돌봐주고 섬겨주었는데, 그 당시 나는 그것을 바르게 받아들이지 못했다. 지금 생각하니 참 부끄럽다. 그때의 나처럼 지금 시편 3편 1,2절에 갇혀 지내는 분들이 있다면 성령의 사다리를 타고 3,4절로 건너가는 은혜가 있기를 바란다.

보호하시는 여호와 하나님에게로 우리의 시선이 옮겨갈 때 6절과 같은 담대한 선포가 가능해진다. 기왕 이 땅에서 살아가는 것, 매일 주눅 드는 삶을 살아서야 되겠는가?

어깨를 당당히 펴고 '천만 인이 나를 둘러서 진 친다 할지라도 나는 그런 것에 개의치 않겠다. 하나님이 날 보호해주신다' 하는 담대함을 가지는 것, 이것이 믿음의 진수이다.

한숨이 변하여 노래가 되었네

그런 면에서 우리 옛 어른들을 생각해보면 우리가 배워야 할 것이 참 많다. 예전에 우리나라가 얼마나 힘든 시절을 보냈는가? 보릿고개를 넘어갈 때면 하루 한 끼 먹을 것도 없어서 전전긍긍하던 때가 있었다. 그런데 그 어른들이 좋아하시며 자주 불렀던 찬양 중에 이런 찬양이 있다.

"주 안에 있는 나에게 딴 근심 있으랴."

3절 가사인데, 그 당시 옛 어른들의 어려웠던 현실을 생각하면 참 웃긴 가사가 아닐 수 없다. 온통 근심 속에서 뒹굴던 어른들인데, '딴 근심 있으랴'라니. 그런데 어떻게 저런 담대한 찬양을 부를 수 있었는가? 나는 2절 가사에서 그 힌트를 찾았다.

"그 두려움이 변하여 내 기도 되었고."

여기서 '그 두려움'이 시편 3편 1,2절이다. 그런데 어른들은 그 두려움의 웅덩이에 갇혀 있지 않고 그 두려움을 하나님 앞에 기도하는 도구로 사용했다. 그러자 그 결과가 어떻게 되었나?

"전날의 한숨 변하여 내 노래 되었네."

이 분들은 그 절망적인 상황에서 눈을 들어 보호자 되시는 하나님을 바라보고 그분께 나아가 기도로 탄원했을 때 보호자 되시는 하나님이 그 어려운 문제를 해결해주시는 은혜를 경험한 것이다. 그러자 기쁨의 노래가 나온 것이다.

사실 우리는 옛날 어른들보다 너무나 좋은 환경에서 살아가지만 훨씬 약해졌다. 두려움이 변하여 더 두려움이 되고, 전날의 한숨이 변하여 더 큰 한숨이 되는 것이 우리의 삶 아닌가?

하나님은 역사의 줄기를 피력해나가시면서 요한계시록 6장과 8장 사이에 7장의 말씀을 삽입하여 "누가 이 하나님의 심판을 견뎌낼 수 있는가? 바로 택함 받은 하나님의 자녀들, 그들을 내가 보호해주겠다"는 메시지를 주셨다. 그 이유는 그분의 자녀들이 힘든 현실을 바라보며 절망할 것이 아니라 눈을 들어 하나님을 바라보며 담대한 믿음과 확신을 가지고 나아가기를 원하셨기 때문이다. 주님의 이 음성이 우리 모두에게 들려지기를 바란다.

"내가 너희를 보호해주겠다. 그러니 너는 걱정 말고 담대히 나아가라!"

참 사랑을 베푸는 진정한 승리

둘째로, 우리는 진정한 승리란 참 사랑을 베풀 수 있는 능력이라는 것을 자각해야 한다.

이 일 후에 내가 보니 각 나라와 족속과 백성과 방언에서 아무도 능히 셀 수 없

는 큰 무리가 나와 흰 옷을 입고 손에 종려 가지를 들고 보좌 앞과 어린 양 앞에 서서 계 7:9

앞에서 '인 침'으로 설명하는 '하나님의 택함 받은 백성들'을 이 말씀에서는 '흰 옷 입은 자'로 표현한다. 이들에 대해 13절에서 이렇게 질문한다.

장로 중 하나가 응답하여 나에게 이르되 이 흰 옷 입은 자들이 누구며 또 어디서 왔느냐 계 7:13

그리고 이 질문에 대한 설명이 이어진다.

내가 말하기를 내 주여 당신이 아시나이다 하니 그가 나에게 이르되 이는 큰 환난에서 나오는 자들인데 어린 양의 피에 그 옷을 씻어 희게 하였느니라 계 7:14

여기서 '흰 옷'이 중요한 개념인데, 이필찬 교수가 쓴 《요한계시록, 어떻게 읽을 것인가》라는 책에 보면 이렇게 설명되어 있다.

"여기 나오는 '어린 양의 피에 그 옷을 씻어 희게 하였다'는 말씀은 전쟁에서 승리한 모습을 상징한다."

구약에서는 이스라엘 백성들이 전쟁에서 승리하고 돌아오면 하나님께 예배를 드렸다. 그러면서 승리의 감격과 감사를 하나님께 올려 드렸는데, 구약의 정결 의식 속에는 그렇게 예배를 드리기 전에 먼저 전쟁에서 흘린 피를 깨끗이 씻은 다음 하나님 전에 나와 예배해야 한다는 규정이 있다. 그것을 모티브로 '흰옷 입은 하나님의 백성들'을 설명한 것이다.

그렇기 때문에 '옷을 씻어 희게 되었다'는 것은 승리를 전제로 한 표현이다. 다른 것이 있다면 구약에서는 물로 씻었지만 요한계시록에서는 어린 양의 피로 씻었다는 점이다. 즉, 예수 그리스도의 십자가 보혈의 능력이 우리를 승리의 길로 이끌어주신다는 확신을 이 말씀 안에서 주시는 것이다.

그런데 요한계시록 19장 8절에 이런 말씀이 있다.

> 그에게 빛나고 깨끗한 세마포 옷을 입도록 허락하셨으니 이 세마포 옷은 성도들의 옳은 행실이로다 하더라

이 구절에서 하나님이 로마의 압제로 신음하며 절망 가운데 놓인 초대교회 성도들에게 주고 계신 메시지는 어떤 것인가? 하나는 이것이다.

'너희들은 그대로 무너지지 않는다. 지금은 비참한 절망의 바퀴 속에 빠져 있지만, 하나님의 백성, 하나님의 택함 받은 자녀들은 그

대로 망하지 않는다. 반드시 회복되어 승리할 것이다. 이 확신을 가져라.'

그리고 또 다른 메시지는 이것이다.

'너희들이 승리하되 로마 군인들의 칼과 창과 같은 군사력으로 승리하는 게 아니라, 그에 대항하는 진정한 능력, 십자가의 사랑과 십자가의 희생으로 로마의 압제를 이겨낼 수 있다. 그것이 바로 하나님이 주시는 능력이다.'

결국 그 강한 로마 군인들을 이기는 것은 주님의 사랑과 십자가의 희생으로 무장된 태도라는 것이다. 진정한 승리는 참 사랑을 베풀 수 있는 능력에서 나온다. 그것이 십자가의 희생이고 사랑이다.

우리는 이 두 가지 메시지를 꼭 마음에 담고 살아야 한다. 아무리 현실이 어려워도, 시편 3편의 상황처럼 사방의 적들이 다 나를 에워싸고 있는 상황일지라도 분명한 확신을 가져야 한다.

'하나님이 내 보호자가 되신다, 하나님이 나를 건져주신다.'

이 확신은 우리를 주님의 십자가 사랑으로, 진정한 능력으로 무장하는 자리로 우리를 인도한다. 우리의 연약함이 도리어 연약한 이웃을 보듬고 섬기는 일에 쓰임 받는 도구가 되는 자리로 나아가야 하는 것이다.

'천만 인이 나를 둘러 서 있을지라도 나는 그들에게 꺾이지 않는다'는 자신감을 가지라. 그 바탕 위에서 우리는 주님의 십자가 희생,

그 사랑의 정신으로 이 세상의 거대한 힘을 꺾을 수 있다. 그러한 힘이 바로 주님의 십자가 희생, 보혈, 사랑임을 확신하고 경험하는 우리 모두가 되기를 바란다.

PART 3

주의 마음으로 세상을 보라

요한계시록 7:9-12

이 일 후에 내가 보니 각 나라와 족속과 백성과 방언에서 아무도 능히 셀 수 없는 큰 무리가 나와 흰 옷을 입고 손에 종려 가지를 들고 보좌 앞과 어린 양 앞에 서서 큰 소리로 외쳐 이르되 구원하심이 보좌에 앉으신 우리 하나님과 어린 양에게 있도다 하니 모든 천사가 보좌와 장로들과 네 생물의 주위에 서 있다가 보좌 앞에 엎드려 얼굴을 대고 하나님께 경배하여 이르되 아멘 찬송과 영광과 지혜와 감사와 존귀와 권능과 힘이 우리 하나님께 세세토록 있을지어다 아멘 하더라

좁은 마음을 깨뜨려라

앞에서 살펴본 것처럼 요한계시록 7장은 6장의 "그들의 진노의 큰 날이 이르렀으니 누가 능히 서리요"라는 질문에 대한 대답 형식으로 삽입된 것이다. '세상 심판에 대한 메시지'라는 흐름 가운데 이렇게 7장이 삽입된 것은 하나님이 자신의 마음을 전해주고 싶으셨기 때문이다.

'아무리 무서운 하나님의 심판이 도래하고 아무리 어려운 핍박이 도래할지라도 하나님의 택한 백성은 하나님이 책임지신다.'

이 확신을 주고 싶으셨던 것이다. 그 하나님의 마음이 우리 모두의 가슴에 늘 흘러넘치게 되기를 바란다.

하나님의 택함 받은 자녀들

요한계시록 7장을 분석해보면 크게 두 파트로 나눌 수 있다. 전반부인 1절부터 8절까지는 하나님의 보호하심에 대한 메시지를 지상 교회의 관점으로 서술하고 있다. 그런가 하면 후반부인 9절부터 17절까지는 하나님의 보호하심에 대한 메시지를 천상 교회의 관점으로 서술하고 있다.

그리고 하나님의 택한 백성들에 대해 전반부에서는 4절의 인 침을 받은 '십사만 사천'이란 숫자를 가지고 설명하고 있는데 반해 후반부인 9절에 가보면 '아무도 능히 셀 수 없는 큰 무리'라는 표현으로 하나님의 택한 백성을 설명하고 있는 것을 볼 수 있다. 그중에서 '십사만 사천'이란 숫자에 대해서는 여러 해석들이 있는데, 크게 세 갈래로 정리할 수 있다.

첫째로, 과거적인 해석이다. 과거적 해석은 '십사만 사천'이란 숫자가 그리스도를 위하여 신앙을 지키려다가 순교한 성도들의 수라는 견해이다. 이 같은 견해를 주장하는 사람들은, 그 놀라운 하나님의 인 침을 받을 정도면 보통 사람이 아니라 주님을 위해 목숨을 바칠 정도로 특별한 열심을 가진 사람이어야 한다는 측면에서 이런 주장을 하고 있다.

둘째로, 미래 또는 세대주의적인 해석이다. 이 해석은 인 침을 받은 '십사만 사천'이라는 숫자를 문자 그대로 이스라엘 열두 지파에서 각 만이천 명씩 나오는 것으로 생각한다. 이것들을 다 더해서 십사만 사천이라는 숫자가 나온다고 생각하는 것이 세대주의적인 해석이다. 이 해석의 특징은 여기서 구원 받은 십사만 사천 명이 모두 다 유대인들이라고 생각한다는 데 있다. 이단들이 이 주장을 변형해서 십사만 사천의 숫자를 자기들의 멤버 숫자라고 주장하는 경우가 많다.

셋째로, 상징적 해석이다. 고대인들은 숫자에 특정한 의미를 부여하는 경우가 많았다. 예를 들어 요한계시록 4장에 나오는 '이십사 장로'를 구약의 교회를 상징하는 열두 지파와 신약의 교회를 상징하는 열두 사도의 숫자를 더한 것이라고 해석하는 것처럼 상징적으로 보는 견해이다.

이처럼 '십사만 사천'이란 숫자가 구약의 교회를 상징하는 열두 지파와 신약의 교회를 상징하는 열두 사도, 그리고 '많다, 충분하다'는 뜻을 가진 '1,000'이란 숫자를 곱해서 나온 숫자로 본다. 그래서 이것을 믿음을 가지고 있는 신구약의 모든 교회 혹은 모든 성도를 상징하는 숫자라고 해석하는 것이다.

이 세 가지 해석 중에서 학자들은 세 번째 해석을 지지하는 경우가 많다. 그러나 셋 중 어느 해석이 가장 정확한지는 하나님만 아실 것이다.

능히 셀 수 없는 큰 무리의 찬양

요한계시록 7장이 이렇게 해석과 이해가 어려운 장이긴 하지만 나는 요한계시록 7장을 통해 유난히 많은 은혜를 받았다. 그 엄청난 하나님의 심판 속에서도 하나님의 택한 백성들은 보호해주시겠다고 하는 하나님의 메시지 자체가 우선 감동이다. 어느 날 새벽에 요한계시록 7장 9절 말씀을 묵상하다가 그 말씀에 압도당하는 놀라운 경험을 했다.

> 이 일 후에 내가 보니 각 나라와 족속과 백성과 방언에서 아무도 능히 셀 수 없는 큰 무리가 나와 흰 옷을 입고 손에 종려 가지를 들고 보좌 앞과 어린 양 앞에 서서

누구도 셀 수 없는 엄청난 무리들이 일어나 그 구원을 기뻐하고 감격하며 하나님을 찬양하는 광경이 너무나 생생하게 내 머릿속에서 나를 압도했다. 그러면서 이런 한탄이 나왔다.

'우리 하나님은 이처럼 크고 놀라우신 분인데, 그 크신 하나님을 믿는 하나님의 자녀인 나는 왜 이렇게 작고 초라하고 시야가 좁은가? 왜 이렇게 좁은 마음을 가지고 살아야 하는가?'

이 탄식이 나만의 탄식이 아니었으면 좋겠다. 이러한 탄식을 통해 자신을 돌아보고 모두가 크신 하나님의 그 놀라운 성품을 본받아

지금보다 훨씬 크고 넓은 시야를 가지고 먼 곳을 바라볼 수 있는 하나님의 자녀들이 되기를 바란다.

이런 맥락에서 요한계시록 7장에서 우리가 꼭 기억하고 또 회복해야 할 것들을 몇 가지 나눠보고자 한다.

포용하는 넓은 마음의 회복

먼저 우리에게 포용의 회복이 필요하다. 나는 그 새벽, 구원 받은 백성들이 능히 셀 수 없는 큰 무리를 이루어 주님을 찬양하는 모습을 보면서 이 말씀을 떠올렸다.

> 주의 약속은 어떤 이들이 더디다고 생각하는 것같이 더딘 것이 아니라 오직 주께서는 너희를 대하여 오래 참으사 아무도 멸망하지 아니하고 다 회개하기에 이르기를 원하시느니라 벧후 3:9

우리 모두가 다 하나님의 크고 넓으신 마음으로 말미암아 구원 받게 된 것 아닌가? 철없던 20대 때 하나님께 반항하고 삿대질하던 내가 어떻게 구원 받고 목사가 될 수 있었겠는가? 만약 하나님이 우리처럼 속 좁은 분이셨다면 나는 이미 저주를 받아 죽고 없을 것이다. 넓은 마음으로 철없는 나를 기다려주시고 품어주시고 오래 참아주신 그 은혜로 말미암아 오늘의 내가 있게 되었다. 그래서 내 안에는 그 감격이 있다. 그 감사가 있다.

그러고 보면 사도 바울도 마찬가지다. 바울이 지난 자기의 모습을 되돌아보며 뭐라고 고백하는가?

> 그러나 내가 긍휼을 입은 까닭은 예수 그리스도께서 내게 먼저 일체 오래 참으심을 보이사 후에 주를 믿어 영생 얻는 자들에게 본이 되게 하려 하심이라 딤전 1:16

'내가 예수님의 십자가를 조롱하고 예수 믿는 사람들을 잡아다 죽이고 핍박할 때 우리 주님이 일체 오래 참아주심으로 내가 멸망 받지 않고 구원 받았다'는 이 감격이 바울의 삶 가운데 있었다. 그런데 여기서 더 중요한 것은 바울이 그 구원의 감격의 물꼬를 자기를 괴롭히는 사람을 품고 사랑하는 쪽으로 연결시켰다는 점이다.

이미 예수 믿는 그리스도인들 안에서도 바울을 질투하고 모함하고 끌어내려는 지도자들이 많았던 것 같다. 그런데 바울은 주님이 베푸신 넓은 마음과 오래 참으심을 본받아 그런 사람들조차 품어주었다.

그런데 우리는 어떤가? 하나님의 그 크신 사랑, 그 넓은 마음을 마음에 담고 살아야 하는 우리는 왜 이렇게 좁은가? 자신과 조금만 견해가 달라도 비판하고 비난하고 용납하지 않는다.

앞에서도 언급했지만 종말론과 관련한 요한계시록의 해석은 오직 하나님만이 그 정답을 아신다. 우리 인간은 그저 추측할 뿐이다. 그런데 그 견해 차이 때문에 예수님의 보혈로 한 형제요 자매된 우리가 이렇게까지 서로 헐뜯고 미워해서야 되겠는가?

배제의 시대에 필요한 것은 포용

백석대학교의 이우제 교수가 스캇 맥라이트가 쓴 《배제의 시대, 포용의 은혜》란 책을 인용하여 이에 대해 설명하는 것을 본 적이 있다.

그 책에 보면 타락한 인생들은 서로를 배제시킨다는 특징이 있다고 하는데, 정말 일리가 있는 것 같다. 그렇기 때문에 타락한 인간들이 모인 이 시대를 '배제의 시대'라 부른다고 한다. 여기에 반해서 구원 받은 자들은 한마디로 '포용의 은혜'로 살아가는 존재적 특징을 갖는다.

이우제 교수는 이 내용을 요한계시록 7장 9절 말씀에 이렇게 적용했다. 타락한 인간들에 의한 배제로 가득 찬 배제의 시대를 사는 하나님의 택한 자녀들은, 9절에 나타나는 하나님의 포용의 은혜를 받아 주님 앞으로 돌아와 찬양하는 수많은 무리들의 모습을 상징적으로 취하고 본받아야 한다는 것이다.

나는 눈물로 호소하고 싶다. 우리는 이 주님의 포용의 은혜를 받아 누렸다. 그러니 우리도 그 포용의 마음을 가져야 한다. 이단들의 미혹을 경계하고 그들의 거짓을 미워해야 하지만, 그 사람들까지 미워해선 안 된다. 긍휼한 마음을 가지고 그 영혼이 주님 앞에 돌아오도록 기도해야 한다. 또 우리는 동성연애를 절대로 수용할 수 없다. 그러나 주님이 그들을 긍휼히 여기듯이 우리도 그들을 긍휼히 여겨야 한다. 그런 마음으로 그 영혼을 위해 기도하는 것이 옳지 않겠는가?

분명히 말하지만, 우리는 한 축으로는 진리를 사수해야 한다. 목숨을 걸고 그 진리를 지켜야 한다. 그러나 또 다른 축으로는 관용하고 불쌍히 여기고 포용하는 주님의 마음을 배워야 한다. 우리 주님은 창기와 세리들조차 관용으로 포용하고 그들의 눈물을 닦아주셨다. 그 정신, 우리 아버지의 넓은 마음을 우리도 닮아야 한다. 이것이 포용의 회복이다. 진리를 사수하겠다는 선한 마음을 가지고 있었음에도 처음 사랑을 잃어버렸다는 책망을 들었던 에베소교회를 기억하자.

내 안에 구원의 감격이 있는가?

우리가 회복해야 할 또 다른 덕목은 구원의 감격이다. 요한계시록 7장 10절을 보자.

> 큰 소리로 외쳐 이르되 구원하심이 보좌에 앉으신 우리 하나님과 어린 양에게 있도다 하니

나는 이 장면이 정말 감격스럽다. 능히 셀 수 없는 구원받은 큰 하나님의 백성들이 무리를 지어 일제히 큰 소리로 자기를 구원해주신 하나님의 은혜를 찬양한다.

그 노래를 보면 우리의 구원이 어디에 있다고 하는가? 보좌에 앉으신 우리 하나님과 어린 양, 다시 말해 예수 그리스도에게 있다는 것이다. 나의 잘나고 유능하고 도덕적이고 윤리적인 태도에서 구원이 나는 것이 아니라 자격 없는 나를 향한 주님의 십자가, 거기서 구원의 능력이 나타난다는 것을 인정하는 자들에게만 주어지는 감정이 구원에 대한 감격이다.

우리는 이 구원의 감격을 회복해야 한다. 인간적으로 너무 외롭고 고독한 생활을 하는 가운데 있다 할지라도 그 구원의 감격은 내 안의 모든 외롭고 쓸쓸한 감정들을 쓸어버리는 능력이 된다. 이것은 내가 직접 경험했기에 자신 있게 말할 수 있다.

내 생애 가장 외로웠던 때는 1990년이었다. 미국 이민생활을 정리하고 한국의 신학대학원에 들어가 기숙사 생활을 하고 있었는데, 방학이 되자 함께 공부하던 분들이 다들 집으로 돌아갔다. 그때 내가 왜 가족들이 있는 미국으로 가지 않았는지 지금은 이해가 잘 안 간다. 청승맞게 기숙사에 혼자 남아 그 긴 석 달 동안 대화 나눌 사람이 없어서 하루에 말 두세 마디도 못하고 지냈다. 교회도 정해진 데가 없었다. 얼마나 외로웠는지 모른다.

그런데 역설적이게도 나는 그 시간들을 잊을 수 없다. 어느 누구에게도 위로 받을 데가 없고 교제할 사람도 없어서 너무너무 외로웠지만, 교회에 가서 예배를 드리고 나면 그 예배의 감격이 얼마나 컸는지 가슴이 벅차 그냥 걸어갈 수가 없었을 정도였다. 그래서 그때는 예배 마치고 버스를 못 탔다. 나도 모르게 감격에 겨워 소리를 지르다 승객들을 놀라게 할 것 같았기 때문이다. 할 수 없이 성경책을 옆에 끼고 소리를 지르며 미친 듯이 거리를 달렸다. 구원의 감격에 그렇게라도 하지 않으면 견딜 수 없었기 때문이다.

그런데 어찌된 영문인지 요즘의 내겐 가장 외로웠을 그때 누렸던 그 감격이 별로 없다. 그래서 애석하다. 그때보다 지금 훨씬 더 안정되고 인정받는 생활을 하고 있지만, 구원의 감격이 회복되지 않는다면 이것이 얼마나 위험한 상태인가를 나는 잘 알고 있기에 위기감을 느낀다.

나를 포함한 우리 모두가 지금 회복해야 할 것은 구원의 감격이다. 그 감격이 내 안에 요동칠 때, 모든 어두운 감정이 사라질 줄로 믿는다.

구원의 감격이 확산되는 은혜

우리가 회복해야 할 또 한 가지는 이 구원의 감격이 이웃에게로 점점 더 확산되는 은혜를 누리는 것이다. 앞의 9,10절에서 하나님의 구원 받은 자녀들이 구원의 감격을 노래하며 기뻐하고 찬양하는 모습을 보았다. 그 감격은 어떻게 확산되는가?

> 모든 천사가 보좌와 장로들과 네 생물의 주위에 서 있다가 보좌 앞에 엎드려 얼굴을 대고 하나님께 경배하여 이르되 아멘 찬송과 영광과 지혜와 감사와 존귀와 권능과 힘이 우리 하나님께 세세토록 있을지어다 아멘 하더라 계 7:11,12

9절과 10절에서 하나님의 택함 받은 백성들이 기뻐하며 하나님을 찬양하자, 그 기쁨이 옆에 있던 천사들에게 전달되었다. 그러자 옆에 있던 천사들이 화답하면서 하나님께 영광과 찬양을 올려드렸다. 이 장면을 묵상하는데 정말 가슴이 벅찼다.

언젠가 우리 교회 교역자 한 분에게서 이메일을 받았다. 새벽기도를 드리고 있는데, 옆에 앉은 어떤 성도의 기도가 너무 감동이 되어서 나누고 싶다고 메일을 보낸 것이다. 그 분이 이렇게 기도했다고 한다.

"하나님, 제 인생을 변화시킨 예배입니다. 제가 연약할 때 주님이 살아 계시다고 증거해주신 그 예배입니다. 하나님, 이 예배가 다른 그 누군가에게도 생명을 살리며 영혼을 변화시키는 예배가 되게 해주시기 원합니다. 예배를 통해 주님이 살아 계시다고 말씀하여주시기 원합니다."

이 메일을 보면서 전율이 흘렀다. 이 기도의 전반부가 바로 요한계시록 7장 9,10절 아닌가? 자기에게 임한 그 예배의 감격, 그것을 찬양하는 것이다.

그리고 거기서 끝나는 것이 아니라 그 예배가 자기뿐 아니라 다른 누군가에게도 생명을 살리고 영혼을 변화시키는 예배가 되길 원한다고 기도하고 있는 것이다. 이것이 11,12절에 나오는 감격의 확산이다.

우리 모두에게 요한계시록 7장 9,10절의 그 은혜, 구원의 기쁨과 감격의 은혜가 회복되기를 바란다. 그리고 더불어서 11,12절의 은혜가 넘치기를 바란다.

먼저 내가 구원의 감격을 회복해야 한다. 땅의 그 무엇을 보는 게 아니라 일체 오래 참으심으로 나 같은 죄인을 구원해주신 그 하나님의 은혜에 대한 감격이 회복되어야 한다. 그리고 거기서 그치는 것이 아니라 우리가 그 벅찬 감격으로 노래하고 찬양할 때 우리의 그 감격이 오늘 이 절망적인 시대에 주변 사람에게로, 이웃에게로 흘러가서 그들의 마음이 치유되고 그들에게서 어두움이 사라지는 은혜가 일어나기를 바란다.

예수 믿는 우리가 반드시 해외 오지로 선교를 나가거나 엄청난 희생과 대가를 통해서만 구원의 감격을 표할 수 있는 것은 아니다. 조금만 눈을 들어 옆을 보면 오늘도 좌절하고 상심하고 낙심한 수많은 사람들이 있다. 그들에게 내 안에 회복된 벅찬 구원의 감격이 흘러갈 수 있도록 작은 섬김을 베푸는 것이 바로 요한계시록 말씀을 구현하는 삶이라고 믿는다. 그래서 우리가 다 함께 '오늘'을 힘 있게 견디는 것, 그것이 우리에게 필요하다.

요한계시록 7:13,14

장로 중 하나가 응답하여 나에게 이르되 이 흰 옷 입은 자들이 누구며 또 어디서 왔느냐 내가 말하기를 내 주여 당신이 아시나이다 하니 그가 나에게 이르되 이는 큰 환난에서 나오는 자들인데 어린 양의 피에 그 옷을 씻어 희게 하였느니라

CHAPTER

10

지금은 전쟁 중이다

언젠가 타 교회의 교역자에게서 메일을 받았는데, 제보 메일이었다. 모 이단 단체의 책임자가 3년 안에 이찬수 목사를 넘어뜨리겠다고 공언을 했다는 것이다. 그러면서 부연하기를, 자기들이 그동안 지목했던 사람 중에 넘어가지 않은 사람이 없다고 했다 한다. 사실 그 메일을 보는데 조금 섬뜩했다. 그리고 나도 모르게 긴장이 되기도 했다. 그런데 금방 긴장이 풀렸다. 그 이유는 두 가지 생각이 내 머릿속을 확 스쳐지나갔기 때문이다.

하나는 '내가 뭐라고 이단이 나를 그렇게까지 중요한 인물로 생각해서 넘어뜨리려고 하나? 내가 그런 대우를 받을 자격이 있나?' 하는 익살스런 생각이었다. 또 하나는 '정말 이단에서 나를 넘어뜨리기로 작정하고 준비하고 있다면, 그것 때문에 내가 더욱 긴장하고 실족당하지 않도록 살얼음판을 걷듯이 조심하며 살아간다면, 그것이 오히려 나에게 유익하겠다'라는 생각이었다.

다윗이 골리앗 때문에 무너졌는가? 아니면 집요하게 자기를 죽이려고 달려들던 사울 왕 때문에 무너졌는가? 아니다. 아이러니하게도 다윗은 골리앗이 없었기 때문에 무너졌고, 사울 왕이 없었기 때문에 무너졌다. 다윗이 남의 가정을 파괴시키고 살인죄를 저지른 때는 정권이 안정을 이루고 누구도 다윗에게 함부로 덤비지 못하던 때였다. 그렇게 안정적인 체제를 갖추었기 때문에 다윗은 방심했고, 그 방심이 그를 무너지게 만들었다.

이런 면에서 보면 우리를 괴롭히는 골리앗과 같은 존재는 결코 내게 해를 주는 나쁜 존재가 아니다. 이 사실을 깨닫고 난 이후로 누가 나를 무너뜨리려고 하든 말든 내 주변에는 늘 그런 존재가 있다고 가정하고 조심하며 살고자 애쓰고 있다.

우리는 유람선이 아니라 전투함에 올라탔다

이렇게 긴장하며 이 땅을 살아야 하는 것은 비단 나뿐만이 아니다. 이 땅의 모든 그리스도인들은 다 방심하지 말고 긴장하며 살아야 한다. 왜 그렇게 살아야 하는가? 대답은 간단하다. 지금은 영적으로 전쟁 중이기 때문이다. 이를 잘 표현한 말이 있다.

“지상 교회는 전투하는 교회이고, 천상 교회는 승리하는 교회 혹은 승리를 누리는 교회이다.”

이는 굉장히 중요한 명제이다. 이런 차원에서 본다면 교회는 유람선이 아니다. 이것 때문에 많은 그리스도인들이 혼란을 겪는다. 교회를 유람선이라고 생각하기 때문에 자꾸 대접을 받으려고 한다. 그러나 교회는 유람선이 아니라 구조선이고 전투선이다. 싸우기 위해서 있는 게 교회이다.

하나님께서 요한계시록을 우리에게 들려주신 이유도 바로 이 사실을 전해주기 위해서인 것 같다. 그러고 보면 요한계시록 2장 7절 말씀도 마찬가지이다.

귀 있는 자는 성령이 교회들에게 하시는 말씀을 들을지어다 이기는 그에게는 내가 하나님의 낙원에 있는 생명나무의 열매를 주어 먹게 하리라

여기 나오는 ‘이기는 그’ 혹은 ‘이기는 자’라는 단어는 원어로 보면 그 당시에 통용되던 전투적 용어이다. 그런데 요한계시록에 보면 소아시아 일곱 교회에 주시는 주님의 말씀 중에 무려 다섯 교회에나 이 전투적 용어인 ‘이기는 자’라는 표현이 사용되고 있다.

하나님께서는 요한계시록을 통해서 박해받던 초대교회 성도들은 물론이고 오늘날의 우리에게 이런 메시지를 주기 원하셨던 것이다.

'너희들이 지금 당하고 있는 박해를 단순히 개인적인 차원으로만 받아서는 안 된다. 영적인 눈을 뜨고 이 현실을 봐야 한다.'

지금 한국 교회에서 일어나는 이런 저런 일들, 깜짝깜짝 놀라 가슴을 쓸어내릴 수밖에 없는 수많은 사건들도 영적인 차원으로 봐야 한다는 것이다. 우리는 여전히 전투 중이라는 사실을 한시도 잊어서는 안 된다.

요한계시록 7장에서도 똑같은 메시지가 전해진다.

> 장로 중 하나가 응답하여 나에게 이르되 이 흰 옷 입은 자들이 누구며 또 어디에서 왔느냐 내가 말하기를 내 주여 당신이 아시나이다 하니 그가 나에게 이르되 이는 큰 환난에서 나오는 자들인데 어린 양의 피에 그 옷을 씻어 희게 하였느니라 계 7:13,14

이 말씀의 요지는 이것이다. 구원받은 하나님의 백성들에게 특징이 하나 있는데, 그들은 환난을 이겨낸 자들이라는 것이다. 다른 말로 극심한 영적 전투를 이겨내고 승리했다는 특징이 있다는 이야기이다. 요한계시록 7장 4절에 있는 말씀도 똑같은 내용이다.

> 내가 인 침을 받은 자의 수를 들으니 이스라엘 자손의 각 지파 중에서 인 침을 받은 자들이 십사만 사천이니

이필찬 교수가 쓴 책에 보면 여기 나오는 십사만 사천이라는 숫자는 전투하는 교회임을 전제로 하는 숫자라는 주장이 나온다. 여기 나오는 숫자들은 민수기 1장에 나오는 이스라엘 군대의 계수 기록을 자료로 하여 요한의 목적에 맞게 사용한 것이며, 그렇기 때문에 우리는 요한계시록 말씀을 통해서 '지상 교회는 전투하는 교회이다'라는 사실을 기억해야 된다는 것이다. 그래서 방심하면 안 된다.

우리가 지금은 영적 전쟁 중이라는 사실을 인식하고, 방심하던 마음을 추슬러 긴장을 다시 회복할 때 우리 마음에 꼭 담아야 할 두 가지 사실이 있다.

더, 더 강해져야 한다

첫째로 내적인 문제인데, 우리가 지금보다 더 강해져야 한다는 것이다. 강해져도 훨씬 더 강해져야 한다. 이렇게 약해서 어떻게 영적 전쟁을 치를 수가 있겠는가? 사도 바울도 이렇게 권면한다.

> 내 아들아 그러므로 너는 그리스도 예수 안에 있는 은혜 가운데서 강하고
> 딤후 2:1

> 깨어 믿음에 굳게 서서 남자답게 강건하라 고전 16:13

성경에 이렇게 "강하라, 담대하라"라는 권면의 말씀이 얼마나 많은지 모른다. 그런데 현실은 어떤가? 교회가 약하다. 약해도 너무 약하다. 목회자는 목회자대로, 성도들은 성도들대로 옛 믿음의 어른들에 비하면 너무나 약해져 있다. 교회가 얼마나 허약한 체질이 되어버렸는지 모른다.

교회에서 식상할 정도로 자주 듣는 이야기가 누가 상처 받았다는 이야기 아닌가? 예전에 내가 청소년 사역을 할 때는 중고등부 사춘기 아이들이 너무 약해서 매일 상처받았다고 말하는 바람에 그거 야단치고 뒷바라지 하느라 30대를 다 보냈다. 이제 어른 목회하니 그런 일은 없겠다고 생각했는데, 웬걸 어른들은 한 술 더 뜬다. 하루가 멀다 하고 "목사님, 저 상처 받았어요. 위로해주세요" 하며 찾아온다. 여기도 상처, 저기도 상처, 심지어는 자기 상처를 안 싸매줘서 상처받았다고 한다.

무슨 상처를 그렇게 많이 받는가? 교회가 왜 이렇게 상처를 많이 주고받는가? 이유는 딱 하나다. 약해서 그렇다. 언젠가 우리 교회 홈페이지 게시판에 이런 글이 올라왔다.

"오늘 예배 때 안내해주신 위원님, 힘내세요."

그 글을 보고 무슨 일이 있었구나 싶어서 안내 담당자에게 물어보았다. 그랬더니 예배 전에 안내하시는 어느 분에게 성도 한 분이 몹시 격분하여 화를 냈다고 한다. 그걸 주변에서 보고 힘내시라고 글을 올린 것이다. 나는 그 분께 너무 죄송한 마음이 들어서 전화로 “얼마나 마음이 힘드셨습니까?”라고 위로하자, 그 분이 이렇게 대답하셨다.

“아니에요, 목사님. 이왕에 그런 일이 벌어질 수밖에 없었다면 그게 저니까 얼마나 다행이에요. 아마 그 분도 화가 많이 나서서 그랬을 거예요.”

이렇게 말씀하시며 상대방을 두둔하시는 것이다. 그 대답을 듣고 얼마나 감사했는지 모른다. 이렇게 말할 수 있는 여유가 어디서 나오겠는가? 간단하다. 영적으로 강하기 때문에 그렇다. 우리는 더 강해져야 한다. 어떤 상황에서도 상처 받지 않는 강함이 우리에게 필요하다.

나 자신도 마찬가지다. 내가 새벽마다 하나님 앞에 드리는 기도가 있다. “하나님, 우리 교회에 순한 양들만 보내주세요”라는 기도가 아니다. 그런 기도는 하나님이 응답도 안 해주신다. 그래서 나는 이렇게 기도한다.

“하나님, 제가 어떤 문제에 맞닥뜨리든지, 어떤 성도가 저를 괴롭히고 힘들게 하든지 제가 그런 것들을 다 감당할 수 있도록 강하고 담대한 마음을 주옵소서. 그래서 성도의 어떤 아픔이나 애환도 다 포용할 수 있는 강한 종이 되게 해주세요.”

내가 너무 약하다는 걸 알기 때문에 이 기도를 멈출 수가 없다.

강해진다는 것에 대해서

그렇다면 '강함'이란 도대체 무엇인가? 성경이 말하는 '강함'에 대해 살펴보려면 로마서 12장으로 가야 한다.

> 악에게 지지 말고 선으로 악을 이기라 롬 12:21

바울은 선으로 악을 이기라고 말하는데, 그것이 무엇인지에 대해서는 바로 앞 구절에서 이렇게 설명한다.

> 네 원수가 주리거든 먹이고 목마르거든 마시게 하라 그리함으로 네가 숯불을 그 머리에 쌓아 놓으리라 롬 12:20

여기 나오는 "숯불을 그 머리 위에 쌓아 놓으리라"라는 말씀이 무슨 뜻인지 이해하는 것이 쉽진 않은데, 그러다 보니 많은 학자들이 여러 갈래로 해석하고 있다. 나는 개인적으로 로마서 12장 전체의 문맥에 따라 '숯불'이 '따뜻한 것'을 상징한다는 해석을 받아들인다. 결국 이 말은 무슨 의미인가 하면, 사랑으로 그 사람을 품어서 그 사람을 변화시킨다는 뜻이다. 원수까지도 넉넉하게 사랑으로 품어서 그를 변화시키는 것, 이것이 성경이 말하는 '선으로 악을 이기라'는 메시지라는 것이다.

우리가 강해진다는 것이 나를 괴롭히는 원수보다 더 큰 힘을 가지고 더 강력한 무기를 가져서 그를 밟아버리고 죽이는 것이 아니다. 끝까지 그를 품어내는 능력, 그를 사랑하는 능력이 성경이 말하는 '강함'이다.

아군과 적군을 구별하라

그런가 하면 두 번째로 기억해야 할 것은, 아군과 적군을 구별해야 한다는 것이다.

6·25 전쟁의 가장 큰 비극은 적과 아군을 오인하여 아군끼리 총을 겨누다 목숨을 잃은 병사들이 그렇게 많았다는 점이다. 어느 자료에 보니 6·25 전쟁 때 그렇게 목숨을 잃은 병사들이 전체 죽은 병사들의 16퍼센트나 된다고 한다. 죽은 사람 100명 중에 16명은 아군의 총에 죽은 것이다.

한국 전쟁에서만 그런 게 아니다. 2차 세계대전 때는 사망자의 약 15퍼센트가 그런 경우였고, 월남 전쟁 때는 사망자의 10퍼센트가 아군의 총에 맞아서 죽었다고 한다. 얼마나 큰 비극인가?

그런데 지금 우리 한국 교회의 상황이 바로 이런 모습 아닌가? 교회 안에서 얼마나 많은 김 권사님, 박 집사님이 서로 미워하고 있는가? 등 돌리고 원수처럼 지낸다. 그 김 권사, 박 집사를 보면 얄미운 게 사실이라도, 그들이 아무리 미운 행동을 했더라도 그 사람은 미숙한 사람이지 원수가 아니다. 적이 아니다.

오늘날 얼마나 많은 교회에서 교역자와 성도 사이에, 성도와 성도 사이에, 담임목사와 부교역자 사이에, 장로님과 교역자 사이에 서로가 서로를 미워하고 분노하는 자중지란이 펼쳐지고 있는가?

우리가 다윗에게 배워야 하는 것이 하나 있다. 다윗이 골리앗과 맞서 싸우러 나아가는데 다윗의 형 엘리압이 잘 알지도 못하면서 동생 다윗을 폄하하며 비난한다. 그렇지 않아도 긴장 상태에 있던 다윗 입장에서 얼마나 화나는 일인가? 그러나 다윗은 끝내 형 엘리압을 상대하여 싸우지 않고 적 골리앗에게만 집중하며 나아간다. 우리는 다윗의 이 모습에서 배워야 한다.

오늘의 한국 교회는 진짜 싸워야 할 적인 골리앗 앞에서 형제지간인 다윗과 엘리압이 머리 터지게 싸우고 있는 꼴이다. 이러면 안 된다. 죄는 미워해야 하지만 적군과 아군은 구별해야 한다. 교회 안에 아무리 미운 사람이 있어도 그는 우리의 적군이 아니다.

결론은 내가 아니라 하나님나라의 확장이다

이런 점에서 사도 바울은 정말 우리에게 놀라운 본을 남겨준 존경스러운 분이다.

어떤 이들은 투기와 분쟁으로, 어떤 이들은 착한 뜻으로 그리스도를 전파하나니 이들은 내가 복음을 변증하기 위하여 세우심을 받은 줄 알고 사랑으로 하나 그들은 나의 매임에 괴로움을 더하게 할 줄로 생각하여 순수하지 못하게 다툼으로 그리스도를 전파하느니라 빌 1:15-17

이 말씀의 배경은 어떤 상황인가? 교회 안에 미숙한 사람들이 있어서 바울을 라이벌처럼 생각하고 그를 곤경에 빠뜨리기 위해 열심히 복음 전하는 일을 하고 있다는 것이다. 그런 상황에서 바울은 어떻게 반응하는가?

그러면 무엇이냐 겉치레로 하나 참으로 하나 무슨 방도로 하든지 전파되는 것은 그리스도니 이로써 나는 기뻐하고 또한 기뻐하리라 빌 1:18

정말 놀라운 말씀 아닌가? 나는 신학교 다니던 시절, 이 말씀을 발견하고 목회하는 내내 이 말씀을 품고 살기로 결단했다.

오늘 우리에게는 왜 이런 대범함이 없는가? 바울은 적과 아군을 철저하게 구분했다. 우리 모두에게 바울과 같은 이런 대범함이, 이런 넓은 마음이 있게 되기를, 그래서 원수 앞에서 분열하는 일이 일어나지 않도록 주님이 붙잡아주시기를 정말 간절히 바란다.

또한 그렇기 때문에 우리는 에베소서 6장 12절 말씀을 꼭 기억해야 한다.

> 우리의 씨름은 혈과 육을 상대하는 것이 아니요 통치자들과 권세들과 이 어둠의 세상 주관자들과 하늘에 있는 악의 영들을 상대함이라

아무리 저 사람이 미운 짓을 해도 내 원수는 저 사람 배후에서 악한 행위를 하도록 조종하는 원수 마귀이지, 저 사람 자체가 내 적이 아니라는 것을 철저하게 인식해야 한다. 우리 모두에게 적과 아군을 잘 구분하는 은혜가 있기를 바란다.

우리는 이길 수 있는 능력이 없다

그런데 아무리 하나님 앞에서 더 강해지기를 소원하고 적과 아군을 잘 구분하게 되기를 소원해도 좀처럼 잘 되지 않는 이유가 무엇일까? 그것은 우리가 중요한 한 가지를 놓치고 있기 때문이다. 앞에서 언급한 것처럼 구원받은 백성에게는 특징이 하나 있는데, 그들은 모두 '큰 환난에서 나온 자들'(계 7:14)이란 것이다. 다시 말해, 그들은 다 극심한 영적 전투에서 승리했다는 특징을 가지고 있다. 그런데 14절을 보면 그들의 특징이 하나 더 나온다.

> 내가 말하기를 내 주여 당신이 아시나이다 하니 그가 나에게 이르되 이는 큰 환난에서 나오는 자들인데 어린 양의 피에 그 옷을 씻어 희게 하였느니라

믿는 하나님의 백성들은 '승리하는 자'라는 특징 외에 그 승리가 어린 양 예수 그리스도의 십자가의 피, 주님의 보혈의 능력으로 가능했다는 특징을 갖고 있다. 그런데 우리는 자꾸 이걸 놓친다.

우리 인격으로는 승리할 수 없다. 나만 봐도 알 수 있다. 어지간한 일은 내 인격으로 잘 용납한다. 그러나 어느 한계를 넘어서면 여지없이 무너지는 것을 느낀다. 어릴 때부터 내 별명이 '황소고집'이었다. 그래서 고집 센 사람들을 잘 이해한다. 그렇게 고집도 세고 선입견도 강한 나의 약점을 너무나 잘 알기에 날마다 하나님 앞에 절실하게 부르짖을 수밖에 없다.

"하나님, 저의 이 못된 성격을 가지고 제가 어떻게 목회를 하겠습니까? 불쌍히 여겨 주시옵소서. 십자가로 저의 흠들을 녹여주시기 원합니다. 제 안에 못된 갈고리 마음이 있습니다. 그 갈고리 마음을 펴주세요. 제 인격으로는 안 됩니다."

그렇게 구하고 또 구하는 것이다. 그렇게 오래 기도했는데, 최근에 너무 기쁜 일을 하나 발견했다. 지금 내가 목회하고 있는 분당우리교회에 꽤 많은 성도들이 모이고 있는데, 그 많은 성도들 중에 미운 사람이 한 명도 없는 것이다. 이것이 기적 아닌가? 고집 센 내 인격으로는 있을 수 없는 일이다. 예수 그리스도의 복음을 능력으로 믿고 그분의 십자가를 의지하고 나아갈 때 나 같은 황소고집에게도 이런 놀라운 일이 일어나더라는 것이다. 불현듯 이 사실을 깨닫고 하나님께 얼마나 감사했는지 모른다.

그러나 한편으로 방심할 수 없다는 것을 알고 있다. 그 힘은 나에게서 나오는 것이 아니기 때문이다. 그렇기 때문에 십자가와 주님을 붙잡는 일을 조금이라도 게을리하면 안 된다는 사실을 기억해야 한다. 더욱 십자가를 의지하며 기도로 나아가야 한다는 것을 잘 알고 있다.

이와 관련해서 나는 가끔씩 우스갯소리를 하곤 한다. 천성적으로 성격 좋게 타고난 사람들이 불쌍하다는 농담이 그것이다. 내 농담의 논리는 이렇다. 그렇게 천성적으로 온유하고 착한 사람들은 그것이 영적인 민감함과 은혜에서 나오는 것인지, 아니면 선천적으로 그렇게 타고난 것인지 구별이 안 되기 때문에 영적으로 혼란을 겪을 수 있다는 것이다. 웃자고 하는 말이지만 전혀 의미 없는 말은 아니라고 생각한다.

나는 그런 면에서 하나님께 감사한다. 다혈질인 나는 그것이 확연히 구별된다. 나는 영적으로 조금만 흔들려도 옛 자아가 드러난다. 금방 금방 튀어나오니 점검하기 쉽다.

그런 면에서 선천적으로 가지고 태어난 좋은 성격, 본래부터 착한 성품은 자랑할 것이 못 된다. 그런 걸 자랑하면 안 된다. 우리는 주님의 십자가로 인한, 십자가 능력으로 변화된 우리의 인격을 자랑하는 자들이 되어야 한다.

우리는 강해져야 한다. 지금보다 더 강해져야 한다. 이렇게 약해서는 주님께 쓰임 받을 수 없다. 우리는 다 하나님 앞에 이렇게 구해야 한다.

"하나님, 제가 더 강해져서 악한 사탄의 세력과 싸워 이길 수 있는 하나님의 능력자가 되기를 원합니다!"

요한계시록 10:1-11

내가 또 보니 힘 센 다른 천사가 구름을 입고 하늘에서 내려오는데 그 머리 위에 무지개가 있고 그 얼굴은 해 같고 그 발은 불기둥 같으며 그 손에는 펴 놓인 작은 두루마리를 들고 그 오른 발은 바다를 밟고 왼 발은 땅을 밟고 사자가 부르짖는 것같이 큰 소리로 외치니 그가 외칠 때에 일곱 우레가 그 소리를 내어 말하더라 일곱 우레가 말을 할 때에 내가 기록하려고 하다가 곧 들으니 하늘에서 소리가 나서 말하기를 일곱 우레가 말한 것을 인봉하고 기록하지 말라 하더라 내가 본 바 바다와 땅을 밟고 서 있는 천사가 하늘을 향하여 오른손을 들고 세세토록 살아 계신 이 곧 하늘과 그 가운데에 있는 물건이며 땅과 그 가운데에 있는 물건이며 바다와 그 가운데에 있는 물건을 창조하신 이를 가리켜 맹세하여 이르되 지체하지 아니하리니 일곱째 천사가 소리 내는 날 그의 나팔을 불려고 할 때에 하나님이 그의 종 선지자들에게 전하신 복음과 같이 하나님의 그 비밀이 이루어지리라 하더라 하늘에서 나서 내게 들리던 음성이 또 내게 말하여 이르되 네가 가서 바다와 땅을 밟고 서 있는 천사의 손에 펴 놓인 두루마리를 가지라 하기로 내가 천사에게 나아가 작은 두루마리를 달라 한즉 천사가 이르되 갖다 먹어버리라 네 배에는 쓰나 네 입에는 꿀같이 달리라 하거늘 내가 천사의 손에서 작은 두루마리를 갖다 먹어버리니 내 입에는 꿀같이 다나 먹은 후에 내 배에서는 쓰게 되더라 그가 내게 말하기를 네가 많은 백성과 나라와 방언과 임금에게 다시 예언하여야 하리라 하더라

CHAPTER

11

위로 받으려고만 하지 말고

요한계시록 10장은 요한계시록 7장과 마찬가지로 삽입된 장이다. 그래서 7장과 10장 사이에는 유사한 점이 많다. 7장이 일곱 인에 대한 말씀을 하시다가 하나님의 백성들에 대한 말씀을 주신 것이라면, 10장은 일곱 나팔을 설명하시다가 삽입 장면으로 끼워 넣어 주신 내용이다.

그런데 이 두 장 사이에 결정적인 차이점이 하나 있다. 그것은 7장이 믿는 자들에 대한 하나님의 보호하심에 대한 약속, 이 땅에서 흘리는 눈물과 슬픔과 아픔을 닦아주실 그 날이 있다는 소망을 주는 것이라면, 10장은 그 은혜를 경험한 우리가 은혜에만 머물 것이 아니라 사명을 회복하고 다시 한 번 더 세상으로 나아가라는 것이다.

올라왔으니 이제 내려가라

그가 내게 말하기를 네가 많은 백성과 나라와 방언과 임금에게 다시 예언하여야 하리라 하더라 계 10:11

이 말씀은 요한계시록 4장 1절과 조화를 이루어 읽어야 한다.

이 일 후에 내가 보니 하늘에 열린 문이 있는데 내가 들은 바 처음에 내게 말하던 나팔 소리 같은 그 음성이 이르되 이리로 올라오라 이 후에 마땅히 일어날 일들을 내가 네게 보이리라 하시더라

이는 초대교회 성도들이 예수 믿는다는 이유 때문에 직장에서 쫓겨나고 재산을 몰수당하고 사회에서 배척당하는 극심한 고통 중에 있을 때, '이리로 올라오라. 땅에서의 절망만 보지 말고 천상 교회의 이 아름다운 소망을 가져야 한다'는 메시지를 담아 주신 말씀이다.

그런데 이제 10장에서는 다시 내려가라고 말씀하신다. 우리는 이 두 말씀의 조화를 꼭 기억해야 한다. 4장의 부름과 7장의 자리가 아무리 은혜롭고 위로가 되고 행복하더라도 하나님은 우리가 그 위로의 자리에만 머무는 것을 원하지 않으신다.

'네가 위로를 받았니? 은혜를 경험했니? 치유를 경험했니? 그러면

이제 다시 세상으로 나가야 해. 사명을 가지고 나가야 해.'

이것이 10장의 말씀이다. 우리가 요한계시록 7장에서의 은혜를 경험한 하나님의 백성들이라면 이제 우리 삶의 자리에서 어떻게 하면 요한계시록 10장의 사명을 구현해낼 수 있을까를 고민하고 고심하여 하나님 앞에 순종의 자리로 나아가야 한다. 주님 앞으로 올라가는 것과 세상으로 내려가는 것, 이 둘 사이의 조화를 잘 이루며 살아가야 한다.

현실은 어렵지만 결국 승리하리라

하나님은 지금 '이제 다시 저 세상으로 내려가서 네 사명을 감당하라, 말씀을 선포하라'고 말씀하신다. 초대교회 성도들 입장에서는 이것이 참 어려운 말씀이었다. 아무리 계산하고 머리를 굴려도 초대교회 성도들 입장에서 이 말씀을 지킬 수 있는 어떤 방법도, 희망도 없었다. 무장한 로마 군인들을 힘없는 교회가 무슨 수로 감당하겠는가?

인간의 눈으로 보면 절망이다. 그래서 '우리는 이길 수 없습니다'라고 절망하는데, 하나님께서는 그렇지 않다고 말씀하신다. 희망이 있다는 것이다. 로마를 이길 수 있다는 것이다.

이처럼 인간의 생각과 하나님의 생각이 충돌하는 것이 인간 역사이다. 그런데 우리는 결국 누구의 생각이 옳았는지 알고 있다. 우리는 지나온 2천여 년의 역사를 알고 있다. 결국 하나님이 옳으셨다. 힘없는 교회가 막강한 파워를 자랑하던 로마를 이겼다. 이것이 복음이다. 이것이 복음의 능력이다. 우리 모두는 이 사실을 기억하고 내 생각을 내려놓아야 한다. '아직 희망이 있다'고 말씀하시는 하나님의 생각으로 덧입어야 한다.

오늘 우리의 현실을 바라볼 때, 이 말씀이 너무나 큰 위로가 된다. 한국 교회의 현실은 로마의 압제 앞에 절망하던 초대교회와 같다. 믿음 없는 눈으로 보면 지금 한국 교회는 희망이 없다. 이미 개신교의 이미지는 떨어질 대로 떨어져 있는 상황이다. 목회자들의 사건 사고가 연일 보도되고, 교회의 부끄러운 모습들이 연일 고발당하고 있는 이 시점에서 복음이 어떻게 능력을 발휘할 수 있겠는가? 이런 현실 앞에서 우리는 절망할 수밖에 없다.

'이제 끝났다. 안 된다. 이제 한국 교회는 희망이 없다.'

그러나 눈만 감으면 하나님이 그런 나의 절망을 책망하신다. 아니라는 것이다. 희망이 있다는 것이다.

'그게 무슨 소리냐? 너는 네 자리에서 너의 사명만 감당하라.'

말씀을 먹어야 이길 수 있다

그러면서 하나님께서는 요한계시록 10장을 통해 우리가 사명을 감당할 수 있는 비법을 가르쳐주신다. 이것이 우리에게 얼마나 중요한지 모른다.

> 내가 천사에게 나아가 작은 두루마리를 달라 한즉 천사가 이르되 갖다 먹어버리라 네 배에는 쓰나 네 입에는 꿀같이 달리라 하거늘 계 10:9

11절의 그 무거운 사명을 감당할 수 있는 하나님의 대안이 무엇인가? 말씀을 먹으라는 것이다.

그러고 보니 오늘의 한국 교회가 이 지경이 된 결정적인 요인은 우리가 말씀을 읽는지는 몰라도 말씀의 영향력 아래 놓여 있지 않기 때문이다. 말씀을 먹지 않는다. 부정을 저지르고 사고를 저지르는 목회자들이 처음부터 그랬을까? 아닐 것이다. 말씀을 안 먹으니까 그렇게 된 것이다. 다른 사람의 이야기가 아니다. 바로 나, 우리의 문제이다. 그러므로 9절에서 주시는 하나님의 대안이 우리 모두에게 심각하게 들리는 하나님의 준엄한 명령이 되어야 한다.

하나님의 말씀을 안 먹으면 목사라도, 장로라도, 권사라도 아무 소용없다. 말씀을 안 먹으면 질이 떨어지는 것은 시간문제다. 교회들의 사정을 살펴보면 장로 한 사람 때문에 어려움을 겪는 교회가 생각보다 많다. 그건 장로를 잘못 뽑은 게 아니라 그가 장로가 된 후에 말씀을 먹지 않아서 그렇다. 사고치는 목사도 마찬가지다. 말씀 안 먹으면 사고치는 것이고, 말씀으로 돌아가 말씀을 먹고 그 말씀의 영향 아래 있으면 하나님이 쓰시는 귀한 종이 되는 것이다. 타이틀은 전혀 중요한 게 아니다. 말씀을 먹느냐, 그리고 그 말씀의 영향을 받느냐가 중요하다. 요한은 '말씀을 먹으라'는 말씀 앞에 순종한다. 그러자 두 가지 양상이 나타났다.

입에 꿀같이 단 말씀

첫째, 그 말씀을 먹었더니 말씀이 입에 꿀같이 달았다.

내가 천사의 손에서 작은 두루마리를 갖다 먹어버리니 내 입에는 꿀같이 다나

계 10:10

우리가 이것을 경험하지 않으면 신앙생활 하기 어렵다. 우리 인생에 하나님의 말씀이 꿀같이 달다는 경험을 해본 적이 언제인가? 우리가 잘 아는 시편 119편에 이런 말씀이 있다.

주의 말씀은 내 발의 등이요 내 길에 빛이니이다 시 119:105

요즘처럼 캄캄하고 혼란스런 시대에 이 말씀처럼 중요한 말씀이 어디 있겠는가? 그런데 모든 사람에게 말씀이 그 발의 등이 되는 일이 일어나는 것이 아니다.

주의 말씀의 맛이 내게 어찌 그리 단지요 내 입에 꿀보다 더 다니이다 시 119:103

이 말씀이 구현되어야 "주의 말씀은 내 발의 등이요"가 가능해진다. 우리가 아무리 기뻐하며 예배를 오래 드려도 주님의 말씀이 꿀같이 단 것을 경험하지 못하면 주의 말씀이 우리 인생의 등불이 될 수 없다. 구약의 에스겔 선지자도 마찬가지였다.

또 그가 내게 이르시되 인자야 너는 발견한 것을 먹으라 너는 이 두루마리를 먹고 가서 이스라엘 족속에게 말하라 겔 3:1

말씀의 순서를 보라. 가는 것이 먼저인가, 먹는 것이 먼저인가? 먹는 것이 먼저이다. 내가 말씀을 먹고 그 말씀이 내 안에 꿀송이처럼 달 때 사명을 가지고 갈 수 있는 능력이 나타나는 것이다. 그때 하나님의 말씀을 제대로 전파하는 선지자 노릇을 할 수 있게 된다.

봉사하는 것도 중요하고, 찬양하는 것도 중요하고, 말씀을 전하는 것도 중요하지만 그 어떤 것보다 먼저 말씀을 먹어야 한다. 내가 먼저 말씀의 영향을 받아야 한다. 그렇지 않으면 우리는 아무것도 아니다.

인간은 믿을 존재가 못 된다. 말씀을 먹지 않고 말씀을 소홀히 하는 순간 끝장이다. 나도 마찬가지다. 많은 성도들이 "말씀에 은혜

받았습니다" 하며 기뻐해주지만, 내가 말씀 안 먹고 하나님의 능력을 덧입지 않는 순간 모든 것은 무너져 내리고 말 것이다.

말씀 때문에 사명도 감당한다

예레미야도 마찬가지이다. 사실 예레미야같이 문제가 많은 사람도 없을 것이다. 그러나 하나님이 확신을 가지고 그 인생에 개입하시자 그는 이렇게 고백한다.

> 내가 이르되 슬프도소이다 주 여호와여 보소서 나는 아이라 말할 줄을 알지 못하나이다 렘 1:6

이 말씀에서 내가 깨달은 게 있다. 하나님의 은혜를 제대로 모르는 사람에게 말씀이 임하면 그것이 오히려 그 사람을 슬프게 한다는 사실이다.

'나는 이렇게 어수룩한데 하나님의 말씀을 어떻게 감당합니까?'

예레미야가 딱 그랬다. 그런데 하나님께서는 이런 어리석은 예레미야에게 한 가지 처방을 내려주신다.

> 여호와께서 그의 손을 내밀어 내 입에 대시며 여호와께서 내게 이르시되 보라 내가 내 말을 네 입에 두었노라 렘 1:9

말씀을 주신 것이다. 그랬더니 예레미야가 변했다.

> 내가 주의 말씀을 얻어 먹었사오니 주의 말씀은 내게 기쁨과 내 마음의 즐거움이오나 렘 15:16

우리가 알다시피 예레미야는 후에 하나님께서 크게 쓰시는 귀한 사역자가 되었다. 그야말로 눈물의 선지자가 되었다. 그는 자기에게 맡겨진 사명이 아무리 힘들고 고통스러워도 결코 그것 때문에 자기 사명을 저버리는 우를 범하지 않았다. 어떻게 그가 이처럼 강한 사역자가 될 수 있었을까? 그 비결은 하나밖에 없다. 하나님이 주시는 말씀을 먹었기 때문이다. 하나님께서 주신 말씀을 먹으니 강한 사역자가 될 수 있었다. 그리고 말씀이 자기 인생의 기쁨이요 마음의 즐거움이 됨을 깨달아 알게 되었다.

닉 부이치치를 아는가? 팔과 다리가 없는 장애를 가지고 태어난 그는 자신의 처지를 비관하여 8세 이후로 세 번이나 자살을 시도했다. 그런 그가 지금은 베스트셀러 작가가 되었고, 전 세계를 다니며 희망을 전하는 복음 전도자가 되었다. 결혼도 하고 예쁜 아이도 낳았다. 누가 그 인생을 이렇게 가치 있게 바꾸었는가? 말씀이 그에게 임하자 그 인생이 변했다. 말씀은 이처럼 우리를 변화시킨다.

나도 마찬가지였다. 미국에서 대학을 졸업한 이후에 형제들의 도움으로 사업을 시작했는데 갑자기 말씀이 임했다. 한국으로 돌아가 목회를 하라는 것이다. 이것이 얼마나 난감한 일인가? 후원해준 형제들에게 뭐라고 설명해야 할지 막막했다. 그때 형제들에게 오해를 많이 받았다.

"왜 갑자기 한국으로 돌아간단 말이냐? 사업 시작한 지 석 달 만에 때려치우는 것이냐? 신학교에 가기 위해서라면 미국에는 신학교가 없냐? 넌 진짜 문제다. 사람이 그렇게 끈기가 없어서야…."

설명할 길이 없었다. 그러나 하나님의 말씀을 읽는 가운데 그 말씀이 확신으로 임하자 나는 주저 없이 한국으로 돌아올 수밖에 없었다. 아마 그때 우리 형제들은 '쟤 또 한 석 달 있으면 다시 들어올 거야. 저렇게 철이 없어서야' 하면서 혀를 끌끌 찼을 것이다. 그런데 나는 돌아가지 않았다. 왜? 말씀을 받았기 때문이다.

지난 내 인생을 돌아보면 내가 가장 잘한 것이 그때 그 말씀에 순종한 것이다. 그 말씀의 능력이 한 인생을 송두리째 바꾸어놓고 운명을 바꾸어놓았다. 그것이 말씀의 능력이다.

배에는 쓰디쓴 말씀

둘째, 그 말씀을 먹으니 배에서는 썼다.

내가 천사의 손에서 작은 두루마리를 갖다 먹어버리니 내 입에는 꿀같이 다나

먹은 후에 내 배에서는 쓰게 되더라 계 10:10

자료를 보니 많은 학자들이 이 말씀에 대해 여러 분석을 하는데, 사실 이 말씀은 그런 깊은 분석이 아니더라도 상식적인 선에서 생각할 수 있는 말씀이다. 왜 입에서는 그렇게 달고 좋았는데 배에서는 썼겠는가?

사실 우리가 말씀을 듣거나 읽는 것은 쉬운 일이다. 에어컨 켜진 예배당에 앉아 말씀 듣는 것이 뭐 그리 힘든 일이겠는가? 그러나 들려진 그 말씀을 실천하고 적용하는 것은 다른 이야기이다. 죄성을 가진 인간이기에 받은 말씀 그대로 살아내는 것이 우리에게는 고통이다. 소화가 안 되고 버겁다. 그러나 이것을 구현해내야만 하는 것이 우리의 사명이다.

그런 측면에서 나는 성도들의 삶을 통해 은혜를 받을 때가 많다. 내가 담임목사니까 성도들 앞에 서서 설교하는 것이지, 만약에 믿음 순서대로 설교할 수 있다면 나는 그 자격을 얻지 못했을 것이다. 우리 교회에 믿음 좋은 성도들이 얼마나 많은데 감히 나 같은 자에게 그런 기회가 왔겠는가? 우리 교회 안에 얼마나 많은 분들이 입에는 달지만 배에는 쓴 그 하나님의 말씀을 삶으로 살아내려고 애쓰는지 모른다.

말씀을 살아내기 위한 몸부림

우리 교회 한 성도님이 사업을 하시는데 그 분이 개발한 아이템이 히트를 쳤다고 한다. 그래서 사업이 한창 번창하는데 부하 직원에게 배신을 당했다. 함께 일하는 부장을 참 아끼고 사랑해서 모든 걸 다 가르쳐주었는데, 어느 날 갑자기 그가 사표를 내고 나가서는 그 회사 출신 몇 명과 함께 같은 아이템으로 사업을 시작한 것이다.

그 분이 인간적인 배신감 때문에 불면증이 와서 두 달 동안 잠을 못 잤다고 한다. 법적으로 알아보니 이런 경우에는 소송을 걸면 손해 본 금액을 전액 다 보상받을 수 있다고 했다. 그런데 그때부터 또 희한한 일이 벌어졌다. 그 분이 또 다시 잠을 이루지 못했다는 것이다. 소송을 걸면 자기는 다 회복되겠지만, 자기를 배신한 저 불쌍한 인생은 어떻게 되나 싶어서 또 고뇌에 빠져 잠이 안 오더라는 것이다. 결국 그 분은 괴로워하다가 소송을 포기하기로 했다고 한다. 바로 이것이 배에는 쓴 복음을 살아내는 사람의 모습이다.

또 다른 성도의 이야기이다. 어느 날 거래처 사람이 자꾸 술을 권하더라는 것이다. 그래서 이 성도님이 "저는 술을 못 마십니다"라고 거절하자 "그럼 거래 끊어질 텐데?" 하며 협박을 하더란다. 그래도 끝까지 술을 안 마셨다고 한다.

그래서 어떻게 되었을까? 하나님이 보호해주셔서(?) 거래가 끊어졌다. 그 분이 얼마나 낙심했겠는가? 그런데 국내 거래가 다 끊어지게 되어서 곧 망하게 된 그때 기적적으로 중국에서 연락이 왔다. 국내에서 끊어진 거래를 중국에서 다 회복한 것이다.

이런 예화를 잘못 적용하면 안 된다. 하나님 말씀에 순종할 때 '국내 거래가 다 끊어져도 중국에서 연락이 올 것이다'라는 기대감만으로 그렇게 해서는 안 된다는 것이다. 그런 기대감을 갖는 것도 믿음이지만, 그것보다 더 큰 믿음이 있다. 그리 아니하실지라도 그것이 옳은 일이기 때문에, 이 일이 내가 그리스도의 이름으로 해내야 하는 것이기 때문에 해내는 것, 그것이 더 가치 있는 믿음이다.

목회하다 보면 이런 삶을 살아내는 성도들의 이야기를 많이 듣게 된다. 그리고 그런 이야기를 들을 때마다 이런 위기감이 든다.

'이찬수 목사, 정신 차려야겠다. 네 설교를 듣는 사람들의 수준이 이 정도인데, 전하는 네가 이래서 되겠는가?'

배에는 쓰지만 우리 삶 속에서 살아내야 할 복음이 있다. 우리는 말씀을 살아내야 한다.

언젠가 캐나다에 계시는 교포 한 분에게서 메일을 받았다. 그 내용이 이랬다.

2012년, 제겐 무엇보다 하나님의 살아 계심을 체험한 김 집사님 가정 때문에 참 행복했던 한 해였습니다. 아들을 잃고 말할 수 없는 절망감에 빠져 있던 김 집사님과 남편 분이 힘든 고난의 시간을 통과하고 하나님의 임재하심을 깊이 체험하면서 교통사고를 낸 가해자를 용서하고 석방시킨 소식, 남편 분이 신앙을 고백하고 학습을 받았다는 소식, 그리고 이제 못다 이룬 아들의 삶을 생각하면서 청소년들을 위해 헌신을 시작하셨다는 소식, 그리고 그 분들의 삶에 영향을 받아 몇몇 가족들이 그동안 단단하게 닫았던 마음의 문을 열고 주님께 돌아오는 역사도 있었다고 하더군요.

이게 무슨 사연인지 알아보니까, 캐나다에서 생활하던 한 가정이 한국으로 돌아온지 얼마 안 되어서 만취 운전자에게 사랑하는 아들이 교통사고를 당해 목숨을 잃는 사고가 일어났다고 한다. 더 가슴 아픈 건 그 아들이 독자라는 사실이다. 그런데 그렇게 절망적인 상황에서 그 부부가 자기 아들을 죽인 음주 운전자를 아무런 대가 없이 무조건 용서해주고 석방시켜줬다는 것이다. 하나님의 은혜 없이 이런 일이 어떻게 가능하겠는가? 그 편지에는 이런 내용이 더 있었다.

지난여름에 한국을 방문했다가 김 집사님을 뵈었는데 그때만 해도 가해자를 용서할 수 없어서 슬퍼하고 우시며 절망하던 모습이었습니다. 그런데 기도 가운데 그 분들의 마음을 강렬하게 터치하셨던 성령님의 역사를 생각하면 감사와 감격의 눈물밖에 없음을 고백합니다. 살아 계신 하나님, 살아 계셔서 끊임없이 그 증거들을 보여주고 계신 하나님을 찬양합니다.

이것이 얼마나 감격적인 사연인가? 나중에 그 부부의 남편 분에게도 메일이 왔다.

사실 지방법원 1심에서는 저희들도 도저히 그 교통사고 운전자에 대한 미움을 주체할 수 없었고, 또 그들이 재판 전날 공탁금 얼마를 걸고 변호사를 새로 선임해 어떻게든 실형을 면하려고 하는 모습이 너무 너무 미웠습니다.

당연한 감정 아닌가? 다 키워놓은 아들을 만취운전으로 죽인 그 사람을 누가 쉽게 용서할 수 있겠나? 그런데 기적이 일어났다. 때마침 교회에서 특별새벽부흥회가 있었는데, 그 예배를 통해서 하나님께서 부부에게 동시에 은혜를 주셨고 또 말씀을 주셨다. 그 은혜의 힘으로 두 분은 결국 아무 조건 없이 그 가해자를 용서해줄 수 있었다는 것이다.

말씀이 배에는 쓰지만 그것을 우리 삶 속에서 구현해내려고 몸부림치는 삶, 그것이 이 땅에서 살아야 할 믿는 사람들의 삶이다.

요한계시록 11:1-13

또 내게 지팡이 같은 갈대를 주며 말하기를 일어나서 하나님의 성전과 제단과 그 안에서 경배하는 자들을 측량하되 성전 바깥 마당은 측량하지 말고 그냥 두라 이것은 이방인에게 주었은즉 그들이 거룩한 성을 마흔두 달 동안 짓밟으리라 내가 나의 두 증인에게 권세를 주리니 그들이 굵은 베옷을 입고 천이백육십 일을 예언하리라 그들은 이 땅의 주 앞에 서 있는 두 감람나무와 두 촛대니 만일 누구든지 그들을 해하고자 하면 그들의 입에서 불이 나와서 그들의 원수를 삼켜 버릴 것이요 누구든지 그들을 해하고자 하면 반드시 그와 같이 죽임을 당하리라 그들이 권능을 가지고 하늘을 닫아 그 예언을 하는 날 동안 비가 오지 못하게 하고 또 권능을 가지고 물을 피로 변하게 하고 아무 때든지 원하는 대로 여러 가지 재앙으로 땅을 치리로다 그들이 그 증언을 마칠 때에 무저갱으로부터 올라오는 짐승이 그들과 더불어 전쟁을 일으켜 그들을 이기고 그들을 죽일 터인즉 그들의 시체가 큰 성 길에 있으리니 그 성은 영적으로 하면 소돔이라고도 하고 애굽이라고도 하니 곧 그들의 주께서 십자가에 못 박히신 곳이라 백성들과 족속과 방언과 나라 중에서 사람들이 그 시체를 사흘 반 동안을 보며 무덤에 장사하지 못하게 하리로다 이 두 선지자가 땅에 사는 자들을 괴롭게 한 고로 땅에 사는 자들이 그들의 죽음을 즐거워하고 기뻐하여 서로 예물을 보내리라 하더라 삼 일 반 후에 하나님께로부터 생기가 그들 속에 들어가매 그들이 발로 일어서니 구경하는 자들이 크게 두려워하더라 하늘로부터 큰 음성이 있어 이리로 올라오라 함을 그들이 듣고 구름을 타고 하늘로 올라가니 그들의 원수들도 구경하더라 그때에 큰 지진이 나서 성 십분의 일이 무너지고 지진에 죽은 사람이 칠천이라 그 남은 자들이 두려워하여 영광을 하늘의 하나님께 돌리더라

CHAPTER

12

십자가의 길,
우리가 걸어야 할 길

《가르시아 장군에게 보내는 메시지》라는 제목의 책이 있다. 그 책을 인터넷으로 주문해서 받아보고는 조금 실망했다. 십오 분 정도면 다 읽을 만한 얇은 소책자였다. 그런데 이 얇은 책의 파급력이 얼마나 컸는지, 그 책이 출간되고 15년 만에 4천만 부가 팔렸다고 한다. 매년 약 270만 부씩 팔렸다는 것이다.

내용은 아주 간단하다. 스페인에 대한 쿠바의 독립 전쟁이 미국과 스페인의 전쟁으로 발전하던 상황에서 미국 정부가 쿠바 반군 지도자 가르시아 장군에게 긴급히 전해야 할 메시지가 있었다. 그런데 문제는 가르시아 장군의 소재가 파악이 안 된다는 것이었다. 쿠바의 어느 밀림 속에 있을 것이라는 추측만 있을 뿐 그가 어디에 있는지 알 수 없는 상황에서, 이 책의 주인공인 로완 중위가 그 책임을 맡아서 무사히 가르시아 장군에게 편지를 전달했다는 내용이다.

충성스러운 사람을 찾고 있다

이렇게 간단한 내용의 소책자가 왜 그렇게 많은 사람들에게 반향을 일으켰을까 생각하다가 새삼스럽게 두 가지를 깨달았다. 첫째는 각 시대마다 로완 중위와 같은 충성스러운 사람을 필요로 한다는 것이다. 그 책에 보면 이런 표현이 있다.

"적당히 일하기, 멍청한 부주의, 천박한 무관심, 열의 없는 작업. 이런 것들이 거의 하나의 규칙이 되어 있는 것처럼 보일 정도이다."

저자는 이런 무성의한 사람들로 가득 차 있는 현실을 개탄한다. 그 책에 이런 내용도 있다.

"지금 내가 말하고자 하는 바는 이것이다. 즉, 매킨리 대통령이 로완에게 가르시아 장군에게 보낼 편지를 주었을 때 로완은 그 편지를 받으면서 '그가 어디에 있습니까?'라고 묻지 않았다는 점이다."

저자는 '로완 중위가 그 어려운 일을 잘 수행해냈다' 라는 것을 말하고 싶은 게 아니라 그 과정에서 보여지는 그의 태도, 인간적인 눈으로 볼 때 어디에 있는지 알 길 없는 사람에게 편지를 전달해야 한다는 불가능한 사명 앞에서 묵묵히 그 일을 완수하는 그의 중심 자세에 대해 말하고 싶은 것이다.

"주어진 임무에 대한 충성심은 일을 처리하는 유능함보다 훨씬 가치 있는 것이다."

책에 기록된 이 말처럼, 오늘 우리 시대는 로완 중위와 같은 충성스러운 사람을 필요로 한다.

샘플을 보여달라

그런가 하면 그 책에서 느꼈던 두 번째 깨달음은 이것이다. 사람들은 오늘날도 좋은 샘플 보기를 목말라 한다는 것이다. 그래서 그 책은 이렇게 마무리된다.

"문명이란 바로 오랜 세월, 간절하게 이런 개인들을 찾는 과정에 다름 아니다. 모든 도시와 촌락에서, 모든 사무실과 작업장과 상점과 공장에서 그런 사람을 찾는다. 온 세상이 그런 사람을 소리쳐 구하고 있다. 모두가 간절히, 간절히 원하고 있다. 가르시아 장군에게 메시지를 전할 인물을."

우리 모두는 이렇게 가치 있는 일을 아름답게 해내는 영웅, 그 샘플 보기에 목말라 있다는 것이다. 그러고 보면 영적인 원리도 마찬가지다. 가만히 보면 하나님이 일하시는 방식도 그렇다. 늘 이런 사명을 주시고 각 시대마다 그 사명을 감당했던 샘플을 등장시키셔서 우리에게 도전을 주시는 방식으로 성경을 기록하고 계시다. 이제 살펴볼 요한계시록 11장도 똑같은 방식이다.

요한계시록 10장은 두 번째로 삽입된 장면이라고 이미 나눈 바 있다. 7장의 삽입 장면으로 위로를 받은 우리에게 이제 하나님의 사명을 가지고 다시 문제 많고 복잡한 세상으로 내려가 그 사명을 감당하라는 것이 10장의 요지였다. 11장에서는 그 사명을 어떻게 잘 완수할 수 있는지에 대해 두 증인을 통해 보여주신다.

하나님이 내세우신 샘플

내가 나의 두 증인에게 권세를 주리니 그들이 굵은 베옷을 입고 천이백육십 일을 예언하리라 그들은 이 땅에 주 앞에 서 있는 두 감람나무와 두 촛대니

계 11:3,4

여기 나오는 '두 감람나무'는 구약의 스가랴서 4장 말씀을 배경으로 하고 있다.

그 등잔대 곁에 두 감람나무가 있는데 하나는 그 기름 그릇 오른쪽에 있고 하나는 그 왼쪽에 있나이다 하고 슥 4:3

이르되 이는 기름 부음 받은 자 둘이니 온 세상의 주 앞에 서 있는 자니라 하더라

슥 4:14

여기 나오는 '기름 부음 받은 자 둘'이란 표현은 당시 바벨론의 침략으로 무너져버린 성전을 재건한 주역들인 대제사장 여호수아와 유대 총독 스룹바벨을 일컫는다. 이 두 사람이 성령의 능력을 입어서 성전 재건을 완성하게 된다. 이런 맥락에서 본다면 요한계시록 11장의 주인공인 두 증인을 '두 감람나무'라고 표현한 것은 이 두 증인이 성령의 능력으로 자기에게 맡겨진 증인의 사명을 잘 감당하는 사람이었다는 것을 상징적으로 설명한 것이라 하겠다.

그러면 '두 촛대'는 무엇인가? 요한계시록 1장 20절 말미에 보면 "일곱 촛대는 일곱 교회니라"라는 말씀이 나온다. 즉 두 촛대는 교회를 상징한다.

두 감람나무와 두 촛대의 의미를 종합하여 이 말씀을 보면, 두 증인은 성령의 능력을 받아 증인의 사명을 잘 감당하는 주님의 교회 공동체를 상징한다고 설명할 수 있다. 하나님께서는 이렇게 두 증인을 샘플로 등장시키셔서 어떻게 하면 10장에서 주신 하나님의 사명을 잘 감당할 수 있는지를 보여주고 계신다.

내가 나의 두 증인에게 권세를 주리니 그들이 굵은 베옷을 입고 계 11:3

그들은 베옷을 입고 있었다. 구약에 보면 선지자들이 타락한 백성들에게 회개를 촉구할 때 베옷을 입고 말씀을 전한다. 요나서 3장

5절에도 보면, "니느웨 사람들이 하나님을 믿고 금식을 선포하고 높고 낮은 자를 막론하고 굵은 베옷을 입은지라"라고 기록되어 있다. 회개의 역사가 일어나자 그들이 굵은 베옷을 입었다.

이런 맥락에서 본다면 지금 두 증인이 굵은 베옷을 입고 있다는 것은 그들의 역할이 회개를 촉구하는 역할이라는 것이다. 즉, 교회는 회개를 촉구하는 공동체이다. 교회는 참회하는 공동체이다. 레온 모리스가 이런 말을 했다.

"교회는 참회하는 교회일 때에만 능력 있는 교회이다."

오늘 한국 교회의 문제를 해결할 해법이 여기에 다 담겨 있다. 우리가 정말 부흥을 갈망한다면, 하나님 앞에서 성장을 갈망한다면 회개하는 공동체가 되어야 한다. 우리 개개인의 심령도 마찬가지다. 하나님 앞에서 회개의 역사가 일어나지 않으면 심령의 변화는 없다. 이것은 성경이 일관되게 강조하는 핵심 메시지 중 하나이다. 이것을 놓치고서는 교회의 회복이나 부흥은 없다.

그렇다면 교회가, 우리 개개인이 회개해야 할 것은 무엇인가? 그것을 알기 위해서는 두 증인의 모습을 분석해봐야 한다. 가만히 보니 두 증인에게는 세 가지 특징이 있다.

사명자의 특징

첫째, 그들은 엄청난 능력을 가지고 있다.

만일 누구든지 그들을 해하고자 하면 그들의 입에서 불이 나와서 그들의 원수를 삼켜버릴 것이요 누구든지 그들을 해하고자 하면 반드시 그와 같이 죽임을 당하리라 그들이 권능을 가지고 하늘을 닫아 그 예언을 하는 날 동안 비가 오지 못하게 하고 또 권능을 가지고 물을 피로 변하게 하고 아무 때든지 원하는 대로 여러 가지 재앙으로 땅을 치리로다 계 11:5,6

두 증인은 구약에서 강력한 능력으로 적들을 무찔렀던 모세와 엘리야를 섞어 놓은 듯한 능력을 가지고 있다. 이것이 두 증인이 가진 특징이다. 이 말씀을 묵상하면서 나는 이 두 증인이 정말 부러웠다. 목사인 내게 이런 능력이 있다면 얼마나 좋겠는가?

그런데 그보다 중요한 것은 그들이 가진 두 번째 특징이다. 그들은 이처럼 큰 능력을 가진 증인이었지만, 그럼에도 힘없이 죽임을 당한다는 것이다.

그들이 그 증언을 마칠 때에 무저갱으로부터 올라오는 짐승이 그들과 더불어 전쟁을 일으켜 그들을 이기고 그들을 죽일 터인즉 계 11:7

그렇게 강력한 능력을 가진 그들이 맥없이 죽어버린다.

그들의 세 번째 특징은 이렇다. 그렇게 강한 능력을 가졌지만 비참하게 죽는 길로 나아갔던 그들을 하나님께서 부활시켜주신다.

> 삼 일 반 후에 하나님께로부터 생기가 그들 속에 들어가매 그들이 발로 일어서니 구경하는 자들이 크게 두려워하더라 계 11:11

이렇게 두 증인은 세 가지 특징을 가지고 있는데, 중요한 것은 그들의 죽음과 부활이 예수 그리스도의 십자가를 모델로 하고 있다는 것이다.

> 그들의 시체가 큰 성 길에 있으리니 그 성은 영적으로 하면 소돔이라고도 하고 애굽이라고도 하니 곧 그들의 주께서 십자가에 못 박히신 곳이라 계 11:8

힘이 있지만 죽음의 자리로

그렇다면 하나님은 두 증인을 등장시키셔서 무엇을 보여주고 싶으신 것인가? 우선 그들에게 힘이 있다는 것이다. 그들에게는 원수들을 무찌르고 밟아 죽일 만한 능력이 있었다. 그런데 두 증인은 그런 강력한 힘을 가지고 있으면서도 그 힘을 원수들을 짓밟고 복수하는 데 쓰지 않고 주님이 걸어가셨던 십자가의 길, 그 죽음의 길을 묵묵히 걸어가는 데 쓰고 있다.

마치 《가르시아 장군에게 보낸 메시지》라는 책에서 저자가 말하고 싶은 것은 '그가 결국은 그 임무를 완성했다'는 것이 아니라 그가 불가능해 보이는 사명을 받고도 변명하지 않고 묵묵히 그 일을 해낸 그의 자세인 것과 같다. 하나님께서는 지금 능력을 가진 두 증인에 대해 말씀하고 싶으신 게 아니라 그런 힘을 가지고도 그것을 함부로 남용하거나 휘두르지 않고 조용히 십자가의 길로 걸어갔다는 것을 말씀하고 싶으신 것이다.

능력만 원하는 욕심을 회개하라

그런데 우리는 성경을 어떻게 읽는가?

"우와, 힘이 있단다! 부럽다."

다들 강력한 힘만 원한다. 오늘 우리가 가지고 있는 불행이 바로 여기서 시작된다. 여기서부터 어긋나고 있다는 말이다. 따라서 우리는 무엇을 회개해야 하는가? 지금까지 우리가, 한국 교회가 이 두 증인이 걸어간 그 길로 행하지 않았던 것을 회개해야 한다. 우리는 십자가의 길을 걷기는커녕 더 강력한 힘과 능력을 원한다. 아무도 우리에게 함부로 하지 못하는 그런 힘 말이다. 그리고 그 힘을 내가 얼마나 유능한지를 과시하는 데 쓴다.

우리가 추구하는 건 힘이다. 그런데 하나님께서는 두 증인이라는 샘플을 통해 그 능력을 그런 식으로 휘두르고 자랑하는 데 써서는 안 된다는 것, 그리고 우리 자신의 힘으로는 할 수 없는 주님의 십자가의 길, 그 희생의 길을 가는 데 그 힘을 써야 한다고 말씀하신다.

그래서 사도 바울은 이렇게 고백했다.

형제들아 내가 그리스도 예수 우리 주 안에서 가진 바 너희에 대한 나의 자랑을 두고 단언하노니 나는 날마다 죽노라 고전 15:31

기독교는 죽는 종교이다. 기독교는 힘을 모으고 힘을 과시하고 그것을 휘두르는 종교가 아니라 주님이 주신 은혜로 죽는 종교이다. 날마다 자아를 꺾고, 날마다 내 고집을 꺾고, 날마다 묵묵히 용납하고 살아내는 것, 이렇게 죽는 것이 바로 기독교이고 십자가이다. 그리고 우리가 그렇게 십자가의 길, 내 자아가 죽고 또 죽는 그 길을 걸어갈 때 거기서 놀라운 능력이 나타남을 경험하는 것이 기독교이다.

십자가의 길이 회개를 일으킨다

참 놀라운 것은 두 증인이 그렇게 강력한 힘을 가지고 있으면서도 묵묵히 죽는 십자가의 길로 나아가자 주님이 그들을 살려주셨다는 것이다. 그러자 회개하는 역사도 일어났다.

참 재미있고도 슬픈 사실은 요한계시록 6장부터 16장까지 하나님께서 그렇게 악한 자들에 대해 엄청난 심판을 경고하고 계신데도 사람들이 눈 하나 깜짝 하지 않았다는 것이다. 회개하지 않았다. 그런데 언제 회개의 역사가 일어났는가? 이 두 증인이 강력한 힘을 가지고도 죽는 길, 십자가의 길로 나아가고, 그런 그들을 하나님이 살려내셨을 때 그 모습을 보고 두려워서 회개하는 역사가 일어나더라는 것이다.

사실 우리가 회개하라는 말을 못 들어서 회개하지 못하는 것인가? 그동안 회개하라는 소리를 얼마나 많이 들었는가? 그런데도 회개하지 않는다. 강단에서 아무리 회개하라고 외쳐도 회개하지 않는 것, 이것이 목사인 나의 딜레마이기도 하다. 그런데 하나님이 주시는 메시지가 바로 이것이다.

'왜 그렇게 강단에서 외쳐도 회개의 역사가 안 일어나는지 아느냐? 그렇게 소리 지른다고 회개의 역사가 일어나는 것이 아니라 네가 먼저 조용히 희생하고 손해보고 포기하는 십자가의 길을 걸어갈 때, 회개의 역사가 일어날 것이다.'

주님이 내게 주신 메시지이다. 얼마나 부끄러운지 모른다. 우리가 자녀들을 향해 그렇게 타이르고 윽박지르고 잔소리를 하는데 왜 자녀들이 변하지 않는가? 엄마로서, 아빠로서 우리가 먼저 십자가의 길, 손해 보는 길, 죽는 길로 걸어가지 못해서이다. 이것이 11장에서 '두 증인'이라는 샘플을 통해 주시는 메시지이다.

우리는 말을 너무 많이 한다. 회개해야 한다고, 돌이켜야 한다고. 누가 그것을 몰라서 안 하는가? 그럴 능력이 없어서 회개를 못하는데 말이다. 이제부터는 말을 너무 많이 하지 말고 복음을 살아내는 삶이 우리에게 필요하다. 두 증인이 그랬던 것처럼 우리에게 힘이 있지만, 그 힘을 휘두르는 데 쓰지 않고 주님이 걸어가신 그 길을 묵묵히 걸어갈 때 거기서 변화가 일어난다.

우리에게 믿음이 없다!

그런데 십자가의 길을 걷는 일은 왜 그렇게 잘 안 되는가? 너무나 간단하다. 믿음이 없어서 그렇다. 내가 이 땅에서 손해보고 희생하고 죽으면 두 증인을 살려주신 것처럼 하나님이 나를 다시 살려주실 거라는 믿음이 없는 것이다. 하나밖에 없는 목숨인데 그런 보장도 없이 어떻게 죽겠는가? 그러니까 안 죽는 것이다.

목사인 나도 마찬가지다. 강단에선 죽어야 한다고 설교하지만, 막상 강단을 내려와 내 삶을 돌아보면 손해 보기 싫어하는 내 모습이 보인다. 죽기 싫어한다. 믿음 있는 척 하며 살아가지만 우리에겐 믿음이 없다. 그래서 우리는 믿음을 구해야 한다. 그리고 주님의 부활을 바라보며 묵묵히 십자가의 길, 죽음의 길을 걸어가야 한다. '억울하다, 분하다' 하며 변명하지 말고 정말 조용히 십자가의 길로 걸어가자. 그럴 때 역사가 일어나고 회개가 일어난다.

그런데 요한계시록 11장을 살펴보면 주인공인 두 증인이 1절부터 바로 등장하지 않고 3절부터 등장하는 것을 볼 수 있다. 그 앞에는 성전 측량에 관한 말씀이 나온다.

또 내게 지팡이 같은 갈대를 주며 말하기를 일어나서 하나님의 성전과 제단과 그 안에서 경배하는 자들을 측량하되 계 11:1

여기서 자세히 다룰 수는 없지만, 성전 측량 내용은 하나님이 자신의 소유에 대한 보호하심을 상징적으로 표현한 것이다. 이 같은 의미는 2절에서 더 분명히 나타난다.

성전 바깥 마당은 측량하지 말고 그냥 두라 이것은 이방인에게 주었은즉 그들이 거룩한 성을 마흔두 달 동안 짓밟으리라 계 11:2

성전 바깥 마당은 측량하지 않고 그냥 두었더니 악한 것들이 와서 짓밟아버렸다. 이우제 교수는 이 부분을 이렇게 해석한다.

"성전과 제단 안에서 경배하는 자들이 측량되는 것은 신자들이 영적으로 보호되는 것을 상징하고, 성전 밖 마당을 측량하지 말고 그냥 두라는 것은 영적인 보호 가운데서도 하나님의 백성들이 외부의 공격을 받아 고통당하는 것을 의미한다."

영적으로는 보호해주시지만 육적으로는 악한 것들의 공격을 허용하신다는 뜻이라는 것이다. 그런데 이것이 선뜻 납득이 가지 않는다. 하나님이 영혼을 보호해주실 거면 우리 육신까지도 보호해주시면 얼마나 좋겠는가? 왜 영혼은 보호해주시면서 육신은 저렇게 박해 속에 내버려두시는가? 왜 예수 믿는 성도들이 낙심과 절망의 구덩이에 빠지는 것을 허용하시는가?

물에 빠져봐야 건져주시는 하나님을 경험하지!

이 질문에 대해 묵상하다가 불쑥 이 말씀이 떠올랐다.

> 야곱아 너를 창조하신 여호와께서 지금 말씀하시느니라 이스라엘아 너를 지으신 이가 말씀하시느니라 너는 두려워하지 말라 내가 너를 구속하였고 내가 너를 지명하여 불렀나니 너는 내 것이라 사 43:1

확정된 하나님의 보호하심과 사랑을 이만큼 잘 표현한 구절도 많지 않다. 이렇게 주님이 지명하고 부르셨는데, 그 다음 2절엔 어떤 말씀이 나오는가?

> 네가 물 가운데로 지날 때에 내가 너와 함께할 것이라 강을 건널 때에 물이 너를 침몰하지 못할 것이며 네가 불 가운데로 지날 때에 타지도 아니할 것이요 불꽃이 너를 사르지도 못하리니

1절에서 보호해주신다고, 너는 내 것이라고 말씀하신 하나님께서 왜 2절에선 하나님의 택한 자녀들이 그 위험한 불길 가운데 걸어가

도록 두시는 것인가? 왜 물이 범람하는 그곳으로 우리를 몰고 가시는 것인가?

가장 간단한 답이 있다. 우리가 그런 위험한 지경에 빠져봐야 그 가운데서 하나님이 우리를 어떻게 인도하시고 보호하시는지 볼 수 있는 것 아닌가? 우리 신앙이 이렇게 나약할 수밖에 없는 것은 "물 다 피하게 해주세요. 불 다 피하게 해주세요. 하나님의 보호하심의 능력을 눈으로 보지 않아도 좋으니 순탄하고 잘살게 해주세요"라고밖에 기도하지 않기 때문이다.

초대교회 성도들은 극심한 고통 속에서, 심지어 목숨을 잃는 상황 속에서도 하나님의 약속의 말씀, 곧 영혼을 보호하신다는 하나님의 그 약속의 말씀을 붙들고 로마의 박해를 뛰어넘었다. 그 복음이 2천여 년 역사를 지나 오늘날 여기까지 이르지 않았는가?

정직해서 망하는 길

"우리나라는 정직하면 망하는 사회다."

내 나이 20대가 되던 80년대 초부터 이 말을 들었다. 사업하는 사람들에게 이 말은 거의 수학 공식같이 여겨졌다. 대한민국에서는 정직하게 사업하면 망할 수밖에 없다는 생각이 팽배해 있었다. 그렇다면 지금은 어떤가? 상황이 조금 나아졌는가? 이제는 정직해도 사업이 망하지 않는 나라가 됐는가? 안타깝게도 더 심해지면 심해졌지 좋아진 것 같지 않다.

그렇다면 믿는다는 우리가 어떻게 했어야 했는가? 천만 성도를 자랑할 때, 이 사회가 정직하면 망한다고 해도 수많은 크리스천들이 정직해서 망하는 그 길을 선택했어야 하지 않았을까? 그랬다면 지금쯤엔 정직해서 망하는 사회는 모면하지 않았을까?

너무나 부끄럽게도 우리는 정직해서 망하는 길을 택하지 않았다. 교회는 다니는데, 성경책은 끼고 사는데, 예배 시간에 감동해서 눈물은 흘리는데 우리는 부정직해서 흥하는 길을 선택했지 정직해서 망하는 길을 선택하지 않았다. 우리 모두는 이 잘못된 선택이 얼마나 초라한 결과를 가져왔는지 잘 알고 있다.

왜 교회 강단에서 말씀의 능력이 사라졌는가? 왜 이 사회는 부정직한 사람들이 득세할 수밖에 없는가? 우리가 정직해서 망하는 길을 택하지 않았기 때문이다. 그러다 보니 죽어야만 살아나는 그 놀라운 영적 신비를 맛보지 못하는 참담한 종교를 갖게 된 것이다.

정답을 알기에 이제 걸어가자

나는 정말 마음이 아프다. 언젠가 우리 교회의 교역자가 초신자 집에 심방을 갔다가 재미있는 이야기를 들었다면서 이런 말을 전해주었다. 심방을 갔더니 그가 이런 말을 했다고 한다.

"이찬수 목사는 지독한 위선자거나 성자거나 둘 중에 하나이다."

분당우리교회가 기존 신자들의 등록을 안 받고 일만성도파송운동 같은 것들을 하고 있다는 말을 듣고 한 말이다. 기왕이면 성자라고 평가받고 싶은 것이 솔직한 심정이지만, 나는 성자가 결코 아니다. 그렇다고 위선자도 아니다. 굳이 나를 규정하자면 나는 정답을 알아버린 사람이다. 그래서 내 수준에 안 맞는 일들을 애써서 하고 있는 것이다.

그런데 그렇게 내 수준에는 안 맞지만, 내 본성과는 다르지만, 내가 알고 있는 정답을 따라서 하나님 뜻에 순종하기 시작하자 내 안에 평강이 임했다. '아, 하나님이 순종하는 자에게 주시는 기쁨이 이런 거구나' 하는 은혜가 넘치기 시작했다. 그 은혜 때문에 요즘에는 목회가 무척 즐겁다.

사람은 단번에 죽는 길을 택하지 못한다. 그러나 이제 정답을 알게 된 우리가 한 걸음 한 걸음 손해 보는 길, 희생하는 길, 십자가의 길로 나아가다 보면 순종하는 자에게 주시는 기쁨이 우리 안에 넘치기 시작할 것이다. 그 은혜와 그 기쁨을 맛보아 아는 우리 모두가 되기를 정말 간절히 바란다.

PART 4

말씀에서 답을 찾아라

요한계시록 12:1-12

하늘에 큰 이적이 보이니 해를 옷 입은 한 여자가 있는데 그 발 아래에는 달이 있고 그 머리에는 열두 별의 관을 썼더라 이 여자가 아이를 배어 해산하게 되매 아파서 애를 쓰며 부르짖더라 하늘에 또 다른 이적이 보이니 보라 한 큰 붉은 용이 있어 머리가 일곱이요 뿔이 열이라 그 여러 머리에 일곱 왕관이 있는데 그 꼬리가 하늘의 별 삼분의 일을 끌어다가 땅에 던지더라 용이 해산하려는 여자 앞에서 그가 해산하면 그 아이를 삼키고자 하더니 여자가 아들을 낳으니 이는 장차 철장으로 만국을 다스릴 남자라 그 아이를 하나님 앞과 그 보좌 앞으로 올려가더라 그 여자가 광야로 도망하매 거기서 천이백육십 일 동안 그를 양육하기 위하여 하나님께서 예비하신 곳이 있더라 하늘에 전쟁이 있으니 미가엘과 그의 사자들이 용과 더불어 싸울새 용과 그의 사자들도 싸우나 이기지 못하여 다시 하늘에서 그들이 있을 곳을 얻지 못한지라 큰 용이 내쫓기니 옛 뱀 곧 마귀라고도 하고 사탄이라고도 하며 온 천하를 꾀는 자라 그가 땅으로 내쫓기니 그의 사자들도 그와 함께 내쫓기니라 내가 또 들으니 하늘에 큰 음성이 있어 이르되 이제 우리 하나님의 구원과 능력과 나라와 또 그의 그리스도의 권세가 나타났으니 우리 형제들을 참소하던 자 곧 우리 하나님 앞에서 밤낮 참소하던 자가 쫓겨났고 또 우리 형제들이 어린 양의 피와 자기들이 증언하는 말씀으로써 그를 이겼으니 그들은 죽기까지 자기들의 생명을 아끼지 아니하였도다 그러므로 하늘과 그 가운데에 거하는 자들은 즐거워하라 그러나 땅과 바다는 화 있을진저 이는 마귀가 자기의 때가 얼마 남지 않은 줄을 알므로 크게 분내어 너희에게 내려갔음이라 하더라

CHAPTER

13

끝까지 견딜 수 있는 비결

최근에 미국 집회를 마치고 귀국하는 비행기 안에서 〈42〉라는 영화를 보았다. 미국의 인종차별이 심하던 시절, 재키 로빈슨이라는 흑인이 흑인 최초로 미국 야구 메이저리그에 진출하는 과정을 담은 실화 영화였다.

재키 로빈슨이 흑인이라는 이유로 받아야 했던 수모와 멸시는 이루 말할 수가 없다. 그가 운동장에 나서기만 하면 관객들은 조롱하며 야유를 보냈고, 욕설을 퍼부었다. 상대편 선수들은 물론이고 같은 팀 선수조차도 "흑인하고는 함께 뛸 수 없다"며 조롱했다.

이런 조롱과 멸시가 계속되는 데도 재키 로빈슨은 초인적인 힘으로 그 모든 것을 묵묵히 견뎌냈다. 그러고는 "오직 실력으로만 승부

하겠다"라는 생각으로 매 경기마다 최선을 다했다. 얼마나 노력했는지, 그는 메이저리그에 진출한 첫 해에 신인상을 거머쥐었다. 그리고 2년 후에는 메이저리그 사상 최초로 타격 1위, 도루 1위를 동시에 달성하는 신기록을 세우며 그 해의 MVP로 선정되는 대기록을 이뤄냈다.

그렇게 현실의 어려움을 이겨내며 꿈을 이루었기 때문에 당시에는 사람 취급도 못 받던 재키 로빈슨이 지금은 미국 메이저리그의 영웅으로 대접받고 있다. 1962년에는 야구 명예의전당에 오르는 영광을 누렸고, 그가 사용했던 등번호 42번은 메이저리그 전(全) 구단에서 영구 결번으로 지정되었다. 그리고 매년 4월 15일을 '재키 로빈슨 데이'로 지정하여 그날은 메이저리그 모든 선수들이 자신의 등번호가 아닌 그가 사용했던 42번을 달고 경기를 한다. 운동장의 모든 선수가 42번을 달고 경기하는 모습이 얼마나 감격스럽겠는가? 재키 로빈슨은 오늘날 이런 영광을 누리고 있다.

그는 어떻게 그런 조롱과 수모를 끝까지 견뎌낼 수 있었을까? 아무리 생각해봐도 나 같으면 절대로 견딜 수 없었을 것 같다. 그 이유를 생각해보는데 불쑥 성경의 한 구절이 떠올랐다.

생각하건대 현재의 고난은 장차 우리에게 나타날 영광과 비교할 수 없도다

롬 8:18

그러면서 재키 로빈슨은 극심한 현재의 고난을 이겨냈을 때 자신이 누리게 될 미래의 영광을 바라보았기 때문에 현실의 어려움을 이겨낼 수 있었지 않았을까 생각되었다.

요한계시록을 묵상하던 중에 이 영화를 보게 되면서 재키 로빈슨과 초대교회 성도들 사이에 공통점이 많다는 것을 발견했다. 극심한 박해를 당했다는 것이나 그런 극심한 고통을 이겨냈다는 것, 또한 고통을 이겨내게 된 원동력이 바로 로마서 8장 18절이었다는 것도 그렇다. 이 말씀은 오늘 이 땅을 살아가는 우리 모두에게도 가슴 깊이 새겨야 할 말씀이 아닌가 생각한다.

소망의 책, 요한계시록

하나님은 밧모 섬에 갇혀 있던 사도 요한을 통해 놀라운 환상들을 보여주시고 천상 교회의 영광을 미리 보여주셨다. 당시 박해받던 초대교회 성도들이 현실적으로 눈에 보이는 로마 군인만 보고 좌절하고 절망하지 않도록, 현실에 함몰되는 인생이 아니라 장차 누리게 될 이 놀라운 영광을 보라고 말씀해주시는 것이다.

하나님은 밧모 섬에 갇혀 고립된 현실 앞에 절망하기 쉽고 좌절하기 쉬운 요한을 불러 그에게 이적을 보여주셨다.

하늘에 큰 이적이 보이니 해를 옷 입은 한 여자가 있는데 그 발 아래에는 달이 있고 그 머리에는 열두 별의 관을 썼더라 … 하늘에 또 다른 이적이 보이니 보라 한 큰 붉은 용이 있어 머리가 일곱이요 뿔이 열이라 그 여러 머리에 일곱 왕관이 있는데 계 12:1,3

여기에 나오는 '이적'이라는 단어는 원어로 '세메이온'으로, 사인(sign) 혹은 표지판이라는 뜻을 가지고 있다. 즉 하나님은 하나님나라의 큰 그림, 그 표지판을 보여주심으로 먼저 지도자인 사도 요한이 회복되고, 회복된 그가 기록한 요한계시록을 통해 고통당하던 당시의 수많은 초대교회 성도들이 현실을 이겨낼 수 있기를 바라셨다. 하나님이 보여주시는 표지판을 바라보면서 '우리가 어디쯤 와 있구나, 이 어려운 고난을 이겨내고 나면 장차 이런 영광을 누리게 되겠구나' 하는 걸 알게 하고자 하심이다.

나는 하나님께서 오늘 우리에게도 세메이온, 즉 하나님나라의 표지판을 자주 보여주시길 원한다. 그래서 날마다 부딪히는 수많은 현실의 어려움들에 무너지지 않고 그것을 극복해야 될 이유를 발견하는 인생이 되기를 바란다.

만일 우리가 좁은 현실만이 아니라 하나님이 보여주시는 하나님나라의 전체 그림, 하나님나라의 표지판을 볼 수 있게 된다면 어떤 유익이 있을까?

우리 형제들을 참소하던 자 곧 우리 하나님 앞에서 밤낮 참소하던 자가 쫓겨났고 또 우리 형제들이 어린 양의 피와 자기들이 증언하는 말씀으로써 그를 이겼으니 그들은 죽기까지 자기들의 생명을 아끼지 아니하였도다 계 12:10,11

이 땅에서 하늘나라에서의 놀라운 승리의 광경을 볼 수 있고 그릴 수 있는 힘, 나는 이것에 '영적 상상력'이라는 이름을 붙여봤다.

영적 상상력을 가지라

신앙생활은 영적인 상상력이 있느냐 없느냐에 따라 달라진다. 어려움을 겪고 있는 지상 교회와 달리 이미 승리하신 예수 그리스도, 그 어린 양의 피로써 악한 모든 것들이 쫓겨나게 되었다는 것을 바라볼 수 있는 영적 상상력이 우리에게 필요하다.

구약학자 에드가 콘래드(Edgar W. Conrad) 교수가 쓴 《새롭게 읽는 선지서》라는 책에 보면 영적 상상력이 의미하는 바를 좀 더 자세히 알 수 있다. 그 책에선 에스겔서 40장 말씀을 인용한다.

우리가 사로잡힌 지 스물다섯째 해, 성이 함락된 후 열넷째 해 첫째 달 열째 날에 곧 그날에 여호와의 권능이 내게 임하여 나를 데리고 이스라엘 땅으로 가시되 하나님의 이상 중에 나를 데리고 이스라엘 땅에 이르러 나를 매우 높은 산 위에 내려놓으시는데 거기에서 남으로 향하여 성읍 형상 같은 것이 있더라 겔 40:1,2

지금 이스라엘의 현실은 비참하다. 포로로 끌려온 지 25년, 예루살렘 성이 함락된 지 14년이 지났고 여전히 한 치 앞을 알 수 없는 절망적인 상황이다. 그런데 하나님께서는 에스겔이 그 절망적인 상황만 보고 무너지지 않도록 그를 높은 산으로 데리고 가신다. 그러고는 환상 중에 장차 회복될 이스라엘의 영광을 보여주신다.

여기서 2절에 나오는 '하나님의 이상 중에'라는 표현이 중요하다. 원어로는 '마르호트 엘로힘'이라는 단어로, 대부분 '하나님의 이상'으로 번역하는 경우가 많다. 그런데 에드가 콘래드 교수는 이를 좀 다르게 해석한다. 단순히 하나님의 이상으로만 번역할 것이 아니라 하나님의 시각, 하나님의 안목으로 해석해야 한다는 것이다.

즉, 하나님은 에스겔에게 인간의 눈에 보이는 현실만 보지 말고 하나님의 시각으로 역사를 볼 수 있는 눈, 하나님의 시각으로 현실을 보는 눈을 키워야 함을 말씀하고 계신 것이다. 에스겔이 하나님의 시각으로 현실을 바라보자 이스라엘을 회복시켜주시는 하나님이 보였다. 우리는 그의 글 속에서 어려운 현실에서 빠져나와 하나님의 일하심을 목도하게 된 에스겔의 감격을 만날 수 있다.

이처럼 영적 상상력이라는 것은 하나님의 시각, 혹은 하나님의 안목을 가지고 세상을 바라보는 눈을 말한다. 우리에게 이런 영적상상력이 있는가? 눈에 보이는 것만 바라보며 매일 좌절하고 낙심하는 어려움을 겪고 있는 것은 아닌가?

하나님의 시선으로

우리가 하나님의 시각을 회복해야 하는 이유는 무엇인가? 우리가 영적 상상력을 회복하면 시선 교정이 이루어지기 때문이다.

> 그 여자가 광야로 도망하매 거기서 천이백육십 일 동안 그를 양육하기 위하여 하나님께서 예비하신 곳이 있더라 계 12:6

여기 나오는 '여자'는 교회의 상징적인 표현이고, '광야'는 안식과 평안이 없는 곳을 의미한다. 즉 6절의 상황은 수난을 당하고 있는 위기의 교회 상황을 묘사하고 있다. 만일 우리가 육의 눈으로만 세상을 바라본다면 깨지고 싸우고 분열되고 갈라지는 교회의 모습만 보일 것이다. 오늘날의 지상 교회를 보면 한마디로 지리멸렬(支離滅裂)이라는 단어밖에 안 떠오른다. 교회로 상징되는 여자가 쫓겨나 도망가는 것밖에는 안 보인다.

그런데 영적 상상력을 가지고 6절을 다시 한 번 보자. 영적 상상력이 없을 때는 '그 여자가 광야로 도망하매'라는 부분이 부각된다. 교회는 맨날 밀리고 쫓기고 어려움 당하는, 초라하기 짝이 없는 것 같다. 그런데 하나님의 시각으로 영적 상상력이 회복되면 뒤에 기록된 놀라운 말씀이 보이기 시작한다. 광야가 그를 양육하기 위해 하나님이 예비해놓으신 곳이라는 것이다.

영적 전쟁은 이런 식이다. 사탄은 우리를 비참한 실패의 자리로 내몰고는 자신이 이겼다고 생각한다. 하지만 거기에 하나님의 놀라운 반전이 숨겨져 있음을 알지 못한다. 하나님은 그 초라한 실패의 자리, 쫓겨난 광야의 자리에서 우리를 영적으로 양육하려고 준비하고 계신다. 우리 모두가 이것을 볼 수 있는 눈을 떠야 한다.

창세기 45장에 보면 총리대신이 된 요셉이 자신을 애굽에 팔아넘긴 형제들에게 하는 말이 나온다.

> 당신들이 나를 이곳에 팔았다고 해서 근심하지 마소서 한탄하지 마소서 하나님이 생명을 구원하시려고 나를 당신들보다 먼저 보내셨나이다 창 45:5

얼마나 놀라운 고백인가? 요셉은 자기 인생에 하나님을 개입시킨다. 형들은 자기를 미워해서 애굽에 팔아버렸지만, 영안을 열고 바라보니 하나님이 나를 양육하시기 위해 예비해놓으신 곳이 바로 애굽이더라고 고백하는 것이다. 요셉이 형제들 앞에서 이런 놀라운 고백을 하기까지, 절망에 처할 때마다 얼마나 자주 영적 상상력을 가지고 하나님의 관점으로 자기 인생을 바라봤겠는가? 지금은 광야에 내던져진 것 같은 느낌이 들지라도 영안을 열고 하나님의 시각으로 보면 그 낙심의 자리가 하나님의 훈련장소로 보일 것이다. 이런 은혜를 우리도 경험해야 한다.

앞에서 말했던 재키 로빈슨은 자기를 조롱하며 노골적으로 험담하는 말들을 수없이 들었다. 하지만 재키 로빈슨은 그 말들에 응수하지 않았다. '오직 실력으로 승부하겠다'는 마음으로 임했다. 결국 그는 MVP에 올랐다. 이것이 그를 조롱하던 사람들에 대한 진정한 복수가 아니겠는가?

요셉의 경우도 그렇다. 요셉이 자기를 팔아버린 형제들을 잡아 감옥에 가두고 때리는 것이 복수였을까? 하나님의 시각으로 자신의 인생을 바라보며 한 고백이 진짜 복수가 아니었을까? 이보다 더 큰 복수가 어디 있겠는가? 나를 조롱하고, 비참하게 만들고, 광야로 내몰던 악한 것들을 향해 창세기 45장 5절과 같은 고백을 드림으로 하나님 앞에서 진정한 복수를 이루는 삶을 살아야 하지 않겠는가?

그렇게 볼 때 우리가 맞서야 할 상대는 우리를 핍박하고 괴롭히는 원수가 아니다. 우리는 하나님의 시각으로 상황을 바라보고, 하나님께서 나를 여기까지 인도해주셨노라고 고백할 수 있어야 한다. 그런 영안이 열려야 한다.

두려움 속에서 담대함을 회복하다

우리가 영적 상상력을 회복하면 시선 교정이 이루어지고, 시선 교정이 이루어지면 두 가지 변화가 나타난다.

첫째, 영적 상상력을 회복하면 현실의 두려움과 맞설 담대함이 생긴다. 초대교회 성도들은 절망적인 상황에 있었지만 하나님이 주신 요한계시록을 보면서 큰 용기와 희망을 얻었다. 지금까지는 절망적인 이 땅만 보였는데, 지금까지는 로마 군인들에게 끝없이 밀리는 지상 교회만 보였는데, 하나님의 천상 교회에서의 승리를 바라보며 그 모든 어려움과 고난을 이겨낼 힘과 용기를 얻었다.

앞에서 언급했던 찬양을 다시 소개하고 싶다.

주 안에 있는 나에게 딴 근심 있으랴
십자가 밑에 나아가 내 짐을 풀었네

그 두려움이 변하여 내 기도 되었고
전날의 한숨 변하여 내 노래 되었네
_새 찬송가 370장 중에서

근심이 없어진 게 아니다. 여전히 두려움이 있고, 한숨이 있지만 영적 상상력을 회복하면 그 두려움에 맞설 기도를 드리게 되는 것이다. 이 찬송가의 가사처럼 전날의 한숨에 맞설 신령한 새 노래가 회복되는 것이다. 어떻게 이런 일이 가능할까? 눈에 보이는 것만이 전부가 아니고 눈에 보이지 않는 하나님, 나를 도우시는 하나님이 보이기 시작했기 때문이다.

기도를 안 하는 것은 믿음이 없기 때문이다. 하나님이 안 보이는데 어떻게 기도를 하겠는가? 그러나 이제 영안이 열리니 하나님이 눈에 어른거린다. 그러니 어떻게 그분께 기도하지 않을 수 있겠는가?

내가 교회를 개척하던 때 부르던 찬양이 있다.

보라 너희는 두려워 말고, 보라 너희를 인도한 나를
보라 너희는 지치지 말고, 보라 너희를 구원한 나를
너희를 치던 적은 어디 있느냐
너희를 억누르던 원수는 어디 있느냐
보라 하나님 구원을, 보라 하나님 능력을
너희를 위해서 싸우시는 주의 손을 보라
_작사, 작곡 이연수

개척 초기에 교회를 세울 장소로 상가를 계약했다가 쫓겨나기도 하고, 수모를 당하고 억울한 일도 겪으며 마음이 찢어지는 일이 많았다. 그런 상황이다 보니 새벽기도에 나와 앉기만 하면 눈물이 났다. 그런데 그렇게 눈물을 흘릴 때마다 하나님이 주신 찬양 중의 하나가 이거였다. 주님은 우리에게 영적 상상력을 가지고 여호와 하나님을 보라고 말씀하신다. 그러면 여전히 적이 있고, 여전히 원수가 있음에도 두려움이 사라지게 된다.

절망 속에서 희망을 바라보다

둘째, 우리가 영적 상상력을 회복하면 교회를 바라보는 눈이 달라진다. 우리가 알다시피 현실의 지상 교회는 많은 문제를 안고 있다. 문제가 많은 정도가 아니라 거의 절망적인 것 같다. 희망이 없어 보인다. 하지만 이런 상황이기에 우리는 더욱 영적 눈을 가지고 교회를 바라봐야 한다.

요한계시록 12장 1절을 다시 보면 "하늘에 큰 이적이 보이니 해를 옷 입은 한 여자가 있는데 그 여자의 발 아래에는 달이 있고 그 머리에는 열두 별의 관을 썼더라"라고 했다. 교회를 상징하는 '여자'가 너무나 영광스럽게 묘사되고 있다. 2장 1절에서도 "오른손에 있는 일곱 별을 붙잡고 일곱 금 촛대 사이를 거니시는 이"라고 했는데, 여기서 '오른손'은 예수 그리스도의 절대적인 권위와 능력을 의미하고, '일곱 금 촛대'는 일곱 교회를 의미한다. 즉 절대적인 권위와 능력을 갖고 계시는 예수 그리스도께서 교회를 주관하고 계신다는 것이다.

교회에 오면 목사만 눈에 보이는가? 성도들만 보이는가? 그렇다면 돌아오는 건 상처밖에 없을 것이다. 교회 사이를 거니시는 주님은 보이지 않고 눈에 보이는 사람만 보인다면 상처받지 않을 사람은 아무도 없다. 우리가 바라보아야 할 것은 불안전한 교회를 주관하시는 완전하신 예수 그리스도시다.

"우리 교회는 목사님이 목회를 잘해서 좋은 교회야"라거나 혹은

"우리 교회는 목사가 엉터리라서 좋지 않은 교회야"라는 말들이 무성한 것 자체가 교회가 병들었다는 증거이다. 교회가 담임목사에 의해 좌지우지되는 상황은 결코 정상적이지 않다. 교회에서 일하시는 주님을 바라보아야 한다. 영안을 열고 교회 안에 가득한 주님의 영광을 보아야 한다.

> 하늘에 또 다른 이적이 보이니 보라 한 큰 붉은 용이 있어 머리가 일곱이요 뿔이 열이라 그 여러 머리에 일곱 왕관이 있는데 그 꼬리가 하늘의 별 삼분의 일을 끌어다가 땅에 던지더라 용이 해산하려는 여자 앞에서 그가 해산하면 그 아이를 삼키고자 하더니 계 12:3,4

'붉은 용'으로 나타나는 사탄이 대단한 위용을 드러낸다. 이렇게 위용을 드러낸 사탄의 세력이 교회와 예수 그리스도를 무너뜨리려고 발악하고 있다. 교회를 이간질해서 분열시키려고 하는, 어떻게 해서든 목회자와 성도 사이를 갈라놓으려고 하는 붉은 용이 보이는가? 이것을 볼 수 있는 눈이 있어야 한다. 인간은 그 누구도 증오의 대상이 될 수 없다. 서로가 불쌍히 여겨야 할 뿐이다.

광야를 은혜의 통로로

얼마 전에 미국의 몇 교회에서 집회를 인도한 적이 있다. 상식적으로 말해, 타 교회에서 설교할 때는 예의에 어긋나지 않도록 조심조심 설교하는 것이 정상 아닌가? 그런데 이상하게도 그때는 내가 상식에 맞지 않는 설교 태도를 취했다. 가는 교회마다 얼마나 사나웠는지 모른다.

어떤 때는 설교 시간에 장로님들께 정신 차리라고 질책하기도 했다. 숙소에 돌아와서는 '내가 왜 이렇게 사납게 설교하지?'라는 생각을 하는데, 다음 날에는 더 강도 높게 질책하는 일이 새벽과 저녁을 가리지 않고 계속되었다. 그렇게 집회를 인도하다보니 마지막 날에는 마음이 많이 힘들었다.

그런데 기적이 일어났다. 그렇게 대놓고 장로님들께 회개하라, 권사님들 정신 차리시라 설교했는데, 놀랍게도 그 안에서 회개의 역사가 일어난 것이다. 나는 그 당회가 정말 존경스러웠다. 그 분들은 인간인 나를 바라본 것이 아니라 영적 상상력을 가지고 교회를 주관하시는 하나님을 바라본 것이다. 그래서 내 말을 인간의 말로 받지 않고 하나님의 준엄한 꾸지람으로 받아주셨다. 그러자 그 교회 안에 놀라운 회개의 역사가 일어난 것이다.

나는 평상시 우리 교회에서 설교할 때, 강단에 올라가기 전에 마지막으로 점검하는 것이 있다.

'내가 전하려는 말씀에 혹시 사적인 감정이 배어 있지는 않은가?'

왜 이런 질문을 던지며 원고를 점검하겠는가? 설교는 설교자의 사적인 감정을 드러내는 시간이 아니기 때문이다. 평소에 누구를 향해 품었던 상한 감정을 쏟아내는 것이 설교가 아니다. 설교란 오직 하나님의 말씀을 말씀으로 선포하는 시간이다. 이처럼 강단이 회복될 때 교회 안에 진정한 영적 회복이 가능한 줄로 믿는다.

나는 늘 교회를 생각하며 기도한다.

'하나님, 이 교회를 회복시켜 주옵소서. 인간의 눈으로 보기에 사람이 많이 모이고, 또한 다행히 무례한 사람들이 별로 없다고 해서 이 교회가 건강한 교회라고 착각하지 않게 해주십시오. 이 교회 안에 영적 상상력을 회복시켜주셔서 우리 시대에 교회의 영광이 회복되기를 원합니다. 하나님, 우리 시대에 교회를 어지럽히는 붉은 용, 악한 사탄의 세력과 맞서 싸울 수 있는 힘을 주시기 원합니다. 어떤 일이 있어도 우리끼리 미워함으로 지리멸렬하지 않게 하옵소서.'

우리는 다 꿈을 꿔야 한다. 우리 앞에는 날마다 어려움이 있다. 가정의 어려움이 있고, 관계의 어려움이 있고, 환경의 어려움이 있다. 눈으로 보기에는 광야로 쫓겨난 것 같다. 그런데 하나님의 영안으로, 영적 상상력을 가지고 바라보면 지금의 어려움은 광야에서 훈련을 위해 예비해놓으신 하나님의 은혜의 통로임을 보게 될 것이다. 이러한 영안이 열리는 우리 모두가 되기를 바란다. 그래서 하나님의 시선으로 오늘을 바라보게 되길 바란다.

요한계시록 13:16-18

그가 모든 자 곧 작은 자나 큰 자나 부자나 가난한 자나 자유인이나 종들에게 그 오른손에나 이마에 표를 받게 하고 누구든지 이 표를 가진 자 외에는 매매를 못하게 하니 이 표는 곧 짐승의 이름이나 그 이름의 수라 지혜가 여기 있으니 총명한 자는 그 짐승의 수를 세어 보라 그것은 사람의 수니 그의 수는 육백육십육이니라

CHAPTER

14

이 시대를 이기는 결정적 무기

2013년 7월에 샌프란시스코 공항에서 아시아나 항공기가 추락해 3명이 목숨을 잃고 180여 명이 다치는 사고가 있었다. 그런데 그 와중에 승무원들이 침착하게 승객들을 잘 도와서 더 큰 인명사고를 막을 수 있었다.

그중 한 여승무원은 그 사고로 본인도 척추 꼬리뼈에 골절상을 입었음에도 끝까지 침착하게 승객들을 대피시키고 맨 마지막으로 비행기에서 빠져나왔다고 한다. 현장에 있었던 소방국장이 그녀를 영웅이라고 칭송하는 기사가 나기도 했다.

가장 인상적이었던 것은 그 여승무원의 인터뷰 내용이었다. 기자가 이렇게 물었다.

"어떻게 비상상황 속에서도 그렇게 침착하게 구조 활동을 펼칠 수 있었습니까?"

기자의 질문에 그녀는 이렇게 대답했다.

"비상상황이 발생했을 때에 대한 훈련을 받기 때문에 순간 머리가 명료해지면서 무엇을 해야 할지 계획이 섰습니다. 무섭다거나 위험하다는 생각은 들지 않았습니다. 생각하고서 하는 행동이 아니었고, 자연스럽게 몸이 움직여졌습니다."

이것은 영적인 문제에도 그대로 적용될 수 있는 이야기이다. 평소 위기가 없을 때에도 마치 위기가 있는 것처럼 대비하고 경각심을 가지고 훈련에 임하는 자세, 이것이 바로 신앙인들이 가져야 될 자세가 아니겠는가?

지난 2013년 여름에 있었던 전력난 문제도 마찬가지의 관점에서 생각해볼 수 있다. 몇 해 전부터 여름이 되면 전력난 문제가 발생하곤 했는데 그 문제가 그 해 여름에 절정에 이르렀다. 매스컴에서 연일 그 문제를 다루었고, 심지어는 장관까지 나서서 블랙아웃(국가적인 대정전 사태)이 올 가능성이 있으니 전기 사용을 자제해달라는 요청을 하기도 했다.

"예언하건대 이번에 블랙아웃은 절대 안 옵니다. 그러니 걱정하지 마십시오."

예언의 은사도 없는 내가 많은 사람에게 이렇게 큰소리를 쳤다.

기도 중에 성령님이 내 마음에 "블랙아웃은 없다"라는 말씀을 주셔서가 아니다. 장관까지 나설 정도로 그 위험성을 알고 대처하는 한, 절대로 그 위험은 오지 않는다는 확신이 있었기 때문이다. 역시 내 예언대로(?) 블랙아웃은 오지 않았다. 방심하고 있을 때가 문제이지, 이미 문제를 예측하고 있다면 그 사태가 일어나도록 방치하지는 않을 것이다.

이처럼 경각심을 가지고 미리 대비하는 자세는 영적으로도, 이 세상의 법칙으로도 너무나 중요하다. 하나님께서 요한계시록을 우리에게 주신 목적도 바로 이것이다. 지금은 이렇게 태평시대를 살아가지만 장차 환난의 때가 올 텐데, 우리가 어떤 경각심을 가지고 그에 대비해야 될 것인지를 요한계시록을 읽으며 마음으로 대비하라는 것이다.

두 짐승

요한계시록 12장에서는 교회를 상징하는 여자와 마귀를 상징하는 붉은 용의 치열한 영적 전투가 펼쳐진다. 13장은 그 연장선으로, 12장에 나왔던 붉은 용의 하수인 두 짐승이 등장한다(계 13:1,11 참조). 두 짐승, 즉 바다에서 올라온 짐승과 땅에서 올라온 짐승을 살펴서 그들의 공격 양상을 연구하면 오늘 우리가 맞닥뜨리고 있는 영적 싸움의 원리를 찾을 수 있다.

먼저, 1절에 나오는 바다에서 올라온 짐승은 막강한 힘과 권력을 가지고 교회를 공격한다.

> 내가 본 짐승은 표범과 비슷하고 그 발은 곰의 발 같고 그 입은 사자의 입 같은데 용이 자기의 능력과 보좌와 큰 권세를 그에게 주었더라 … 용이 짐승에게 권세를 주므로 … 또 권세를 받아 성도들과 싸워 이기게 되고 각 족속과 백성과 방언과 나라를 다스리는 권세를 받으니 계 13:2-7

그런가 하면 11절부터 나오는 땅에서 올라온 짐승은 미혹으로 공격한다. 우선 모양새부터 예수님을 흉내 내고 있다.

> 내가 보매 또 다른 짐승이 땅에서 올라오니 어린 양같이 두 뿔이 있고 … 큰 이적을 행하되 심지어 사람들 앞에서 불이 하늘로부터 땅에 내려오게 하고 짐승 앞에서 받은 바 이적을 행함으로 땅에 거하는 자들을 미혹하며 땅에 거하는 자들에게 이르기를 칼에 상하였다가 살아난 짐승을 위하여 우상을 만들라 하더라 계 13:11-14

겉모양은 예수님 같은데 실상은 아니라니, 얼마나 무서운 미혹인가? 게다가 큰 이적을 행한다고 했다. 그러고 보면 오늘 우리 시대는 눈에 보이는 이적에 관심이 많은 시대이기에 둘째 짐승이 공격하기 좋은 환경이다. '어느 교회는 병을 잘 고쳐준다더라, 어느 목사님은 예언을 잘 해주신다더라' 하면서 이리저리 몰려다니는 현상은 결코 바람직하지 않다. 물론 하나님이 주시는 이적들이 분명히 있다. 하지만 큰 표적과 기사가 일어나는 그곳에서 미혹하는 영이 더 득세할 수 있다는 사실을 기억하고 우리는 늘 영적으로 깨어 경계해야 한다.

그 짐승은 칼에 상하였다가 살아난 짐승을 위하여 우상을 만들라고 한다. 우리는 교회에서 어떤 능력이 나타나느냐, 혹은 목사가 강단에서 얼마나 불을 토하는 설교를 하느냐 하는 것들로 좋은 교회와 나쁜 교회를 구분하려 해서는 안 된다. 교회의 건강성을 재는 평가 잣대는 딱 하나이다. 그 교회가 추구하는 것이 결국 예수 그리스도를 높이는 것인가, 예수 그리스도가 주님 되심을 선포하고 인정하는 것인가 하는 것이다. 설교를 통해서 예수님이 높아지고 계시는가 하는 것이다.

이단을 규정하는 잣대도 마찬가지다. 아무리 성경의 놀라운 비밀을 잘 푼다 하더라도 예수 그리스도께서 계셔야 할 영광스런 보좌의 자리를 인간 교주가 차지하고 있다면 어찌 그 교회를 정상적인 교회라 할 수 있겠는가? 나 같은 담임목사들이 조심하고 또 조심해야 할 것이 바로 이 문제라고 생각한다. 인간은 본능적으로 자꾸 주님의 자리에 올라가고자 하는 욕구가 있기 때문에 우리는 늘 이것과 싸워야 한다.

이런 면에서 담임목사 한 사람의 영향력이 너무 커져 있는 교회는 좋은 교회라 말하기가 어렵다. 교회에 좋은 교역자들이 얼마나 많은가? 교구 목사, 주일학교 담당목사, 청년부 담당목사 등 각 영역별로 교역자들에게 힘을 실어주려고 애써야 한다. 교역자뿐만 아니라 평신도 리더들에게도 권한을 실어주어야 한다. 평신도 리더들이 영적 권세를 가지고 주의 몸 된 교회를 위해 일할 수 있도록 말이다. 그래서 담임목사와 교역자들과 평신도 리더들과 교회의 모든 구성원들이 힘을 합하고 어우러져 오직 예수 그리스도의 영광, 그분의 이름이 드러나게 해야 한다. 그것이 건강한 교회의 모습이다.

시대의 영적 기류를 보라

두 짐승이 하나는 엄청난 파워를 가지고, 또 하나는 미혹하는 영으로 공격을 해온다. 이런 엄청난 공격 앞에서 우리는 어떻게 대응해야 할까?

첫째, 영적 전쟁에 대한 경각심을 회복해야 한다. 서두에 말한 것처럼 우리에게는 이에 대한 경각심을 가지고 미리 훈련하고 대비하는 자세가 필요하다. 그러나 오늘날의 교회들은 영적으로 이러한 준비를 하지 못하고 너무나 방심하고 있다.

여호와께서 가나안의 모든 전쟁들을 알지 못한 이스라엘을 시험하려 하시며 이스라엘 자손의 세대 중에 아직 전쟁을 알지 못하는 자들에게 그것을 가르쳐 알게 하려 하사 삿 3:1,2

고(故) 옥한흠 목사님이 쓰신 책 중에 《전쟁을 모르는 세대를 위하여》라는 책이 있다. 그 책에서 목사님은 사사 시대를 둘로 나누셨다. 전쟁을 아는 세대와 전쟁을 모르는 세대. 그리고 그에 대해 좀 과격한 표현을 쓰셨다.

"사사기의 역사는 패배와 수치, 그리고 부패의 역사인데 사사 시대는 전쟁을 모르는 세대가 나라를 말아먹은 역사이다."

왜 목사님은 전쟁을 모르는 세대가 나라를 말아먹었다고 하셨을까? 전쟁을 모르는 세대는 영적 경각심이 없다. 그러다 보니 방심하고, 방심하다 보니까 악한 영들이 우리를 죽이려고 얼마나 발악하는지를 알지 못하여 나태하고 안일해진다.

오늘날 젊은 세대들도 전쟁을 모른다. 그래서 악한 영이 얼마나 우리를 혼미하게 하는지 알지 못한다. 예를 들면, 폭포수처럼 쏟아지는 무서운 성적 유혹이 있다. 이것은 둘째 짐승의 공격이다. 영적으로 조금만 민감한 눈으로 이 시대를 바라본다면 성적 유혹이 쏟아지는 이 시대가 얼마나 무섭고 두려운 현실인지를 깨닫게 될 것이다. 우리가 하나님 앞에서 영적인 경계심을 가지고 있는 것과 없는 것에는 이렇게 큰 차이가 있다. 그러므로 우리는 이 시대의 영적인 기류를 볼 수 있어야 한다.

공격당하고 있는 오늘날의 한국 교회를 생각하면 액션 영화에 자주 등장하는 장면이 떠오른다. 굉장히 중요한 인물들이 모임을 마치고 경호원들에 둘러싸여 나오는데 저격수가 주변 어느 고층 빌딩에 매복해 있다가 그중 한 인물을 저격한다. 중요 인물이 총에 맞아 쓰러지면 경호원들과 경찰들이 어디서 총알이 날아왔는지를 몰라서 당황한다. 그들이 우왕좌왕하고 있는 사이에 저격수는 두 번째 중요 인물을 향해서 총을 쏘고, 세 번째, 네 번째 인물을 향해 계속 총구를 겨눈다. 바로 이런 혼란스런 모습이 오늘 한국 교회의 영적 상황 같다.

그렇게 존경하고 신뢰했던 목사님이 성적인 죄를 범했다는 이야기가 뉴스를 통해 전해지고, 그렇게 믿었던 목사님이 돈 문제로 실족했다는 이야기가 들려올 때면 두려움이 밀려온다.

'그 다음은 내 차례가 아닐까? 그 저격수가 나를 겨냥해서 총을 쏜다면 나는 이걸 어떻게 피할 수 있을까?'

때로는 이런 하나님의 경고의 메시지가 들려진다.

'너도 조심하지 않으면 다음은 네 차례가 될 거야.'

이런 면에서 이 시대에 목회자로 살아간다는 것은 힘겨운 일이다. 그러나 다른 한 편으로 생각하면 이처럼 매사에 자기를 다스리며 살얼음판을 걷듯이 살아가는 게 불편하긴 하지만, 이런 영적 경각심이 나를 얼마나 보호해주는지도 피부로 느끼게 된다.

목회자만 이렇게 살아야 하는가? 젊은 형제자매들을 포함하여 모든 그리스도인들이 이 영적 경각심을 회복하는 은혜를 누려야 한다.

> 또한 너희가 이 시기를 알거니와 자다가 깰 때가 벌써 되었으니 이는 이제 우리의 구원이 처음 믿을 때보다 가까웠음이라 롬 13:11

하나님의 소유임을 확신하라

둘째, 이러한 영적 공격에 대항하기 위해서는 하나님의 소유됨에 대한 확신의 회복이 필요하다. 13장에 보면 둘째 짐승의 요구사항이 나와 있다.

> 그가 모든 자 곧 작은 자나 큰 자나 부자나 가난한 자나 자유인이나 종들에게 그 오른손에나 이마에 표를 받게 하고 누구든지 이 표를 가진 자 외에는 매매를 못하게 하니 이 표는 곧 짐승의 이름이나 그 이름의 수라 지혜가 여기 있으니 총명한 자는 그 짐승의 수를 세어 보라 그것은 사람의 수니 그의 수는 육백육십육이니라 계 13:16-18

둘째 짐승은 표를 받을 것을 요구한다. 오른손이나 이마에 받으라고 하는데, 그 표가 '666'이라는 숫자로 표시되어 있다. 그 유명한 '666'이 여기서 나온다. 대부분의 학자들이 여기에 나오는 '666'이라는 숫자가 네로 황제의 이름을 의미한다고 분석한다. 히브리어나 헬라어는 각 알파벳마다 고유한 숫자를 표시하는 기능을 함께 가지고 있는데, 그 숫자로 단어가 가진 뜻을 해석하는 것을 게마트리아(Gematria)라고 한다. 이 방식으로 네로 황제의 이름을 히브리어로 음역해서 철자에 부여된 숫자를 합하면 666이 된다는 것이다.

네로 황제는 어떤 인물인가? 교회를 박해한 인물이다. 그렇기 때문에 666이라는 숫자는 일차적으로는 네로 황제를 지칭하지만, 또한 네로처럼 권력을 가지고 교회와 그리스도를 핍박하는 세상 권력을 의미한다고 볼 수 있다.

그런데 교회를 핍박하는 악한 세력의 상징인 666을 왜 하필이면 오른손과 이마에 받으라고 하는 걸까? 이건 소유의 문제이다. 즉 로마 황제의 인을 받았다는 것에는 이제 로마 황제의 소유가 되었음을 인정한다는 메시지가 담겨져 있다는 것이다.

666을 받는 것이 소유의 문제라면 우리를 자기 소유로 삼으려고 이마에 인을 치려는 사탄의 공격에 우리는 어떻게 맞서야 할까? 가장 간단하게는 666을 안 받으면 된다. 그런데 이보다 더 중요한 대응이 있다.

이르되 우리가 우리 하나님의 종들의 이마에 인 치기까지 땅이나 바다나 나무들을 해하지 말라 하더라 계 7:3

마귀가 우리 이마에 인을 쳐서 자기 소유로 삼으려는 시도에 맞서기 위해 우리가 해야 하는 가장 중요한 대안은 이 말씀에 대한 확신을 갖는 것이다.

"나는 이미 하나님의 인 침을 받은 존재다. 나는 이미 하나님의 소유다. 하나님이 나를 인 치셨기 때문에 다른 어떤 것들도 나를 소유할 수 없다."

나는 33살에 내 아내에게 장가를 갔다. 그러면 그녀가 나를 인 친 것이다. 내 아내와 결혼하는 그 순간부터 오늘에 이르기까지 내게 있어서 이 세상에 여자는 딱 그 한 사람뿐이다. 내가 만나는 나머지 모든 여성들은 그저 주 안에서 자매일 뿐이다. 예쁜 여자도 없고, 못생긴 여자도 없다.

만약 어떤 여자가 나를 유혹한다고 할 때, 그 여자의 유혹에 안 넘어가려고 바둥거리며 애쓰는 것보다 중요한 게 있다. 아내를 더 사랑하는 것이다. 그러면 그 여자의 유혹과 싸우려고 몸부림칠 필요가 없다. 아내가 하나님이 주신 내 여자라는 확신 가운데 아내를 더 사랑하면 어떤 유혹도 유혹이 되지 않는다.

이 원리는 영적으로도 똑같이 적용된다. 유혹이 많은 마지막 때라고 하는 이 시대를 살아가는 우리는 하나님의 사람이라는 확신, 하나님의 소유라는 그 확신이 필요하다.

야곱아 너를 창조하신 여호와께서 지금 말씀하시느니라 이스라엘아 너를 지으신 이가 말씀하시느니라 너는 두려워하지 말라 내가 너를 구속하였고 내가 너를 지명하여 불렀나니 너는 내 것이라 사 43:1

우리는 이 땅에서 사는 동안 늘 두려워한다. 날마다 불안해한다. 이렇게 두려울 수밖에 없는 것은 권력과 파워를 가지고 우리를 공격하는 첫째 짐승의 공격과 미혹하는 영으로 우리를 혼미하게 만드는 둘째 짐승의 공격에 노출되어 있기 때문이다. 그런데 우리가 "너는 내 것이라" 하시며 은혜로 인 쳐주시는 하나님의 사랑의 확증을 누리고 경험하면, 현실의 두려움은 사라질 것이다. 모든 성도들 안에 이 주님의 은혜가 강물처럼 흐르게 되기를 바란다.

쉐마를 회복하라

짐승의 수를 오른손이나 이마에 받게 하는 이유가 또 있다. 이러한 시도는 신명기 6장 8절 말씀을 도용한 교활한 시도이다.

이스라엘아 들으라 우리 하나님 여호와는 오직 유일한 여호와이시니 너는 마음

을 다하고 뜻을 다하고 힘을 다하여 네 하나님 여호와를 사랑하라 신 6:4,5

'들으라'는 히브리어로 '쉐마'이다. 이어서 쉐마 교육에 대해 말씀하신다.

오늘 내가 네게 명하는 이 말씀을 너는 마음에 새기고 네 자녀에게 부지런히 가르치며 집에 앉았을 때에든지 길을 갈 때에든지 누워 있을 때에든지 일어날 때에든지 이 말씀을 강론할 것이며 너는 또 그것을 네 손목에 매어 기호를 삼으며 네 미간에 붙여 표로 삼고 또 네 집 문설주와 바깥 문에 기록할지니라 신 6:6-9

한국 교회는 쉐마 교육에 실패했다. 이 말씀을 보며 우리는 모두 회개해야 한다. 우리는 우리 자신과 우리 자녀들에게 명하신 주님의 말씀을 행하지 않았다. 우리는 자녀를 양육하면서 하나님의 말씀보다 세상 공부에 더 집중하고 있다. 하나님의 말씀을 이마에 새기고 각인하라고 하신 쉐마 교육에 실패해서 자녀들의 심령 속에 하나님의 말씀이 들려지지 않으니 그 자리에 666, 짐승의 숫자가 각인되려고 한다. 우리가 마귀의 공격에 맞서기 위해서는 신명기 6장의 쉐마 교육을 회복해야 한다.

많은 논란을 일으키고 있는 베리칩(Verification Chip) 문제도 마찬가지다. 우리말로 하자면 조회용 칩인데, 쌀알만 한 크기의 이 칩을 우리 신체의 한 부분에 주입하면 처음에는 이걸 통해서 의학적인 성과를 기대하게 되지만, 나중에는 신용카드를 대신하게 될 것이라는 이야기가 있다.

인터넷에 들어가보면 베리칩이 짐승의 수인 666이며 짐승의 공격이기 때문에 베리칩을 절대로 받으면 안 된다고 주장하는 사람들이 있다. 반대로 그건 짐승의 표가 아니기 때문에 받아도 된다고 주장하는 사람들도 있다. 이걸 가지고 서로 싸우면서 분노하며 서로를 증오한다.

나는 베리칩을 받는 게 맞다, 아니다를 떠나서 이런 구조에 빠진 것 자체가 미혹하는 영에 넘어갔다는 증거라고 생각된다. 왜냐하면 마지막 때를 살아가는 우리 모두가 잊어서는 안 되는 예수님의 말씀이 있기 때문이다.

> 예수께서 이르시되 네 마음을 다하고 목숨을 다하고 뜻을 다하여 주 너의 하나님을 사랑하라 하셨으니 이것이 크고 첫째 되는 계명이요 둘째도 그와 같으니 네 이웃을 네 자신같이 사랑하라 하셨으니 이 두 계명이 온 율법과 선지자의 강령이니라 마 22:37-40

주님이 가장 중요한 판단 기준으로 삼고 계시는 이웃을 향한 사랑을 잃어버렸는데 나머지 행동 강령이 무슨 소용이 있단 말인가?

그렇기 때문에 이 문제에 있어서 나와 견해가 다른 사람이 있다면 온유한 태도로 그를 설득해야 할 것이다. 그리고 나도 그 사람의 견해에 열린 마음으로 귀를 기울여야 한다. 비록 나와 견해가 다르고 생각이 다른 사람이라 할지라도 그 역시도 십자가 보혈로 구원 받은 하나님의 자녀요, 내가 사랑하고 축복해야 할 내 형제요 자매라는 사실을 잊어서는 안 된다.

그렇다고 진리의 문제를 얼렁뚱땅 넘어가라는 말이 아니다. 주님이 주시는 유연성을 가지고 이것을 지키면서 저것도 놓치지 않는 균형을 갖춘 신앙인이 되어야 한다는 말이다. 이 부분에 주님이 주시는 은혜가 있기를 바란다.

그리고 또 한 가지, 우리가 베리칩을 받아도 된다, 안 된다 하는 것보다 더 중요한 것은 우리 심령에 쉐마 교육, 하나님의 말씀이 각인되도록 해야 한다는 것이다. 하나님의 말씀이 손목에 띠처럼 둘러져야 한다.

> 내가 또 들으니 하늘에 큰 음성이 있어 이르되 이제 우리 하나님의 구원과 능력과 나라와 또 그의 그리스도의 권세가 나타났으니 우리 형제들을 참소하던 자 곧 우리 하나님 앞에서 밤낮 참소하던 자가 쫓겨났고 또 우리 형제들이 어린 양의 피와 자기들이 증언하는 말씀으로써 그를 이겼으니 그들은 죽기까지 자기들의 생명을 아끼지 아니하였도다 계 12:10,11

무서운 사탄의 세력을 이길 수 있는 것은 어린 양의 피, 곧 예수 그리스도의 십자가와 말씀이다. 그럼에도 우리는 말씀을 너무나 등한시한다.

10절에는 마귀의 특징이 '밤낮 참소하는 자'라고 나와 있다. 참소는 정죄를 말한다. 13장 6절에서도 "짐승이 입을 벌려 하나님을 향하여 비방하되 그의 이름과 그의 장막 곧 하늘에 사는 자들을 비방하더라"고 했다. 참소는 정죄, 비방은 조롱을 말한다. 즉 마귀와 그 사수인 짐승의 특징은 하나님과 하나님을 섬기는 자들을 조롱하고 참소하는 것이다.

악한 시대를 살다보면 때로는 공의를 세우기 위해 정죄해야 할 때가 있다. 공의를 세우기 위해 비방해야 할 때가 있다. 하지만 시대의 상황 때문에 어쩔 수 없이 정죄하고 비방할 때에라도 이 행동이 내 영혼에 위험하다는 걸 자각하고 있어야 한다.

사탄의 너무나 교활하고 간교한 이간질로 교회 안에서조차 서로를 미워하고 정죄하는 일들이 일어나고 있는 현실을 아파해야 한다. 그것이 둘째 짐승의 의도하는 바이기 때문이다.

십자가와 말씀을 붙드는 삶

공의와 법을 너무 강조하다 보니까 십자가 사랑이 없어졌다. 그래서 주님을 잘 섬겨보겠다고 혈기 부린 것이 마귀의 도구가 되어버렸다. 마귀를 이길 수 있는 결정적인 무기는 십자가 사랑이다. 하나님의 말씀이다. 이것이 회복될 때 혈기가 승리하는 것이 아니라 십자가 사랑이 승리한다.

우리는 주님의 인 치심을 받은 자녀, 보배롭고 존귀한 주님의 자녀이다. 실패한 과거를 붙드는 것이 아니라 주님의 말씀을 붙잡고 앞을 향해 달려나가며 우리 안에 새 일을 행하실 주님만을 바라보자. 마귀가 666으로 우리 머리에 인을 치려 할 때 우리가 주님의 십자가 은혜와 능력으로 주님의 자녀가 되었음을 믿음으로 바라보자. "너는 내 것이라"고 말씀해주시는 주님의 인 치심으로 주님의 소유가 되었음을 확신하는 믿음을 붙들어야 한다.

우리가 목숨 걸고 붙잡아야 할 두 가지는 예수 그리스도의 십자가와 하나님의 말씀이다. 예수 그리스도의 십자가 사랑을 붙들자. 나 같은 죄인을 구원해주신 하나님의 은혜에 감격해야 한다. 그 은혜에 빠져들어야 한다. 또한 하나님의 말씀을 붙들어야 한다. 이 두 가지를 가지고 혼미한 이 시대에 악한 영들과 싸워 승리하는 우리 모두가 되자.

요한계시록 14:1-5

또 내가 보니 보라 어린 양이 시온 산에 섰고 그와 함께 십사만 사천이 서 있는데 그들의 이마에는 어린 양의 이름과 그 아버지의 이름을 쓴 것이 있더라 내가 하늘에서 나는 소리를 들으니 많은 물 소리와도 같고 큰 우렛소리와도 같은데 내가 들은 소리는 거문고 타는 자들이 그 거문고를 타는 것 같더라 그들이 보좌 앞과 네 생물과 장로들 앞에서 새 노래를 부르니 땅에서 속량함을 받은 십사만 사천밖에는 능히 이 노래를 배울 자가 없더라 이 사람들은 여자와 더불어 더럽히지 아니하고 순결한 자라 어린 양이 어디로 인도하든지 따라가는 자며 사람 가운데에서 속량함을 받아 처음 익은 열매로 하나님과 어린 양에게 속한 자들이니 그 입에 거짓말이 없고 흠이 없는 자들이더라

CHAPTER

15

다시 복음으로

요한계시록 12장에서는 마귀를 상징하는 붉은 용의 공격에 대해, 13장에서는 그 붉은 용의 두 수하인 두 짐승의 공격에 대해 언급했다. 그러다 보니 12장과 13장은 좀 어둡고 음산하고 무섭게 묘사가 되었다. 그런데 14장으로 오면 대반전이 나타난다.

> 또 내가 보니 보라 어린 양이 시온 산에 섰고 그와 함께 십사만 사천이 서 있는데 그들의 이마에는 어린 양의 이름과 그 아버지의 이름을 쓴 것이 있더라
>
> 계 14:1

요한계시록 14장 1절부터 5절까지는 두 짐승의 공격을 끝까지 잘

이겨낸 하나님의 사람들이 어떤 영광을 누리는지가 묘사된다. 이 장면을 상상해보니 너무 아름다웠다. 주님이 서 계시고 그 주변에 하나님의 택한 자녀들로 상징되는 십사만 사천이 에워싸고 있는 모습은 영적 전투로 인한 이전의 살벌하고 음산한 분위기와는 완전히 달랐다.

우리는 요한계시록 12,13장과 같은 처절한 싸움 속에 노출되어 있는 삶을 살아간다. 하지만 우리가 영적 상상력을 가지고 14장으로 가서 훗날 우리가 하나님과 더불어 누리게 될 영적인 아름다움을 생각하고 그로 인해 기뻐할 수 있다면 우리의 영은 이미 그곳에 가 있는 것이란 생각이 들었다. 이것이 신앙생활이다.

자신을 더럽히지 않는 자

14장을 자세히 살펴보면 악한 두 짐승의 무서운 공격을 끝까지 견디고 이겨낸 사람들의 행동 특징을 발견할 수 있다. 먼저 그들은 타락한 세상과 타협하지 않았다.

> 이 사람들은 여자와 더불어 더럽히지 아니하고 순결한 자라 계 14:4

그렇다면 이 구절에 나오는 '여자'는 누구를 상징하는가?

또 일곱 대접을 가진 일곱 천사 중 하나가 와서 내게 말하여 이르되 이리로 오라 많은 물 위에 앉은 큰 음녀가 받을 심판을 네게 보이리라 … 그의 이마에 이름이 기록되었으니 비밀이라, 큰 바벨론이라, 땅의 음녀들과 가증한 것들의 어미라 하였더라 계 17:1,5

이런 내용들을 볼 때 4절에 나오는 '여자'는 세상의 타락한 세속성을 상징하는 바벨론을 가리킨다. 그렇기 때문에 '여자와 더불어 더럽히지 아니하고 순결한 자'라는 표현은 타락한 세상과 타협하지 않고 세속화되지 않는 상태를 말한다. 로마서 12장 2절에 나오는 "이 세대를 본받지 말고"라는 말씀을 잘 살아낸 사람들이 바로 두 짐승과 끝까지 싸워 이겨낸 사람들의 모습이라는 것이다.

오늘날 교회와 목회자들, 그리고 수많은 크리스천들을 비판하는 핵심이 무엇인가? 교회가 세속화됐다는 것이다. 나 자신을 돌아보건대 도덕적으로나 윤리적으로 타락했다고 말하기는 어려울지 모르지만, 그러나 정직하게 내 자신을 살피고 우리 윗대 어른들의 순수했던 모습에 비춰볼 때 예전 시대에 비해 많이 세속화되었다고 고백하지 않을 수 없다.

담배 연기가 자욱한 곳에서는 담배를 피우지 않아도 내 옷에 담배 냄새가 배는 것처럼 영적인 바벨론과 같은 악한 세상에서 살아가다 보니 나도 모르게 많은 생각이 세속화되어 있다는 것을 부인할 수 없다. 그것이 부끄럽다. 그런 내 자신의 모습을 깨달을 때마다 이 세상을 살아갈 때 육신적인 순결은 물론이요, 우리의 마음이 하나님 앞에서 '순결한 자'라는 평가를 얻을 수 있도록 살아야겠다는 다짐을 하게 된다.

인도하심을 따르는 자

무서운 짐승의 공격을 끝까지 이겨낸 사람들은 주님의 인도하심을 온전히 따랐다.

> 어린 양이 어디로 인도하든지 따라가는 자며 계 14:4

'따르다'는 원어로 보면 제자들이 주님을 따를 때 표현되었던 단어이다.

> 예수께서 그곳을 떠나 지나가시다가 마태라 하는 사람이 세관에 앉아 있는 것을 보시고 이르시되 나를 따르라 하시니 일어나 따르니라 마 9:9

여기 나오는 '따르다'라는 단어가 윗 구절에 나오는 '따르다'와 같은 단어이다. 즉 악한 짐승의 공격을 이겨내기 위해서는 우리가 주님의 부르심에 순종해서 그분에게 온전히 우리의 몸과 영혼을 맡겨드리며 그분을 믿고 따르는 삶의 모습이 필요하다는 것이다.

킴 윅스(Kim Weeks)라는 한국계 미국인이 있다. 이분은 6·25 전쟁 때 시력을 잃고 고아원에 있다가 미국으로 입양되었다. 다행히 좋은 양부모를 만나 명문대에 진학하여 성악을 전공하고 유명한 성악가가 되었다. 이분은 빌리 그래함 목사님이 전 세계를 다니며 부흥집회나 전도집회를 인도할 때 특송으로 예배를 섬기며 동역하였다. 언젠가 이분이 간증한 내용을 들은 적이 있다.

"사람들이 시각장애인인 나를 인도할 때 100미터 전방에 장애물이 있다고 말하지 않습니다. 단지 앞에 물이 있으니 건너뛰라고 하고, 계단이 있으니 발을 올려놓으라고 합니다. 나는 나를 인도하시는 분을 온전히 믿고 한 걸음씩 발걸음을 옮기기만 하면 어느덧 내가 가고자 하는 목적지에 도착하게 됩니다.

하나님께서 우리를 인도하시는 방법도 이와 같습니다. 우리는 10년 후, 20년 후를 알지 못합니다. 단지 오늘 우리가 무엇을 해야 할 것인가를 보여주시는 하나님께 믿음으로 순종하면서 오늘을 살면 하나님께서는 내일을 인도하셔서 마침내 내게 약속하시고 계획하신 그곳에 도착하게 하실 것입니다."

얼마나 의미 있는 메시지인가? 그런데 우리는 너무 먼 곳에 관심을 둔다. 우리는 저 앞에 무엇이 있는가를 궁금해하기보다 오늘 내가 내딛는 한 걸음 한 걸음 속에서 하나님이 나를 어떻게 인도해가시는가에 집중해야 한다. 그 가운데서 온전히 하나님만을 믿고 그분을 신뢰하고 따라가는 태도가 우리를 안전하게 이끌어줄 것이다.

마찬가지로 하나님이 내게 원하시는 것은 한국 교회를 뒤집어놓을 어떤 프로젝트를 내놓는 것이 아니다. 다만 오늘 내게 맡겨주신 삶 속에서 그분이 비춰주시는 빛을 따라 한 걸음씩 한 걸음씩 발걸음을 옮겨가는 일이다. 그렇게 믿음을 따라 이끄시는 대로 발걸음을 옮기다보면 어느덧 영광스러운 자리로 인도해주시는 하나님의 손길을 발견하고 누리게 될 것이다.

그런데 주님을 따를 때 놓쳐서는 안 될 것이 있다. 그것은 "또 자기 십자가를 지고 나를 따르지 않는 자도 내게 합당하지 아니하니라"(마 10:38)라는 말씀이다. 초대교회 당시 수많은 성도들이 이 말씀을 붙들고 주님의 길을 따랐기 때문에 고난의 길, 고통의 길, 심지어 순교의 자리까지 나아가는 그 자리를 묵묵히 지켜낼 수 있었다.

우리도 처음부터 비장하게 순교자가 되겠다고 각오하는 인생이 아니라 한 걸음 한 걸음 옳은 길, 바른 길, 하나님이 인도하시는 길을 걸어갈 때 놀라운 사역의 자리로 들어가게 될 것이다.

믿음을 줄 수 있는 사람

또한 두 짐승의 무서운 공격을 이겨낸 사람들은 그 입에 거짓이 없고 흠이 없었다.

그 입에 거짓말이 없고 흠이 없는 자들이더라 계 14:5

이는 앞서 12, 13장에서 언급했던 거짓으로 성도들을 미혹하는 악한 영과 거짓 선지자와 대조되는 특징이다. 우리는 거짓 선지자들의 미혹에 끌려가서도 안 될뿐더러 진리의 영이신 하나님, 오직 진실만을 말씀하시는 하나님을 믿고 그분의 발걸음을 따르는 사람들답게 정직해야 한다.

예전에 손봉호 교수님이 이런 말씀을 하신 적이 있다.

"우리는 '1+1=2입니다'라는 과학을 전하는 사람이 아니다. 그보다는 '1+1=3입니다'라는 신비를 전하는 사람들이다."

교수님의 그 말씀처럼 우리는 세상 사람들이 듣기에 좀처럼 믿겨지지 않는 주님의 십자가와 부활을 증거해야 하는 사람들이다. 그렇기 때문에 우리는 사람들에게 절대적인 신뢰를 얻어야 한다. "저 사람이 '1+1=3'이라고 말하는 걸 보니 진짜인가보다"라고 말할 정도로 신뢰를 얻어야 한다.

이런 면에서 본다면 지금 우리는 얼마나 부끄럽고 수치스러운 자리에 빠져 있는지 모른다. 목회자가 강단에서 '1+1=3이라고 말하는 걸 보니까 진짜인가보다'라는 신뢰를 주는 데 실패한 것이다. 간혹 교회 게시판을 보면 처음부터 불신을 가지고 들어와 글을 올리는 사람이 있다.

"교회를 믿을 수 있어? 말만 번지르르하게 하는 거지, 다 그렇고 그런 거 아니야?"

이런 글들을 볼 때면 마음이 아프고 괴롭다.

언젠가 '대한민국 사람들이 가장 많이 사용하는 단어'에 대한 통계조사를 본 적이 있다. 우리나라 사람들이 가장 많이 사용하는 단어 1위는, '진짜?'라는 말이라고 한다. 2위는 '솔직히 말해', 3위는 '인간적으로', 4위가 '까놓고 말해서'였다. 조사 결과, 대부분이 신뢰가 없을 때 나오는 말들이었다. 그 바탕에 신뢰가 없기에 "나 좀 믿어줘. 이건 진짜야"라고 한다는 것이다.

"이 기름은 100%, 진짜, 순, 참기름입니다."

참기름이면 참기름이지 '100%'에, '진짜'에, '순'까지 붙여서 말해야 하는 현실이다. 사실, 우리가 살고 있는 이 악한 도성, 바벨론의 구조 자체가 거짓이기 때문에 정직하게 사는 것이 참 어렵다. 더구나 죄성을 가진 육신을 가지고 살아가고 있기에 더 어렵다. 하지만 우리에게는 최후 승리를 얻었던 믿음의 어른들이 보이신 믿음의 샘플이 있다. 그 분들을 닮아 하나님 백성의 아름다운 덕목인 정직을 삶 속에서 구현해낼 수 있는 우리가 되기를 바란다.

주님 곁에 서라

악한 두 짐승의 공격을 끝까지 이긴 사람들은 타락한 세상과 타협하지 않고, 주님의 인도하심을 따랐으며, 또 거짓이 없고 흠이 없는 자라는 특징이 있었다. 그들이 어떻게 이 아름다운 세 가지 삶의 행동 양식을 구현할 수 있었는지 보다 근본적인 그들의 특징을 살펴볼 필요가 있다.

첫째, 그들은 어린 양 예수 그리스도 곁에 서 있었다.

> 또 내가 보니 보라 어린 양이 시온 산에 섰고 … 그와 함께 십사만 사천이 서 있는데 계 14:1

우리는 주님 곁에 서 있어야 한다. 보통 성경에서 하나님의 신적 권위를 나타낼 때 쓰는 표현이 '보좌에 앉으사' 혹은 '보좌에 앉으신' 등이다. 그런데 1절에 보면 지금 주님은 앉아 계시지 않고 서 계신다. 그 이유를 알아보려면 요한계시록 12장 17절을 봐야 한다.

> 용이 여자에게 분노하여 돌아가서 그 여자의 남은 자손 곧 하나님의 계명을 지키며 예수의 증거를 가진 자들과 더불어 싸우려고 바다 모래 위에 서 있더라

사탄을 상징하는 용이 격분해서 믿는 자들을 잡아 죽이러 나서기 직전에 있다. 주님은 그에 맞서시고자 보좌에 앉아 계시지 앉고 서 계신 것이다.

오늘날 많은 성도들이 12장에 나오는 서 있는 용을 보지 못한다. 영안을 열어 우리를 잡으려고 격분해서 서 있는 붉은 용을 볼 수 있어야 한다. 그런가 하면 붉은 용만 볼 뿐, 14장에 나오는 서 계시는 어린 양 예수 그리스도를 보지 못하는 사람들도 있다. 그래서 날마다 두렵고 불안하다. 우리를 잡으려고 서 있는 붉은 용만 보는 인생이 아니라 거기에 맞서서 서 계시는 예수 그리스도를 볼 수 있는 영안에 열려야 한다.

열왕기하에 보면 엘리사와 사환의 이야기가 나온다. 아람 군대가 엘리사를 잡으려고 그가 머물던 도단 성을 에워쌌다. 엘리사의 젊은 사환이 그 모습을 보고 충격을 받았다.

하나님의 사람의 사환이 일찍이 일어나서 나가보니 군사와 말과 병거가 성읍을 에워쌌는지라 그의 사환이 엘리사에게 말하되 아아, 내 주여 우리가 어찌하리이까 하니 왕하 6:15

젊은 사환은 자기를 에워싼 적들을 보고 절망한다. 그런데 정작 엘리사는 전혀 다른 시각을 가지고 상황을 낙관하며 젊은 사환을 안심시켰다.

대답하되 두려워하지 말라 우리와 함께한 자가 그들과 함께한 자보다 많으니라 하고 기도하여 이르되 여호와여 원하건대 그의 눈을 열어서 보게 하옵소서 하니 여호와께서 그 청년의 눈을 여시매 그가 보니 불말과 불병거가 산에 가득하여 엘리사를 둘렀더라 왕하 6:16,17

엘리사는 젊은 사환이 보지 못한 것을 보았기 때문에 두려워하지 않았고, 반대로 젊은 사환은 엘리사가 본 것을 보지 못했기에 두려움에 떨었다. 요한계시록에 빗대어 말하자면, 엘리사의 사환은 붉은 용만 보았지만, 엘리사는 붉은 용은 물론이고 우리를 위해 서 계시는 예수 그리스도를 본 것이다.

이 말씀을 묵상하면서 내 마음에 두 가지 소원이 생겼다. 하나는, 우리 성도들이 어려운 현실 가운데 두려워하며 불안에 빠질 때 14장 1절을 본 자만이 가질 수 있는 엘리사의 마음으로 성도들을 안심시켜 줄 수 있는 목회자가 되는 것이다.

또 하나는 우리 가정의 세 아이들에게 엘리사와 같은 아버지가 되는 것이다. 얼마나 놀랄 일이 많고 불안한 일이 많은 세상인가? 이 험한 세상을 살아가는 우리 아이들이 어려운 일을 당할 때 같이 당황하고 놀라는 아버지가 아니라 엘리사처럼 예수 그리스도를 소개하고 보여주며 아이들을 안심시켜주는 아버지가 되기를 원한다.

나뿐 아니라 모든 부모들에게 그런 영적인 권세가 부어지기를 바란다. 그러려면 우리를 위해 서 계시는 주님의 모습을 볼 수 있어야 한다. 그분을 바라보고, 그분 곁에 함께 서 있어야 한다.

새 노래로 노래하라

그런가 하면 두 짐승의 공격을 이겨낸 그들은 새 노래를 부르고 있다.

> 그들이 보좌 앞과 네 생물과 장로들 앞에서 새 노래를 부르니 땅에서 속량함을 받은 십사만 사천밖에는 능히 이 노래를 배울 자가 없더라 계 14:3

새 노래는 택함 받은 하나님의 자녀들만 부를 수 있는 노래이다. 비슷한 내용이 15장에도 나온다.

> 하나님의 종 모세의 노래, 어린 양의 노래를 불러 이르되 계 15:3

'모세의 노래'는 무엇을 의미하는가? 이스라엘 백성들이 애굽의 탄압 아래서 고통하고 있을 때 하나님은 모세를 세우셔서 그들로 출애굽하게 하신다. 그 과정에서 이스라엘은 뒤에선 애굽 군대가 죽이려고 쫓아오는데 앞에는 홍해에 가로 막히는 난관에 빠지게 된다. 진퇴양난의 상황에서 하나님이 능력을 베풀어주심으로 홍해가 갈라진다. 그 덕분에 이스라엘 백성들은 홍해를 무사히 건넜고, 죽이려고 달려들던 애굽 군대는 물속에 빠져 전멸한다. 그 은혜의 경험 직후에 모세가 부른 노래가 있다.

이때에 모세와 이스라엘 자손이 이 노래로 여호와께 노래하니 일렀으되 내가 여호와를 찬송하리니 그는 높고 영화로우심이요 말과 그 탄 자를 바다에 던지셨음이로다 출 15:1

모세의 이 노래가 '새 노래'이다. 즉 지금은 비록 전쟁 중에 있지만, 어려움에 빠져 있지만 결국 주님은 이 싸움에서 우리로 승리하게 하실 거라는 확신을 가진 자들이 부르는 노래가 '새 노래'라는 것이다.

우리에게 이 노래가 있는가? 매일 "죽겠다, 우리는 끝났다, 우리는 패배했다"라고 하지 말고, 승리케 하시는 하나님의 은혜를 노래해야 한다. 그런데 모두가 이 노래를 배울 수 있는 것은 아니다.

땅에서 속량함을 받은 십사만 사천 밖에는 능히 이 노래를 배울 자가 없더라 계 14:3

여기서 '배우다'라는 단어는 '마데인'이라는 동사로, '제자'를 지칭하는 '마데테스'와 같은 어원을 가지고 있다. 즉 새 노래는 예수 믿고 교회에 등록하고 10년 정도 지나면 저절로 습득되는 노래가 아니라 훈련을 통해 얻을 수 있는 것이라는 뜻이다. 이 노래를 배우기 위해서는 몸부림쳐야 한다는 것이다. 내가 지금 마음이 어렵고 절망과 쓴뿌리가 올라오지만, 의지적으로 이것과 싸우며 승리케 하시는 하나님을 노래하는 것을 연습하고 훈련해서 습득해야 한다. 그렇게 부르는 노래가 새 노래라는 것이다.

나를 돌아보면 30명 남짓 모이던 개척 초기에 이 새 노래를 참 많이 불렀던 것 같다. 내가 개척한 교회도 아직 힘들고 어려웠던 때였지만 차를 운전하며 지나갈 때 눈에 보이는 교회들마다 축복하며 기도했다.

"하나님, 상가 2층에 있는 저 교회를 축복해주시고, 또 그 옆에 있는 교회도 똑같은 은혜로 인도해주세요."

아마 누가 보았다면 이렇게 말했을지도 모른다.

"네 교회나 걱정해라. 네 교회야말로 지금 시작하는 중 아니냐?"

새 노래는 자꾸 훈련해야 한다. 현실에 함몰되어 죽겠다고만 하지 말고 믿음을 가지고 주님 앞에서 새 노래를 불러라. 그럴 때 거기에서 놀라운 역사가 일어날 것이다.

다시 복음으로

나는 지난 여름 내내 하나님 앞에 두려움을 가지고 이 질문을 드렸다.

'분당우리교회는 지금 괜찮은가? 정말 하나님 보시기에 문제가 없는가? 이 교회가 어느 방향으로 가야 하나님이 기뻐하시는 교회가 될 것인가?'

그러면서 기도했다.

"하나님, 이 미련한 종에게만 이 교회를 맡겨두지 마시고 갈 바를 가르쳐주옵소서. 길을 보여주옵소서. 우리가 살 길은 어떤 길입니까?"

그렇게 기도하는데 하나님이 구호 하나를 주셨다.

"다시 복음으로! 다시 십자가로!"

처음에 이 메시지를 받았을 때는 너무 추상적으로 여겨졌다. 어떻게 하는 것이 다시 복음으로 돌아가는 것인지, 미련한 나는 알기가 어려웠다. 그런데 하나님은 점차 완성된 그림을 보여주셨다. 요한계시록 말씀을 묵상하면서 또 한 걸음 그 그림의 전체적인 모습을 가깝게 보게 되었다. 그중에서 14장에 '다시 복음으로'의 정신이 녹아 있는 것을 발견했다.

어린 양이 서 계시는 시온 산은 하나님이 통치하시는 장소를 의미한다. 그분이 우리 인생에 왕이 되시는 장소이다. 왕이 되셔서 통치하시고 다스리시는 장소이다(사 24:23 참조). 이처럼 우리가 주님이 다스리시는 영적 시온 산으로 되돌아가는 것, 이것이 '다시 복음으로'이다.

또한 어린 양 예수 그리스도를 회복하는 것이 '다시 복음으로'이다. 어린양은 4절에서도 두 번 나온다.

> 이 사람들은 여자와 더불어 더럽히지 아니하고 순결한 자라 '어린 양'이 어디로 인도하든지 따라가는 자며 사람 가운데에서 속량함을 받아 처음 익은 열매로 하나님과 '어린 양'에게 속한 자들이니

어린 양을 공격하는 것은 붉은 용의 권세를 받은 무시무시한 짐승이다(계 13:2 참조). 그에 비하면 어린 양은 연약하기 짝이 없는 초식동물이다. 그런데 놀랍게도 요한은 그 무서운 짐승에 대항하시는 예수 그리스도를 어린 양으로 표현하고 있다.

우리는 이 땅을 살아가면서 바벨론, 큰 사자와 같은 힘 센 것들이 나를 보호해줄 것이라고 믿고 있지는 않은가? 교회를 왔다 갔다 하고는 있지만 어린 양 예수 그리스도를 향한 믿음이 없는 것은 아닌가? 그렇다면 회개해야 한다.

우리는 자신이 뭔가 잘 하고 있다고 생각할 때 어깨에 힘이 들어간다. 그러나 내 힘이 들어가면 어린 양 예수 그리스도는 우리 안에서 약화되신다는 걸 간과해서는 안 된다.

겉으로는 약해 보이고 비참하게 십자가를 지고 죽으시는 것으로 그 역할이 끝난 것 같은 어린 양이지만 거대한 바벨론을 무너뜨린 것

은 바로 그 어린 양 예수를 믿는 믿음이었다. 그 믿음으로 돌아가는 것이 '다시 복음으로'의 정신이다. 우리 안에 예수 그리스도가 다시 회복되어야 한다.

정리하자면, '다시 복음으로'의 정신은 두 가지이다. 먼저, 하나님이 시온 산에서 우리를 다스려주시는 것이다. 그리고 그곳에서 새 노래를 부르는 것이다. 어려운 현실, 붉은 용이 공격해오는 상황이지만 그 가운데에서 승리케 하실 주님을 믿음으로 노래하는 것이다. 이러한 '다시 복음으로'의 정신으로 돌아가는 은혜가 우리 모두에게 있기를 바란다. 그럴 때 진정한 승리를 맛보고 이 시대를 사는 힘을 얻게 될 것이다.

요한계시록 14:6-12

또 보니 다른 천사가 공중에 날아가는데 땅에 거주하는 자들 곧 모든 민족과 종족과 방언과 백성에게 전할 영원한 복음을 가졌더라 그가 큰 음성으로 이르되 하나님을 두려워하며 그에게 영광을 돌리라 이는 그의 심판의 시간이 이르렀음이니 하늘과 땅과 바다와 물들의 근원을 만드신 이를 경배하라 하더라 또 다른 천사 곧 둘째가 그 뒤를 따라 말하되 무너졌도다 무너졌도다 큰 성 바벨론이여 모든 나라에게 그의 음행으로 말미암아 진노의 포도주를 먹이던 자로다 하더라 또 다른 천사 곧 셋째가 그 뒤를 따라 큰 음성으로 이르되 만일 누구든지 짐승과 그의 우상에게 경배하고 이마에나 손에 표를 받으면 그도 하나님의 진노의 포도주를 마시리니 그 진노의 잔에 섞인 것이 없이 부은 포도주라 거룩한 천사들 앞과 어린 양 앞에서 불과 유황으로 고난을 받으리니 그 고난의 연기가 세세토록 올라가리로다 짐승과 그의 우상에게 경배하고 그의 이름 표를 받는 자는 누구든지 밤낮 쉼을 얻지 못하리라 하더라 성도들의 인내가 여기 있나니 그들은 하나님의 계명과 예수에 대한 믿음을 지키는 자니라

CHAPTER

16

눈물의 경고를 들으라

《눈먼 기독교》라는 책에서 저자는 오래 전 아프리카 수단에서 겪었던 황당한 에피소드를 소개하고 있다. 어느 날 저자가 콜라를 사려고 가게에 들어갔다. 콜라를 집어 들고 보니 희한하게도 병모양은 콜라인데 병뚜껑은 세븐업이었다. 더 이상한 것은 그 안에 노란 색 액체가 담겨 있는 것이다. 가게 주인에게 그 이유를 물었다.

그러자 가게 주인은 자기 나라는 워낙 가난해서 모든 것을 재활용하기 때문에 그런 것일 뿐, 내용물에 대해서는 걱정 안 해도 된다고 대답했다. 주인의 말을 믿은 저자는 그 콜라를 샀다. 그런데 그 안에 담긴 것은 콜라가 아니고 오렌지 맛 나는 환타였다.

그래서 가게에 다시 찾아가 주인에게 항의를 했더니, 그 주인이 자기 나라에서는 내용물과 상관없이 병모양이 콜라면 그냥 콜라라고 부른다고 했다고 한다.

이런 황당한 에피소드를 소개하면서 저자는 이렇게 썼다.

"요즘 들어 이 시대의 기독교를 살펴보면 기독교가 마치 그런 모습을 하고 있는 듯하다. 겉모양은 기독교이고 타이틀은 교회인데 실제 내용물은 인본주의 예배와 가르침이 점점 더 늘어나고 있으며, 이런 추세는 현대교회의 위기를 점점 더 증폭시키고 있다."

두 갈래 인생길

환타가 담긴 콜라 병 이야기를 읽다가 생각난 말씀이 있다.

> 경건의 모양은 있으나 경건의 능력은 부인하니 이 같은 자들에게서 네가 돌아서라 딤후 3:5

이 말씀을 염두에 두고 요한계시록 14장을 살펴보다가 복음의 양면성에 대해 묵상하게 되었다.

> 또 보니 다른 천사가 공중에 날아가는데 땅에 거주하는 자들 곧 모든 민족과 종족과 방언과 백성에게 전할 영원한 복음을 가졌더라 계 14:6

여기에 나오는 '영원한 복음'을 중심으로 보면 삶은 두 갈래로 갈라진다. 영원한 복음을 받아들였느냐, 거절했느냐 하는 것이다. 복음을 받아들인 사람들은 악한 세상에서는 핍박과 고난, 억울한 일들을 당하며 눈물을 흘리겠지만 그 삶의 마지막은 예수 그리스도와 더불어 하나님의 통치 아래에서 새 노래를 부르는 기쁨의 자리이다.

그러나 영원한 복음을 거절하고 짐승의 수를 받아들여 짐승을 따라다니는 사람들은 이 세상에서는 이익을 경험하고 많은 혜택을 누리겠지만, 결국에는 하나님의 진노의 포도주로 상징되는 무서운 심판을 받는 자리로 옮겨가게 된다. 나는 이를 복음의 양면성이라고 불러보았다.

진노의 포도주를 받게 되는 사람들의 행동 양식을 보자.

무너졌도다 무너졌도다 큰 성 바벨론이여 계 18:2

여기 나오는 '바벨론'은 교회와 하나님의 택한 백성들을 핍박하는 악한 세상을 상징한다. 요한계시록을 수신하게 되는 초대교회 성도들을 염두에 둔다면 이 바벨론은 로마가 된다. 로마는 힘의 원리로 팍스로마나(Pax Romana, 로마의 평화)를 이루려던 나라이다. 그런가 하면 끝없는 육체적인 쾌락을 추구하던 곳이었다. 즉, 하나님의 영원한 복음을 거절하는 사람들의 첫 번째 행동 양식은 자기 숭배이다. 자신을 하나님처럼 떠받드는 태도, 이것이 그들의 특징이다. 이에 반해 영원한 복음, 생명의 말씀을 수용하는 사람들은 하나님을 두려워한다.

> 그가 큰 음성으로 이르되 하나님을 두려워하며 그에게 영광을 돌리라 이는 그의 심판의 시간이 이르렀음이니 하늘과 땅과 바다와 물들의 근원을 만드신 이를 경배하라 하더라 계 14:7

정말 하나님을 두려워하는가 그렇지 않은가를 가늠하는 잣대는 아무도 보는 사람이 없을 때 어떤 행동을 하는가 하는 것이다. 나의 행동은 어떤지 돌아보자. 복음을 받아들이는 사람은 하나님을 두려워할 뿐만 아니라 하나님을 경배한다.

자기 숭배의 시대

이런 관점으로 가만히 세상을 바라보면, 이 세상은 두 부류의 인생으로 정리가 된다는 걸 알 수 있다. 한 부류는 하나님을 두려워하며 그분을 경배하는 인생이고, 다른 한 부류는 자기 자신을 숭배하는 인생이다.

말세에 일어날 현상들을 설명하는 디모데후서 3장 말씀을 보자.

너는 이것을 알라 말세에 고통하는 때가 이르러 사람들이 자기를 사랑하며 돈을 사랑하며 자랑하며 교만하며 비방하며 부모를 거역하며 감사하지 아니하며 거룩하지 아니하며 무정하며 원통함을 풀지 아니하며 모함하며 절제하지 못하며 사나우며 선한 것을 좋아하지 아니하며 배신하며 조급하며 자만하며 쾌락을 사랑하기를 하나님 사랑하는 것보다 더하며 딤후 3:1-4

이 말씀 중에 우리 시대에 해당되지 않는 것이 있는가? 단 한 항목도 없다. 말세에 나타나는 끔찍하고 무서운 이런 일들은 자기를 사랑하는 데서 출발한다. 그리고 자기를 사랑하는 사람에게 필연적으로 나타나는 두 번째 항목이 돈을 사랑하는 일이며, 마지막에 나오는 쾌락 사랑하기를 하나님 사랑하는 것보다 더하는 데까지 나아가게 된다. 이것이 자기 숭배이다.

물론 지금도 많은 크리스천들이 교회에 나아와 하나님을 찬양하고 있다. 그러나 내가 두려워하는 것은 자기 사랑이 넘쳐나는 시대, 쾌락 사랑하기를 하나님 사랑하는 것보다 더하는 이 세상에 발을 딛고 사는 우리가 자신도 모르게 변질되어 이중적인 삶을 살고 있지는 않은가 하는 것이다. 코카콜라 병에 담긴 환타처럼 말이다.

옥한흠 목사님의 3주년 추모예배에 참석했을 때 목사님이 생전에 설교하시던 모습을 영상으로 보여주는 시간이 있었다. 그날 본문 말씀은 이것이었다.

내가 여러 번 너희에게 말하였거니와 이제도 눈물을 흘리며 말하노니 여러 사람들이 그리스도의 십자가의 원수로 행하느니라 그들의 마침은 멸망이요 그들의 신은 배요 그 영광은 그들의 부끄러움에 있고 땅의 일을 생각하는 자라 빌 3:18,19

그 설교에서 성도들을 준엄하게 꾸짖으시는 옥 목사님의 모습을 뵈면서 많은 생각이 교차되었다. 특히 '욕망을 하나님처럼 섬긴다'는 뜻을 가진 "그들의 신은 배요"라는 대목이 내 마음에 계속 울림이 되었다. 모든 신앙생활의 중심이 자기 자신에게만 몰두해 있는 현실이 마음을 떠나지 않아서였다.

환타로 채워진 콜라병

그 이후로 요한계시록 14장을 계속 묵상하는데, 8절에 이르러 바벨론의 두 가지 특징이 눈에 확 들어왔다.

또 다른 천사 곧 둘째가 그 뒤를 따라 말하되 무너졌도다 무너졌도다 큰 성 바벨론이여 모든 나라에게 그의 음행으로 말미암아 진노의 포도주를 먹이던 자로다 하더라 계 14:8

옥 목사님의 추상같은 꾸지람을 듣고 나서 이 구절을 읽다보니 껍

데기는 콜라 병인데 이미 안에는 세상의 환타로 꽉 차 있는 인생들에게 나타나는 특징이 보였다.

첫째, 그들은 큰 것을 추구한다. 이 구절에서 바벨론은 큰 성으로 묘사되고 있는데, 이는 1등, 부자, 대형교회, 성공과 같은 것들을 의미한다. 큰 것 자체가 무조건 나쁘다는 게 아니다. 그런 것들만을 추구하는 성향이 문제라는 것이다.

스스로의 삶을 한번 점검해보라. 나는 지금 하나님의 통치를 상징하는 시온 산에 있으면서 주님과 함께 거하는 것에 관심을 두고 있는가? 아니면 두 짐승 안에 거하든지, 주님 안에 거하든지에 상관없이 그저 큰 것, 성공적인 것, 사람들에게 인정받는 것들을 추구하고 있는가? 이것이 우리 신앙을 점검하는 중요한 잣대 중의 하나이다.

둘째, 여기 나오는 음행은 일차적으로 영적인 우상숭배를 말한다. 그리고 하나님보다 더 사랑하는 무엇 안에 성적 타락도 포함되어 있다. 사탄은 주 안의 형제자매들을 끊임없이 성적으로 부추기고 충동질한다. 그렇게 성적으로 죄를 짓게 하는 그들의 최종 목표는 무엇인가? 결국은 믿는 자녀들이 하나님의 영역에서 벗어나 두 짐승의 영역 안으로 들어가도록 하는 것이다. 그렇기 때문에 우리는 성적인 충동과 싸워야 한다. 그리고 어쩌다 그 충동에 무너져 초라한 자리로 떨어졌다 할지라도, 그 자리에서 돌이켜 주님 앞에 매달려야 한다. 오히려 더 철저히 의지하며 매달려야 한다.

우리는 자신을 깊이 돌아보고 점검해야 한다. 그렇게 발견한 자신의 모습에 아파하고 초라한 현실을 고백할 수밖에 없다 할지라도 그 모습 그대로를 가지고 하나님 앞에 나아가 고백해야 한다.

눈물의 경고자가 있는가

그렇다면 우리는 이 세대를 어떻게 살아가야 할까? 첫째, 우리에게는 사실을 지적해주는 눈물의 경고자가 있어야 한다.

> 천사는 큰 소리로 외쳤습니다. "하나님을 두려워하고, 그분에게 찬양을 드려라. 하나님께서 온 세상을 심판하실 때가 왔으니, 하늘과 땅과 바다와 샘을 만드신 그분을 경배하여라." 계 14:7, 쉬운성경

이 말씀을 읽는데 옥 목사님의 설교 영상에서 들었던 바울의 말씀이 겹쳐졌다. 바울은 눈물을 흘리면서 권면하고 경고한다(빌 3:18 참조).

"겉모습은 그리스도인처럼 살아가고 있지만 실상은 이 세상 큰 바벨론의 영향을 받고 살아가는 너희가 이 모습을 회개하지 않으면 너희는 십자가의 원수가 될 것이다."

나는 그날 옥 목사님의 말씀을 들으며 많이 울었다. 신앙의 어른이 사라지고 난 지금, 이 땅의 교회들이 싸우고 나뉘게 된 상황이 슬

펐다. 이 상황을 꾸짖고 야단쳐주실 어른이 사라졌다는 것이 너무 슬펐다.

다윗은 흠도 티도 없이 완벽한 인물이었기 때문에 존경받은 것이 아니다. 사실 그는 너무나 끔찍한 범죄를 저질렀다. 성적인 죄를 범했을 뿐 아니라 신실한 부하를 억울한 죽음에 이르게 했다. 그런데 그런 다윗이 위대한 인물이 될 수 있었던 것은 그에게 나단이 있었기 때문이다. 나단은 끊임없이 그를 괴롭히면서 그의 죄책을 고발했다. 그럼에도 다윗은 나단을 내치지 않았다. 뿐만 아니라 나단의 고발을 눈물로 수용했다. 그래서 다윗이 위대한 것이다. 우리의 나단은 누구인가?

나는 하나님 앞에 애통하는 심정을 가지고 나아가 이렇게 기도했다.

"하나님, 제가 저보다 젊은 세대에게 나단이 되게 해주십시오. 뿐만 아니라 저에게도 나단을 보내주십시오. 제가 엉뚱한 길로 갈 때 저를 책망해주는 나단이 곁에 있는 인생이 되기를 원합니다."

나는 우리 젊은이들이 좋은 데 취직해서 성공하는 인생, 사람들에게 인정받아 큰 성 바벨론을 닮아가는 인생이 아니라 주변에 나단과 같은 존재가 있는 인생이 되길 기도한다. 나에게 눈물로 경고해주는 바울과 같은 어른이 있는 은혜가 있기를 바란다.

이 기쁨을 맛보라

둘째, 눈물의 경고에 순종해서 주님께 돌아갔을 때 주님이 주시는 깊은 기쁨을 맛보는 경험을 가져야 한다. 이런 뻔한 질문을 내 스스로에게 한번 해봤다.

"아니, 왜 많은 사람들이 그 놀라우신 하나님을 인생의 주인으로 모시지 않고 자기 배를 신으로 섬기는가? 심지어는 모태신앙, 교회의 중직자라고 불리는 사람들조차도 왜 하나님이 아닌 자기 배를 주인으로 삼는가?"

답은 의외로 간단했다. 내 주 되시는 예수 그리스도를 인생의 구세주로 영접하고 그분을 주인으로 삼았을 때 그분이 주시는 기쁨의 맛을 보지 못했기 때문이다. 어릴 때부터 습관적으로 교회에 들락거렸지만 주님이 주시는 기쁨이 얼마나 놀라운지를 경험해보지 못했기 때문이다.

예수님은 우리에게 이렇게 말씀하셨다.

> 내가 아버지의 계명을 지켜 그의 사랑 안에 거하는 것같이 너희도 내 계명을 지키면 내 사랑 안에 거하리라 내가 이것을 너희에게 이름은 내 기쁨이 너희 안에 있어 너희 기쁨을 충만하게 하려 함이라 요 15:10,11

주님은 우리가 계명을 잘 지켜서 주님 안에 거하며 주님이 주시는 기쁨을 받아 누리길 원하신다. 우리에게 이런 기쁨이 있는가? 세상은 흉내 낼 수 없는 기쁨, 오직 예수 그리스도만이 주실 수 있는 이 기쁨을 맛보고 있는가? 이 맛을 못 보면 크리스천의 외형에 바벨론 탐심을 가득 담고 있는 모습을 갖게 되는 것이다.

이와 비슷한 말씀이 또 있다.

> 명절 끝날 곧 큰 날에 예수께서 서서 외쳐 이르시되 누구든지 목마르거든 내게로 와서 마시라 나를 믿는 자는 성경에 이름과 같이 그 배에서 생수의 강이 흘러나오리라 요 7:37,38

빌립보서 3장에서 사람들이 자기 배를 신으로 삼는다는 말씀과 분명한 대조를 이루는 말씀이다. 자신의 배를 우상으로 삼는 사람과 예수 그리스도를 인생의 주인으로 모시는 사람의 차이가 무엇인가? 자신의 배를 우상으로 삼는 사람의 끝은 허망함이다. 그러나 예수 그리스도를 인생의 구세주로 삼는 사람은 그 배에서 생수의 강이 흘러넘치게 된다. 심령 깊은 곳에서부터 주님이 주시는 만족감과 기쁨이 흘러넘치게 되는 것이다. 우리는 이것을 경험하고 있는가?

기쁨을 흘려보내라

이 말씀들을 묵상하며 고뇌하고 있는데 어떤 자매에게서 메일이

한 통 왔다. 그것이 나에게 많은 위로가 되었다. 그 자매는 오래전에 나를 찾아와 눈물로 상담을 청했던 자매이다. 철없던 20대 시절 유부남의 유혹에 넘어져 혼미한 생활을 하던 중 우연히 방송 설교를 통해 그 잘못된 길을 청산하게 되었다는 사연을 들려주며 눈물로 기도 부탁을 했었다.

그 이후로 그 자매에게 바울처럼 눈물로 경고할 수 있는 좋은 멘토가 필요할 것 같아 내가 아는 신실한 집사님 한 분을 소개해주었다. 그러고는 그 자매에 대해 잊고 있었는데, 몇 달 만에 메일을 보내온 것이다. 메일 앞부분에 그간의 상황이 소개되어 있었다.

"집사님과 매일 연락하고 가끔씩 만나면서 집사님께서는 저에게 세상적인 위로와 치유가 아닌 말씀으로 다가와주셨어요. 집사님을 통해 말씀하신 하나님을 느끼고 하나님의 사랑을 가슴으로 느끼기 시작했습니다."

그 집사님은 자매의 상태를 그대로 두고 등이나 두드려주고 위로나 해준 게 아니었다. 그 자매가 근본적인 기쁨을 누릴 수 있도록 하기 위해 그 안에 담긴 세상의 환타를 다 뽑아내고 콜라 병에 걸맞은 콜라로 바꾸어준 것이다. 그 안에 복음을 넣어준 것이다. 그랬더니 그 자매에게 기쁨이 회복되었다. 자매의 메일을 조금 인용해보았다.

목사님, 하나님께서는 2010년 봄 어느 날 TV에서 나오는 목사님의 설

교를 통해 정상적인 관계에 있지 않는 사람들은 청산하라고, 회개하라고 말씀하셨습니다. 그 말씀이 제 심장을 찌르기 시작했고, 지난 십여 년 간 고개도 채 들지 못하고 찬송 한번 크게 불러보지 못했던 제가 3년 동안 목사님의 말씀을 통해 주님을 바라보기 시작했습니다.

하나님은 저에게 온전한 회개를 주셨고, 그런 저에게 십자가의 사랑을 체험하게 하셨습니다. 십자가의 사랑을 깨닫고 나니 한없는 기쁨과 감사함을 주셨고, 그러더니 또 한없이 애통하는 마음도 주셨습니다.

하나님의 그 크신 사랑으로 인해 너무나 행복하고 기쁜데 세상을 보면 갑자기 애통함이 느껴져 가슴 절절한 눈물이 납니다. 하나님의 사랑은 가슴 벅참으로 터질 듯한 행복이요, 하나님의 말씀은 온 세포 하나하나가 다 경배하는 진리이며, 하나님의 긍휼은 한없는 애통함으로 흘러나오는 찬양이요 눈물입니다. 그저 눈물이 납니다. 감사해서 눈물이 나고, 주님 만드신 세상 보며 주님의 마음이 느껴져 눈물이 납니다.

목사님, 하나님은 제가 그 긴 시간 동안 사탄의 노예로 아픔을 겪는 걸 보시고 얼마나 마음이 아프셨을까요. 곁에 계신 성령님의 마음은 얼마나 찢어지셨을까요. 통곡하며 회개했습니다. 기도하면서, 말씀을 묵상하면서 하나님이 많은 깨달음을 주셨습니다. 날마다 감사의 눈물이 흐릅니다. 날마다 찬양이 흘러넘칩니다.

이제는 주님을 왕으로 모신 자로서 주변 사람들에게, 또 일상생활에서 만나게 되는 모든 사람들에게 하나님 자녀답게 행동하며 살고자 노력하고 있습니다. 살아 계신 하나님을 찬양합니다. 감사합니다.

자매의 글 속에서 기쁨이 느껴지지 않는가? 큰 성 바벨론이 주지 못하는, 예수 그리스도만이 주실 수 있는 기쁨이다. 나는 이 자매의 이 편지를 보면서 세 번째 대안을 깨달았다. 그것은 주님이 주시는 기쁨을 경험했다면 그것을 함께 나누어야 한다는 것이다.

오늘도 육체적인 쾌락만이 내게 즐거움을 주는 것으로, 큰 성 바벨론을 취하는 것만이 내게 행복을 주는 것으로 오해하고 있는 많은 사람들이 이 땅에 살아가고 있다. 그들에게 우리가 이 기쁨을 나누어야 한다. 육신적인 쾌락만이 나를 즐겁게 하는 게 아니라고, 예수 그리스도의 십자가가 온전한 기쁨이라고 말이다.

자신의 간증을 정리해보는 것도 도움이 된다. 차분히 앉아 먼저 예수님을 믿기 전에 자신이 어떤 사람이었는지를 적어보라. 모태신앙으로 살아왔다 할지라도 개인적으로 주님을 영접하고 십자가 앞에 무릎을 꿇게 된 날이 있을 것이다. 자신의 배를 섬기던 인생을 청산하고 주님을 인생의 주인으로 영접하는 결단을 가졌던 날이 있을 것이다. 그것이 없으면 온전한 그리스도인이라 말하기 어렵다. 우리에겐 간증이 있어야 한다. 혼미한 인생을 살아가던 중에 하나님의 말씀이 임하여서 행복한 하나님의 사람으로 바뀌었다는 가슴 벅찬 감격이 있어야 한다.

주님이 주신 기쁨이 내 인생에 얼마나 충만한 능력인가를 맛보고 경험하라. 우리가 구원의 감격을 회복하면 복음 전도에도 힘이 더해질 것이다. 내가 경험한 예수 그리스도, 그분을 흘려보내는 우리 모두가 되기를 바란다. 그러함으로 아름다운 복음의 능력이 우리 모두의 삶 속에 나타나게 되기를 바란다.

PART 5

그 날의 영광을 기대하라

요한계시록 19:6-10

또 내가 들으니 허다한 무리의 음성과도 같고 많은 물 소리와도 같고 큰 우렛소리와도 같은 소리로 이르되 할렐루야 주 우리 하나님 곧 전능하신 이가 통치하시도다 우리가 즐거워하고 크게 기뻐하며 그에게 영광을 돌리세 어린 양의 혼인 기약이 이르렀고 그의 아내가 자신을 준비하였으므로 그에게 빛나고 깨끗한 세마포 옷을 입도록 허락하셨으니 이 세마포 옷은 성도들의 옳은 행실이로다 하더라 천사가 내게 말하기를 기록하라 어린 양의 혼인 잔치에 청함을 받은 자들은 복이 있도다 하고 또 내게 말하되 이것은 하나님의 참되신 말씀이라 하기로 내가 그 발 앞에 엎드려 경배하려 하니 그가 나에게 말하기를 나는 너와 및 예수의 증언을 받은 네 형제들과 같이 된 종이니 삼가 그리하지 말고 오직 하나님께 경배하라 예수의 증언은 예언의 영이라 하더라

CHAPTER

17

신부의 기쁨이 기다리고 있다

하나님은 요한계시록 17,18장에서 악한 바벨론을 심판하고 멸하신다. 그 후에 어린 양의 혼인잔치를 베풀어주시는데, 그 내용을 담고 있는 19장 말씀이 참 감격스럽다.

> 우리가 즐거워하고 크게 기뻐하며 그에게 영광을 돌리세 어린 양의 혼인 기약이 이르렀고 그의 아내가 자신을 준비하였으므로 계 19:7

한번 상상해보자. 극심한 박해 속에 있던 초대교회 성도들이 이 말씀을 얼마나 큰 기대를 가지고 읽었겠는가? 초대교회의 성도들뿐 아니라 이 땅의 모든 그리스도인들이 이 놀라운 광경을 마음에 품고 소망하며 살아가는 것이 신앙생활이다. 바로 이 소망이 주는 기쁨이 우리 안에 회복되어야 한다.

이 말씀을 읽다가 발견한 것은 하나님이 내게 주신 오늘의 삶, 내가 누리고 있는 오늘 내게 주어진 것들을 기뻐하고 즐거워하고 감사하는 것이 하나님께 큰 기쁨이요 영광 받으시는 일이란 것이다.

존 파이퍼 목사님이 쓴 《장래의 기쁨》이라는 책에 보면 이런 내용이 나온다.

"우리가 하나님 안에서 최고의 만족을 구할 때 하나님은 우리 안에서 최고의 영광을 누리신다."

같은 맥락의 이야기이다. 쾌락을 추구하고 탐욕에 찌들어 있는 세상 사람들의 길을 따라가지 않고 각자가 자신의 위치에서 소박하고 조촐한 삶에 만족하며 기뻐한다면 그것이 하나님께 영광이 된다. 하나님의 은혜를 은혜로 알아서 그것을 하나님께 감사할 수 있는 우리 모두가 되기를 바란다. 이처럼 우리가 주 안에서 즐거움을 누리는 것은 너무나 중요하다. 그렇기 때문에 사탄은 끊임없이 우리에게서 이 기쁨을 빼앗고, 그 자리에 사이비 기쁨을 주입시키려 한다.

성적 타락으로의 유혹

요한계시록 19장에는 두 여인이 등장한다. 한 여인은 어린 양의 혼인잔치에 참여하는 신부이고, 또 한 여인은 신부와 대조되는 음녀이다. 음녀는 하나님을 대적하는 바벨론을 상징하는데, 이 음녀는 사이비 기쁨으로 우리를 유혹한다.

이런 관점으로 보면 여기 나오는 '음녀'는 두 가지로 분석해볼 수 있다. 첫째, 음녀는 쾌락 추구를 부추기는 존재라는 것이다.

음행으로 땅을 더럽게 한 큰 음녀를 심판하사 계 19:2

땅의 임금들도 그와 더불어 음행하였고 계 17:2

여기서 '음행'은 우상숭배를 말한다. 육적으로 말하면 성적인 타락, 쾌락을 추구하는 것과 같은 것들이 재료들로 포함되어 있다.

오늘날의 현실을 보자. 유럽에서 교회가 타락하고 무기력해지자 그 자리에 성적 타락이 찾아왔다. 미국의 교회들이 아름다운 신앙의 유산을 잃어버리고 무기력해지니 미국의 성적 타락은 말로 다 할 수 없게 됐다. 미국과 유럽은 우리에게 복음을 전해준 믿음의 선배들이지만 그들이 믿음을 지켜내지 못하자 그 악한 영향력까지 우리나라로 흘러들어오고 있다. 우리나라 상황은 어떤가? 한국 교회가 무기력해지고 변질되어버리니 지금 이 땅에서 끝 간 데 없는 성적 타락과 쾌락 추구가 나타나고 있는 것 아닌가?

얼마 전에 청계천에서 공개적으로 한 남자와 또 다른 남자가 결혼식을 했다. 그 자리에 수많은 사람들이 하객으로 참석했다고 한다. 그렇게 남자들끼리의 결혼식이 성대하게 치러졌는데, 나는 그 기사를 보고 잠을 이루지 못했다. 이것이 우리 청소년들에게 어떤 가치관의 혼란을 가져다줄지 염려가 되었기 때문이다. 그 일이 있고 바로 며칠 뒤에 인터넷에 이런 머릿기사가 떴다.

"동성애 인터넷 카페, 10대 소년들 성적 일탈 창구로."

10대 청소년들이 주로 찾는 동성애자 전용 인터넷 카페가 있고, 거기에서 동성섹스파트너를 찾는 청소년들이 있다는 내용이었다. 기사 중 이런 내용이 있었다.

"당초 동성애자 카페는 성소수자의 애환을 공유하고 권리를 신장하고자 하는 목적으로 개설됐지만 섹스파트너를 찾는 즉석 만남이 만연하면서 성 정체성이 확립되지 않은 10대 소년들까지 그 영향권에 들어가고 있다."

청계천에서 공개적으로 동성 결혼식이 펼쳐졌을 때 내가 잠을 이루지 못한 이유가 여기에 있다. 아직 성 정체성이 확립되지 않은 이 땅의 수많은 청소년들이 지금 끝 간 데 없는 혼미함 속으로 빠져들고 있고, 그 배후에 영적으로 음녀가 자리 잡고 있는 걸 보았기 때문이다. 또 이런 기사도 있었다. 중학교 2학년 여자아이가 자기 집 화장실에서 출산을 했다. 그러고는 도저히 입에 담을 수 없는 끔찍한 방법으로 아기를 죽여서 박스에 담아서는 15층 밖으로 던져버렸다.

이런 기사들을 보면서 마음이 무너지는 건 교회가 타락하고 목회자들이 변질되면서 그것이 음녀가 득세하는 데 영향을 미쳤다는 것 때문이다. 이런 면에서 우리 기성세대 어른들은 정신 차려야 한다. 음녀가 아이들의 영혼을 무섭게 잠식해가고 있는 현실을 보면서 가슴을 치고 하나님 앞에 통곡하며 회개의 자리로 나가야 한다. 지금이라도 우리 기성세대 어른들이 정신 차리고 하나님 앞에 엎드려 회개할 때 혼미한 우리 자녀들이 제자리로 돌아오는 역사가 일어나게 될 줄 믿는다.

자기 사랑으로의 유혹

그 여자는 자주 빛과 붉은 빛 옷을 입고 금과 보석과 진주로 꾸미고 손에 금 잔을 가졌는데 가증한 물건과 그의 음행의 더러운 것들이 가득하더라 계 17:4

그 음행의 진노의 포도주로 말미암아 만국이 무너졌으며 또 땅의 왕들이 그와 더불어 음행하였으며 땅의 상인들도 그 사치의 세력으로 치부하였도다 하더라 계 18:3

여기에는 음행과 사치하는 것, 외모지상주의가 다 뒤섞여 있다. 이 타락의 뿌리는 자기 사랑이다.

그가 얼마나 자기를 영화롭게 하였으며 사치하였든지 그만큼 고통과 애통함으로 갚아주라 계 18:7

우리가 기억해야 하는 것은 오늘날의 성적 타락, 쾌락 추구, 방탕, 음란, 외모지상주의, 사치와 같은 것들의 배후에 음녀가 자리 잡고 있다는 것이다. 예수님을 믿는다면서도 돈이 많다는 이유로 사치를 일삼고, 절약할 수 있는 것들도 흥청망청 소비해버리는 사람들은 영적으로 건강하지 못한 상태에 처해 있음을 알아야 한다. 왜냐하면 그 뿌리에 자기 사랑이 있고, 자기 사랑은 영적으로 위험한 일이기 때문이다.

목회자인 나 역시 예외는 아니다. 나는 늘 나의 목회의 열심 속에 뿌리 깊은 자기 사랑은 없는지 돌아보고 하나님 앞에 회개하려 애쓴다. 자식을 키우는 일이나 교회를 섬기는 일 속에도 자기 사랑이 있을 수 있기 때문이다.

그런가 하면 여성들의 성형 문제도 기가 막힌다. 국제미용성형수술협회에서 2011년 기준으로 세계 성형 시장 규모 4분의 1을 대한민국이 차지한다는 통계를 발표한 바 있다. 지도를 보면, 대한민국 땅이 세계지도에서 차지하는 부분이 얼마나 작은가? 그런데 이 조그마한 땅덩어리에서 전 세계 성형 4분의 1이 이루어지고 있다는 것이다. 타의 추종을 불허하는 성형 1위 국가이다.

나는 사춘기 딸에게 가끔 우스갯소리 삼아 이런 이야기를 한다.

"네가 아빠를 닮은 건 정말 미안하다. 더 예뻐지고 싶은 네 마음은 충분히 이해한다만, 그러나 네가 연예인이 될 것도 아닌데 그렇게까지 예뻐야 할 이유가 뭔지 나한테 설명 좀 해 봐라. 연예인들은 예쁘고 잘생긴 것이 인기와 연결되고, 그게 자기 직업이니까 그렇다고 치더라도, 너는 연예인 할 거 아니잖아."

그러면 딸아이는 어이가 없다는 듯 대꾸도 안 한다. 내가 정말 여성도분들께 묻고 싶은 것이 있다. 교회에 갈 때 왜 그렇게까지 꾸미고 치장하려 하는가? 하나님은 중심을 보신다는데, 누구에게 잘 보이려고 그렇게 치장하다가 정작 예배 시간에는 지각을 일삼는지 모르겠다. 이런 일은 하나님 앞에서 온전한 마음으로는 할 수 없는 일이라는 걸 자각해야 한다.

물질만능으로의 유혹

물질만능주의도 마찬가지이다. 손봉호 교수님의 강의를 들어보니 2008년에 일본청소년연구소에서 한국, 일본, 미국, 중국의 고등학생들을 상대로 의식조사를 했다.

'부자가 되는 게 성공한 인생이다'라는 항목에 '그렇다'라고 응답한 학생들이 한국이 50.4%, 일본이 33%, 중국이 27%, 미국이 22.1%였다. 또 '돈을 벌기 위해서는 무슨 수단을 다 써도 괜찮다'

는 항목에서는 '그렇다'고 응답한 한국 학생이 23.3%로 1위, 그 다음으로 미국 21.2%, 일본 13.4%, 중국 5.6%였다. 세 번째, '돈으로 권력을 살 수 있다'는 항목에 '그렇다'고 응답한 학생은 한국이 54.3%로 1위였고 미국, 일본, 중국은 모두 30%대였다.

우리나라 아이들의 가치관 뒤에 음녀가 있다는 결과를 보여주고 있다. 이렇다 보니 우리나라 살인 사건의 40%가 돈과 관계가 있다고 한다. 그리고 잊혀질만하면 나오는 게 돈 때문에 부모를 죽이거나 남편, 아내를 죽이는 패륜적 사건이다. 그 뿌리에 음녀가 있다.

음녀가 주는 거짓 기쁨의 유혹을 뿌리치고, 하나님이 주시는 진정한 기쁨으로 덧입기 위해서 우리가 알아야 할 것이 있다.

유혹의 골짜기를 뛰어넘는 기쁨

진정한 기쁨이란 음녀의 유혹이라는 터널을 지나 신부의 자리로 나아갈 때 누릴 수 있다. 그것은 크리스천의 삶의 여정이기도 하다. 이 말씀이 젊은이들에게 위로가 되기를 바란다. 나 자신을 돌아봐도 나의 젊은 시절은 무서운 음녀의 유혹 앞에서 처절하게 싸워내야 했던 시기였다. 누구나 예외 없이 젊은 시절에는 음녀에게 잡혀 넘어지기도 하고 고꾸라지기도 한다. 나도 그런 충동과 수없이 싸워왔다. 그러나 소망을 갖자. 우리 인생은 요한계시록 17,18장의 음녀의 유혹에 잡혀 넘어진 채로 끝나지 않을 것이기 때문이다. 우리는 신부의 자리인 19장으로 반드시 건너가게 될 것이다.

이런 면에서 본다면 50대를 넘어 나이가 좀 있는 분들에게는 주님의 이름으로 눈물의 충고를 드리고 싶다. 이제는 음녀의 유혹이 득실거리는 요한계시록 17,18장에서 건너와야 할 나이가 되었다. 하나님께 성숙의 열매를 드려야 할 나이임에도 여전히 음녀의 노리갯감이 되어서 아내 외의 여자를 기웃거리고 있다면, 그것은 정말 부끄러운 일이다. 인간은 부끄러움을 아는 존재여야 한다는 걸 기억하자.

나는 나를 포함하여 우리 기성세대들이 요한계시록 17,18장의 끔찍한 유혹의 골짜기를 뛰어넘어 다음 세대에게 어른으로서 넉넉하게 격려해줄 수 있게 되기를 정말 소망한다.

인내의 기다림이 주는 기쁨

진정한 기쁨은 기다림의 기쁨이다. 음녀는 우리에게 '지금 그 기쁨을 누리라'고 말한다. 모두 현재시제이다. 외도하는 남편이나 아내가 음녀에게 넘어가는 건, 모두 현재의 기쁨을 누리라는 음녀의 유혹을 이기지 못하기 때문이다. 아내 외의 여자를 사랑하는 것이 도덕적으로 문제가 있는 일인 것을 몰라서 외도하는 사람은 없다. 알지만 그에게는 '찰나의 유혹'을 이겨낼 수 있는 힘이 없기 때문이다. 그에 반해 신부의 기쁨은 기다림의 기쁨이다. 미래에 누리게 될 기쁨을 향한 소망은 현재의 유혹을 이기는 능력이 된다.

> 우리가 즐거워하고 크게 기뻐하며 그에게 영광을 돌리세 어린 양의 혼인 기약이 이르렀고 그의 아내가 자신을 준비하였으므로 계 19:7

신부의 기쁨은 그 날을 기다리며 준비하는 기쁨이다. 비록 이 땅에서는 음녀의 영향력 아래 살아가지만, 그 무서운 유혹을 이겨냈을 때 장차 아름답고 거룩한 신부로 주님과 더불어 누리게 될 축복을 확신하는 사람은 음녀의 유혹을 이길 수 있다.

마르바 던이 쓴 책 중에 《약할 때 기뻐하라》는 책이 있다. 그 책에 보면 이 구절에 나오는 '기뻐하고 즐거워하라'는 이중적인 표현이 성경에 나오는 곳은 딱 두 곳밖에 없다고 한다. 한 곳은 이 구절이고, 다른 한 곳은 마태복음에 있다.

> 나로 말미암아 너희를 욕하고 박해하고 거짓으로 너희를 거슬러 모든 악한 말을 할 때에는 너희에게 복이 있나니 기뻐하고 즐거워하라 하늘에서 너희의 상이 큼이라 너희 전에 있던 선지자들도 이같이 박해하였느니라 마 5:11,12

이걸 볼 수 있는 사람은 음녀의 성적인 유혹과 수많은 박해에서 승리할 수 있다.

신랑을 기다리는 신부의 기쁨

진정한 기쁨은 다시 오실 예수 그리스도를 기다리는 데 있다. 앞에서 살펴본 요한계시록 19장 7절의 말씀에 나오는 '크게 기뻐하며'라는 표현에서 '기뻐하다'라는 단어는 원어로 '카이로'이다. 이 단어는 '은혜'를 의미하는 '카리스'라는 단어와 연관이 있다. 즉 이 기쁨은 다른 것이 아니라 하나님의 은혜를 기뻐하는 것을 말한다.

그리고 신랑 되신 예수 그리스도는 '어린 양'으로 표현되어 있다. 이것은 무엇을 의미하는가? 신랑 되신 그리스도와 신부 된 교회의 기쁨의 혼인잔치는 어린 양 되신 예수 그리스도의 십자가의 죽으심, 주님이 십자가에서 흘리신 피로 가능해졌다는 것이다. 우리가 그 은혜로 구원 받은 자임을 자각할 때 우리의 영혼 깊은 곳에서 흘러나오는 기쁨이 바로 이 구절에서 말하는 '기쁨'이다. 주택복권에 당첨되었을 때의 기쁨 같은 것과는 차원이 다른 것이다.

우리 교회의 평신도 리더인 한 순장님에게서 눈물의 메일을 받았다. 심방을 청하며 구성원들의 기도제목을 적어 보냈는데, 기도제목을 보니 눈물 없이는 읽을 수 없는 사연이 너무 많았다. 하나같이 다 아팠고 고통 가운데 있었는데, 희한하게도 각 사람의 고통이 다 달랐다. 그걸 보면서 인생은 참 고달픈 것임을 다시 한 번 깨달았다.

사연들을 보고 나니 심방을 안 갈 수가 없어서 약속을 잡고 그 구역모임(다락방)을 방문했다. 나는 그 구역모임이 굉장히 우울하고 어두울 거라고 생각했다. 그런데 문을 열고 들어간 나는 세 가지에 놀랐다. 먼저, 정말 많은 사람들이 모여 있다는 점에 놀랐다. 그 다음으로는 사람들의 밝은 모습에 놀랐다. 이야기를 나누면서는 울다가 웃다가 했지만, 어쨌든 전반적으로 밝은 모습이 인상적이었다. 마지막으로 초신자가 참 많았다.

그날 그 분들과 교제를 나누고 돌아오는데 '이게 복음이구나. 이게 십자가의 능력이구나'라는 생각이 들면서 마음에 기쁨이 넘쳤다. 주님 없이는 도저히 이겨낼 수 없고 견뎌낼 수 없을 것 같은 어려움 속에 빠져 있는 분들이지만 주님의 십자가로 모인 공동체 안에서 기쁨과 눈물을 나누며 행복한 공동체를 이루고 있었다.

사명을 이루는 기쁨

언젠가 〈힐링캠프〉라는 TV 프로그램에 이지선 자매가 출연했다는 얘기를 듣고 인터넷으로 챙겨 보았다. 이지선 자매는 스물세 살 때 오빠와 함께 타고 가던 차가 음주 운전을 하던 차와 정면으로 충돌하면서 전신 화상을 입었다. 그 사고로 수십 차례 얼굴 수술을 했음에도 여전히 이전의 얼굴을 되찾지는 못했다. 그날 그 자매가 TV에 나와 대한민국 국민들을 다 감동시켰다.

자매의 이야기 중에서 특히 마음에 와 닿았던 것은 자기가 진짜 절망했던 시기에 대한 이야기였다. 화상을 입고 기절했다가 깨어나

처음 자신의 얼굴을 보았을 때도 절망하긴 했지만, 그때까지만 해도 수술과 치료의 과정을 거치고 나면 다시 예전의 얼굴을 되찾고 예전처럼 학교로 돌아가 생활할 수 있으리라는 희망이 있었다고 한다.

그런데 고생스러운 수술을 몇 번이나 했는데도 자신의 얼굴이 예전처럼 돌아갈 수 없다는 것을 알게 된 순간, 너무나 마음이 아팠다고 한다. 그러다 어느 날 집에서 드라마를 보다가 갑자기 '나는 이제 저 화면 안에 있는 여대생 같은 일상생활로는 돌아갈 수 없는 얼굴이 됐구나' 하는 생각이 들었단다. 그렇게 마음이 무너지고 나자 엄청난 절망이 찾아왔다. 그때 딱 두 갈래 생각이 떠올랐다고 한다.

'지금 옥상으로 올라갈까? 아니면 교회를 찾아갈까?'

두 갈래 길 중에 지선 자매는 교회를 찾았다. 그러고는 하나님께 원망을 쏟아놓았다.

"왜 이런 상태의 저를 살리셨습니까? 이런 고통스러운 삶을 살도록 저를 살려주신 겁니까? 살려놓았으면 무슨 대책이 있으실 것 아닙니까? 절 어떻게 하시려고 이렇게 절망의 골짜기로 몰고가십니까?"

그때 한 마디 하나님의 메시지가 들려왔다.

"그럼에도 불구하고, 너는 여전히 나의 사랑하는 딸이다."

어찌 보면 좀 뜬금없는 말씀 같다. 그런데 이 메시지를 들은 자매의 마음에 치유가 일어나기 시작했다. 이 말씀은 정체성에 대한 말씀으로, "네가 사고 이전의 그 예쁜 얼굴을 갖고 있든지 사고 이후의 모습이든지 상관없이 너는 여전히 사랑하는 소중한 내 딸이다"라는 말씀이다.

그러고 나서 더 중요한 메시지가 들려졌다.

"이제 너는 세상 어두운 곳에서 빛이 없이 사는 사람들에게 희망의 메신저가 될 것이다. 희망의 메시지를 전하는 사람이 될 것이다."

이 말씀 앞에서 자매는 완전히 회복되었고, 다시금 공부를 시작할 수 있었다. 이후로 지선 자매는 수많은 사람들을 절망의 길에서 회복의 길로 이끌었다. 그날 지선 자매가 절망하여 옥상으로 올라가는 극단적인 선택을 했더라면 오늘 그녀의 모습을 보면서 용기를 얻어 새로운 삶을 살게 된 수많은 사람들은 어떻게 되었겠는가?

한번은 지선 자매의 오빠가 이렇게 물었다고 한다.

"사고 이전 얼굴로 되돌아갈 수 있다면 그렇게 하고 싶니?"

지선 자매는 안 돌아가고 싶다고 대답했다고 한다. 이게 어떻게 가능한가? 그런데 내가 자매의 그 말을 믿게 된 이유가 있다. 사고 나기 이전의 자신은 참 예뻤지만 아무런 의미 없는 삶이었는데, 사고 이후로 사명을 발견했다는 것이다. 즉, 사고 이후로 이런 저런 일로 좌절하고 낙심해 있던 수많은 사람들에게 용기를 주는 일을 하는 자신을 보면서 삶의 목적을 발견했다는 것이다. 비록 아름다운 외모는 잃었는지 모르지만 너무나 가치 있는 삶이 되었다는 것이다.

그러니 어떻게 가치 있는 이 삶을 내려놓고 이전의 무의미한 삶으로 돌아갈 수 있느냐는 말이다.

혹 지선 자매처럼 '지금 옥상으로 올라갈까?' 하는 생각을 할 만큼 힘겨운 삶을 이어가고 있는 분들이 있다면 지선 자매처럼 절망의 그 시간 속에서 예수 그리스도를 만나게 되기를 바란다.

'지금은 절망적인 상황 속에서 낙심하고 있지만 내 인생은 이렇게 끝나지 않을 것이다. 오랜 기다림을 이겨냈을 때 주님은 나를 신부로 다시 세워주실 것이다. 그 날을 기대하면서 내게 주신 사명을 따라 살아가자. 이 땅에서의 삶은 누리고 즐기기 위한 것이 아니라 사명을 감당하기 위함이다. 내가 살아 주어진 사명을 감당할 때, 내 주변의 사람들도 그 혜택을 함께 누리게 될 것이다.'

이런 고백의 자리에까지 나아가게 되기를 바란다.

가슴이 무겁고 짓눌리는 가운데도 사명을 감당하고 나아가는 자에게 하나님이 주시는 새 노래의 기쁨이 있다. 그 아픔 너머로 주시는 주님의 위로가 있다. 이 기쁨을 회복하자. 음녀가 주는 가짜 기쁨을 내려놓고 신부에게 주시는 진짜 기쁨을 회복하고, 그것을 전할 수 있는 우리 모두가 되기를 바란다.

요한계시록 21:1-8

또 내가 새 하늘과 새 땅을 보니 처음 하늘과 처음 땅이 없어졌고 바다도 다시 있지 않더라 또 내가 보매 거룩한 성 새 예루살렘이 하나님께로부터 하늘에서 내려오니 그 준비한 것이 신부가 남편을 위하여 단장한 것 같더라 내가 들으니 보좌에서 큰 음성이 나서 이르되 보라 하나님의 장막이 사람들과 함께 있으매 하나님이 그들과 함께 계시리니 그들은 하나님의 백성이 되고 하나님은 친히 그들과 함께 계셔서 모든 눈물을 그 눈에서 닦아주시니 다시는 사망이 없고 애통하는 것이나 곡하는 것이나 아픈 것이 다시 있지 아니하리니 처음 것들이 다 지나갔음이러라 보좌에 앉으신 이가 이르시되 보라 내가 만물을 새롭게 하노라 하시고 또 이르시되 이 말은 신실하고 참되니 기록하라 하시고 또 내게 말씀하시되 이루었도다 나는 알파와 오메가요 처음과 마지막이라 내가 생명수 샘물을 목마른 자에게 값없이 주리니 이기는 자는 이것들을 상속으로 받으리라 나는 그의 하나님이 되고 그는 내 아들이 되리라 그러나 두려워하는 자들과 믿지 아니하는 자들과 흉악한 자들과 살인자들과 음행하는 자들과 점술가들과 우상 숭배자들과 거짓말하는 모든 자들은 불과 유황으로 타는 못에 던져지리니 이것이 둘째 사망이라

CHAPTER

18

지금 말고 훗날에

내가 어렸을 때 〈하숙생〉이라는 제목의 가요가 있었다. 그 가사는 이렇다.

인생은 나그네 길
어디서 왔다가 어디로 가는가
구름이 흘러가듯 떠돌다 가는 길에
정일랑 두지 말자 미련일랑 두지 말자
인생은 나그네 길 구름이 흘러가듯
정처 없이 흘러서 간다

어디서 왔는지도 모르고 어디로 가는지도 모르는 인생이라 정을 줄 수도 없고 사랑을 나눌 수도 없다. 그래서 구름이 흘러가듯 그저 세월에 인생을 내맡기고 살아간다. 참 혼미한 인생이다.

이 노래 말고도 인생을 방황하는 나그네 길에 비유한 노랫말이나 시들을 종종 볼 수 있다. 창세기에 나오는 야곱의 고백도 비슷한 내용이다.

> 바로가 야곱에게 묻되 네 나이가 얼마냐 야곱이 바로에게 아뢰되 내 나그네 길의 세월이 백삼십 년이니이다 내 나이가 얼마 못 되니 우리 조상의 나그네 길의 연조에 미치지 못하나 험악한 세월을 보내었나이다 창 47:8,9

야곱의 인생을 조금이라도 아는 사람이라면 그의 말을 수긍할 수 있을 것이다. 그런가 하면 절대권력을 가진 왕이었던 솔로몬도 인생의 허무를 노래했다.

> 전도자가 이르되 헛되고 헛되며 헛되고 헛되니 모든 것이 헛되도다 해 아래에서 수고하는 모든 수고가 사람에게 무엇이 유익한가 … 내가 해 아래에서 행하는 모든 일을 보았노라 보라 모두 다 헛되어 바람을 잡으려는 것이로다 전 1:2,3,14

솔로몬은 이 땅에서의 삶만을 붙잡고 사는 인생은 그 종착점이 허무할 수밖에 없다는 것을 경고하고 있다.

혼미한 인생, 확신의 인생

2013년 5월에 영국에서 있었던 일이다. 믿겨지지 않는 일이지만 실화라고 한다. 그때 영국에서 5천 명이 넘는 사람들이 출전하는 큰 마라톤 대회가 열렸는데, 놀랍게도 그 많은 사람 중에서 완주한 사람은 딱 한 명밖에 없었다. 어떻게 된 일인지 알아보니, 1등과 약간 격차를 두고 2등으로 달려가던 선수가 길을 잘못 들어선 것이다. 이후로 3등으로 달리던 선수부터는 모두 2등을 보고 엉뚱한 길을 달리다가 전부 탈락하고 말았다.

누군가 앞서 가니까 그냥 따라가는 인생이 이렇지 않겠는가? 앞사람을 따라 열심히 살아왔는데, 삶을 마무리할 때 보니 "어, 이 길이 아니네" 싶은 것이다. 이렇게 어디서 와서 어디로 가는지 알지 못한 채 인생의 허무를 노래하는 삶이 너무 많은 게 우리의 현실이다.

이런 혼미한 인생들과 확연하게 대조가 되는 한 인물이 있다. 바로 바울이다. 그에게는 인생의 혼미함이 없었다.

> 내가 달려갈 길과 주 예수께 받은 사명 곧 하나님의 은혜의 복음을 증언하는 일을 마치려 함에는 나의 생명조차 조금도 귀한 것으로 여기지 아니하노라
>
> 행 20:24

나는 선한 싸움을 싸우고 나의 달려갈 길을 마치고 믿음을 지켰으니 딤후 4:7

얼마나 확신에 찬 어조인가? 자기 인생에 대해 주저함이 없다. 그는 앞에서 허무가를 부르던 인물들, 인생은 어디서 왔다가 어디로 가는지 알지 못하는 나그네길이라는 사람과 확연히 다른 삶을 보여주고 있다. 바울이 이렇게 인생의 혼미함을 막아설 수 있었던 비결은 무엇일까?

바울은 자기가 가야 할 인생의 종착점을 알고 있었다.

"난 이 길로 간다. 누가 뭐라고 해도 내가 갈 길은 이 길이고, 이 길 끝에는 예수 그리스도가 서 계신다!"

바울은 자신이 가야 할 길의 종착점에 주님이 서 계시는 걸 확신했을 뿐만 아니라, 그 목적지를 향해 나아가는 여정 길에서도 가장 확실한 안내자와 동행했다. 그분은 하나님이셨다.

일전에 룻기 말씀을 풀어서 《붙들어주심》이라는 제목으로 책을 냈다. 특별새벽기도회 때 설교한 내용을 묶어서 낸 책인데, 일반적으로는 설교가 잊혀질 때쯤 다시 활자로 정리해서 책으로 내곤 했는데, 그때는 내가 좀 서둘렀다. 룻기를 통해서 부어진 은혜가 너무 컸기에 그 감격이 식기 전에 빨리 책으로 내 많은 분들과 나누고 싶었기 때문이다.

엘리멜렉이라는 혼미한 인생이 인생의 궤도를 이탈해서 자기도 망하고 온 가족이 절망의 구렁텅이를 헤매고 있을 때, 하나님께서는 그 절망적인 상황을 드라마틱하게 바꾸어주셔서 그 가정의 며느리 룻을 통해 예수 그리스도의 계보가 이어지는 놀라운 대역전극을 펼쳐주셨다. 그 과정을 다루고 있는 룻기 말씀을 묵상하는 동안 얼마나 마음이 뜨거웠는지 모른다.

책이 나오자 하나님께 이런 기도가 나왔다.

"하나님, 제 인생의 한 걸음 한 걸음을 하나님이 인도해주십시오. 그래서 제 삶에 혼미함이 없도록 도와주시고, 저의 잘못된 판단이나 연약한 모습조차도 하나님 앞에서는 은혜의 도구가 되게 해주세요. 그래서 어떤 상황에서도 허무가를 부르며 끝나는 인생이 아니라 바울처럼 확신에 찬 인생, 목적지에 서 계시는 주님을 만나 기뻐하는 인생이 되기를 원합니다."

격려의 책, 요한계시록

내가 요한계시록으로 설교하고 또 그것을 책으로 내야겠다고 마음먹은 이유도 여기에 있다. 많은 사람들이 요한계시록을 무서운 책, 어려운 책으로 오해하고 있지만 절대 그렇지 않다. 요한계시록은 극심한 핍박으로 절망 상태에 빠져 있던 초대교회 성도들을 위해서 하나님이 배려하심으로 주신 인생 가이드북이다.

"너희가 지금 절망 가운데 고통하고 있지만 이게 끝이 아니다. 이것을 끝까지 참고 견뎌내고 나면 인생의 끝에서 하나님나라와 그 영광을 맛보게 될 것이다. 그러니 힘을 내라."

이러한 격려의 책이 요한계시록이다.

> 또 내게 말씀하시되 이루었도다 나는 알파와 오메가요 처음과 마지막이라 내가 생명수 샘물을 목마른 자에게 값없이 주리니 계 21:6

알파(α)는 헬라어의 첫 알파벳이고, 오메가(Ω)는 마지막 알파벳이다. 영어의 에이(A)와 제트(Z)처럼 말이다. 그래서 처음과 나중, 시작과 끝을 뜻하는 것으로 해석한다. 그러나 주님이 스스로를 '알파와 오메가'라고 하신 것에는 더 깊은 의미가 있다. 그 속에는 하나님의 어떤 비장함이 담겨 있다.

"나는 시작한 일은 끝까지 책임지는 하나님이다. 나는 시작한 일은 끝까지 완성하는 하나님이다."

목사의 아들로 자랐지만 하나님을 인격적으로 만나지 못한 상태로 그저 교회만 왔다 갔다 하던 스물세 살, 인생의 밑바닥을 헤매고 있던 그때 하나님은 알파로 내게 다가오셨다. 상상을 초월하는 은혜를 부어주시고, 몰락한 엘리멜렉 가문을 붙들어주신 것처럼 나를 붙들어주셨다.

그렇게 알파의 하나님을 경험한 이후로 30여 년이 지난 오늘에 이르기까지 나는 하나님의 붙들어주심의 은혜를 누리며 살고 있다. 나는 오메가의 하나님이 내 인생의 마지막 날까지 인도해주실 것을 확신한다.

이처럼 붙들어주시는 하나님, 그분의 비장한 자기 선포가 바로 "나는 알파요 오메가라"라는 말씀이다. 우리 인생의 지난날 알파로 찾아와주신 그 하나님이 인생의 오메가까지 인도해주실 줄 믿으라.

이런 의미에서 요한계시록 21,22장은 요한계시록 가운데 가장 중요한 부분이라고 할 수 있다.

> 또 내가 새 하늘과 새 땅을 보니 처음 하늘과 처음 땅이 없어졌고 바다도 다시 있지 않더라 또 내가 보매 거룩한 성 새 예루살렘이 하나님께로부터 하늘에서 내려오니 그 준비한 것이 신부가 남편을 위하여 단장한 것 같더라 계 21:1,2

사도 요한의 몸은 지금 밧모 섬에 갇혀 있다. 비참한 상황이다. 초대교회 성도들의 현실 또한 로마의 압제 아래에서 신음하는 절망적인 상황이다. 그런데 사도 요한은 이런 상황 속에서 장차 완성될 하나님의 교회를 상징하는 새 예루살렘과 하나님이 준비해두신 새 하늘과 새 땅을 보았다.

신앙생활은 다른 게 아니다. 오늘을 살아가는 우리가 현실만 바라보며 절망하고 무너지지 않도록 배려하시는 하나님을 경험하는 것이다. 우리가 어려운 고난과 연단의 과정을 다 이겨냈을 때 누리게 될 하나님나라의 영광을 바라보는 것이 신앙이다. 이걸 보지 못하기 때문에 몸은 교회에 다니면서도 세상 사람과 하나도 다를 바 없는 가치관을 가지고 살아가는 것이다. 만일 우리가 진짜 하나님나라를 맛보고, 요한이 경험한 그 영광을 보게 된다면 우리의 가치관은 완전히 바뀌게 될 것이다.

거룩을 추구하라

그렇다면 우리가 가지고 있는 가치관 중 어떤 것들이 변화되어야 할까? 첫째, 야망이 아니라 거룩을 추구하는 인생이 되어야 한다. 사도 요한은 새 예루살렘 성을 '거룩한 성'이라고 묘사한다(계 21:2 참조). 반면 사탄의 도성인 바벨론은 '큰 성'으로 묘사되어 있다(계 18:10,21 참조).

내가 지금 무엇을 추구하고 있는가를 보면 내 신앙이 어떤 상태인지 점검할 수 있다. 여전히 큰 것, 성공적인 것, 유명한 것을 추구한다면 아직 어린 신앙이다. 정직하게 고백하자면, 교회 개척 초기에 사람들이 모여들 때 너무너무 기뻤다. 그리고 지금도 우리 교회가 더 성장하기를 갈망하는 본능이 내 안에 여전히 자리 잡고 있다.

그러나 신앙생활은 정답을 알아가는 것이다. 여전히 내 본능은 교회가 더 커지기를 바라지만, 나는 정답을 알아버렸다.

'하나님의 나라는 큰 성이 아니구나. 하나님의 나라는 거룩한 성이구나.'

우리는 오늘 정답을 알았다고 해서 내일 바로 그 정답대로 살 수 있는 인생이 아니다. 살아내려고 몸부림칠 뿐이다. 하지만 몸부림칠수록 내 안에서 큰 성을 원하는 마음이 줄어들어가는 게 느껴진다. 사람들에게 유명하고 인기 있는 사람이 아니라 하나님 앞에 거룩한 종이 되어야겠다는 열망이 점점 커지는 것도 사실이다. 우리가 정답을 알게 되면, 그리고 그 정답을 추구하며 살아가면 언젠가는 우리가 알고 깨달은 정답대로 사는 인생이 될 줄로 믿는다.

성경이 말하는 정답은 이것이다.

> 큰 집에는 금 그릇과 은 그릇뿐 아니라 나무 그릇과 질그릇도 있어 귀하게 쓰는 것도 있고 천하게 쓰는 것도 있나니 그러므로 누구든지 이런 것에서 자기를 깨끗하게 하면 귀히 쓰는 그릇이 되어 거룩하고 주인의 쓰심에 합당하며 모든 선한 일에 준비함이 되리라 딤후 2:20,21

세상 사람들은 능력 있는 사람을 좋아한다. 그릇이 큰 사람을 좋아한다. 그렇지만 하나님이 쓰시기에 합당한 사람은 깨끗한 그릇, 거룩한 그릇이다. 여기서 '거룩'은 히브리어로 '카도시'라는 단어로, '구별된 것'이라는 뜻을 가지고 있다. 즉 거룩은 세상과 구별되는 것이다. 세상이 큰 것을 추구할 때 그것과 구별되는 삶을 사는 것이 거룩이다.

미국에 아는 목사님이 계시는데, 이분이 딸아이의 행동에 대해 교육하려고 하면 사춘기 딸이 자꾸 이렇게 대꾸한다는 것이다.

"아빠, everybody가 다 그렇게 해요."

모두가 다 그렇게 산다는 것이다. 그래서 어느 날 그 목사님이 딸에게 이렇게 말해주었다고 한다.

"얘야, 너는 everybody가 아니야. 너는 하나님의 딸이야."

그 목사님의 말이 내게 얼마나 도전이 되었는지 모른다. 우리는 everybody가 아니다. 온 세상 사람들이 다 그렇게 산다고 해도, 온 세상 사람이 탐욕에 빠져 산다고 해도 우리가 그것을 따라갈 수 없는 건 우리가 하나님의 자녀이기 때문이다. 이걸 자각하는 게 거룩이다.

친밀함을 회복하라

둘째, 물질적 풍요가 아니라 하나님과의 친밀함 회복을 추구해야 한다. 1960,70년대에 우리나라는 참 가난했다. 그중에서도 내가 살던 동네는 더 가난한 사람들이 모인 곳이었다. 그래서 그런지 목사님이 설교하실 때 천국을 물질적으로 묘사하는 경우가 많았다.

"천국이 얼마나 좋은지 아십니까? 천국의 성곽은 백옥으로 싸여 있고, 성은 정금으로 되어 있습니다. 각종 보석들로 꾸며져 있고, 문은 진주로 되어 있습니다."

이렇게 설교를 하면 성도들이 천국의 삶을 정말 부러워했다. 목사님이 왜 그렇게 설교하셨을까 생각해보니 너무 가난한 시대다 보니 물질적인 풍성함으로 천국을 묘사하면 그것을 바라보고 믿음이 좋아져서 천국을 갈망할 것이라고 여기셨던 것 같다. 하지만 불행하게도 그것은 천국의 정곡을 찌르는 설교가 아니었다.

천국이 보석으로 꾸며진 아주 멋진 곳이기에 우리가 반드시 가야 할 목적지가 되는 것이 아니다. 만약에 그렇다면 이 땅에서 보석으로 치장하고 사는 사람들은 천국에 갈 이유가 없을 것이다. 이미 지금 다 누리고 있으니 말이다. 천국의 특징이 물질적 풍성함으로 설명되어서는 안 된다.

주님은 하나님나라의 본질을 이렇게 설명하신다.

> 내가 들으니 보좌에서 큰 음성이 나서 이르되 보라 하나님의 장막이 사람들과 함께 있으매 하나님이 그들과 함께 계시리니 그들은 하나님의 백성이 되고 하나님은 친히 그들과 함께 계셔서 계 21:3

여기 나오는 하나님나라의 본질은 물질적인 화려함이 아니라 하나님과의 친밀감이 회복된 상태를 말한다. 이것이 천국이다. 하나님을 알지 못하던 때에는 물질적인 겉모습을 추구했다면 이제 하나님 나라를 갈망하게 된 우리는 하나님과의 친밀감을 추구해야 한다.

그런데 친밀감은 저절로 생기는 게 아니라 노력해서 습득해야 한다. 예를 들어, 남녀가 만나 결혼식을 올리고 부부가 되었다. 우리가 알아야 할 것은 이렇게 결혼식을 올리고 부부가 되었다고 해서 친밀감이 저절로 주어지는 것이 아니란 사실이다. 친밀감은 절대로 저절로 생기지 않는다. 뼈를 깎는 노력이 필요하다. 친밀감을 유지하려는 노력이 없으면 몇 년 지나지 않아 남편은 바깥일에 빠져 살고, 허전한 부인은 남편에게 주어야 할 친밀감을 자식들에게만 쏟아부으며 살아가게 된다.

오늘 우리나라 가정의 현실을 보라. 권태감으로 찌든 '명목상의 부부'가 얼마나 많은가? 내가 보기에 한국 가정의 7,80퍼센트는 위기 가운데 있다. 초인적인 인내로 버티며 살아갈 뿐 사랑을 나누며 살지 못한다. 더 늦기 전에 지금이라도 친밀감을 위해 노력해야 한다. 몸부림쳐야 한다.

신앙적으로도 마찬가지다. 예수님을 영접하고 구원의 확신을 갖게 되면 하나님과의 친밀감이 저절로 생길 거라는 착각에서부터 영적인 문제가 생긴다. 하나님과의 친밀감을 얻으려면 노력해야 한다. 말씀을 읽고 묵상하며, 하나님 앞에 나아가 기도로 주님과 교제하며 친밀감을 회복하고자 노력해야 한다.

또한 성도 간에도 친밀함을 위해 노력해야 한다. 주일에 예배 한 번 드리는 것으로 만족하고 성도 간에 아무런 교제도 나누지 않는다면 영적으로 치명적인 상태에 빠질 위험이 있다. 성도 간의 친밀감이 필요하다. 이는 하나님과의 친밀감을 위한 연습이자 훈련이기도 하다.

나는 설교를 시작하기 전에 하나님께 이렇게 기도한다.

"하나님, 제가 설교를 할 때 성도들을 사랑하는 마음으로 설교하기를 원합니다."

성도 중에 누가 나를 짜증나게 한다고 해서 퉁명스럽게 본문만 읽고는 "오늘은 설교할 기분이 아니니 다들 알아서 성경 읽다가 가세요" 할 수는 없다. 아무리 정이 안 가고 보기 싫어도 말씀을 전해야 한다. 그게 내 역할이기 때문이다. 그러니까 하나님께 구하게 된다.

"기왕에 해야 하는 설교이니 정말 사랑하는 마음으로 하게 해주세요. 엿새 동안 힘든 삶을 살았을 성도들에게 가장 유익한 말씀을 전할 수 있도록 성도들을 사랑하는 마음을 주세요."

얼마나 구하는지 모른다. 잘 안 되니까 구한다. 사랑하기 위해서는 서로가 노력해야 한다. 제대로 된 신앙을 회복하려면 성도 간의 친밀감을 높이기 위해 노력해야 한다. 서로 사랑하기 훈련, 용납하기 훈련을 통해 친밀감이 구현되는 교회가 되기를 바란다.

성령의 위로를 바라보라

셋째, 인간의 위로가 아니라 성령님의 위로를 구해야 한다.

모든 눈물을 그 눈에서 닦아주시니 다시는 사망이 없고 애통하는 것이나 곡하는 것이나 아픈 것이 다시 있지 아니하리니 처음 것들이 다 지나갔음이러라

계 21:4

내가 가장 강하게 권면하고 싶은 것이, 이 땅은 위로 받는 곳이 아니니 사람에게 자꾸 위로 받으려 하지 말라는 것이다. 사람에게 위로 받으려다가 낭패를 당한 사람이 한둘이 아니다. 위로는 이 땅에서 받는 게 아니라 도래하게 될 하나님나라에서 받는 것이다. 위로자는 인간이 아니라 하나님이시다.

그렇기 때문에 자꾸 사람에게 기대고 사람에게 위로 받으려고 하면 할수록 더 큰 상처를 받게 된다. 서로가 조금씩 서로를 보듬고 살아가기는 하지만, 진정으로 내 마음에 위로를 줄 사람은 이 세상에 없다. 성령님을 묘사할 때 보혜사 성령님이라고 하는데, '보혜사'를 원어로 보면 '위로하다'라는 뜻이다. 진정한 위로는 오직 성령님이 주신다.

우리의 모든 환난 중에서 우리를 위로하사 우리로 하여금 하나님께 받는 위로

로써 모든 환난 중에 있는 자들을 능히 위로하게 하시는 이시로다 그리스도의 고난이 우리에게 넘친 것같이 우리가 받는 위로도 그리스도로 말미암아 넘치는도다 고후 1:4,5

바울에게는 위로자 되시는 성령님과 가까이 교제하는 은혜가 있었다. 그가 절망하다가도 벌떡 일어나고, 고통 중에 낙심하다가도 벌떡 일어날 수 있었던 원동력이 여기에 있었다. 그런데 모태신앙으로 오랜 시간을 교회에서 보내고 헌금하며 교회를 섬기면서도 위로자 되시는 성령님을 한 번도 경험하지 못했다면 얼마나 억울한가?

지금은 훈련 기간

요한계시록을 묵상하면서 참 은혜가 되었던 찬양이 있다. 앞에서도 나눈 '나 지금 말고 훗날에'라는 찬양이다. 3절과 4절의 가사가 이렇다.

수많은 내 계획 위에 왜 구름이 덮였는지
왜 내 노래 그쳤는지 그 날 되면 이해하리

내 원하던 모든 것이 왜 이루지 못했는지
왜 내 희망 깨졌는지 높은 데서 이해하리

이 가사를 가만히 묵상하면서 하나님이 왜 우리에게 이런 고통과 아픔을 주시는지 생각해보았다. 하나님의 관심은 안개처럼 지나가는 이 땅에서 잘 먹고 잘 사는 데 있지 않기 때문이다. 하나님은 우리가 이 땅에서 요한이 보았던 새 하늘과 새 땅, 그 나라에서 놀라운 천국 백성으로 살아가기에 부족함이 없도록 훈련받기 원하신다.

훈련은 눈물 쏙 빠지게 하는 것이다. 야구선수들은 추운 겨울에 엄청난 연습을 한다. 그러면 봄에 펄펄 날아다니게 된다. 하나님의 관점으로 이 땅은 겨울이다. 운동선수들이 연습하는 시즌이다. 우리는 여기에 즐기러 온 게 아니다.

최근에 한 야구선수가 자꾸 예능 프로그램에 나오는 걸 우려하는 글들이 인터넷에 올라온 걸 봤다. 운동선수가 자꾸 방송을 맛보면 안 된다는 것이다. 겨울에 연습해야 한다는 것이다. 그 선수를 아끼기에 하는 말이다. 하나님은 우리를 아끼신다. 그래서 말씀하신다.

"얘들아, 이 땅에서 맨날 즐기고 누리고 쾌락만 추구하면 나중에 힘들어진다."

그래서 이 찬양의 마지막 가사는 "내 주님은 다 아시고 이 죄인을 인도하네. 눈물 없이 주 뵈리니 이제는 정녕 이해하리"라고 마무리된다.

지금 눈물의 훈련 과정에 있다면 조금만 더 견디자. 지금까지 잘 해왔다. 오늘 이 눈물의 수고로 인해 장차 도래하게 될 하나님나라에서는 눈물 없이 주님을 다시 만나게 될 것이다.

나 지금 말고 훗날에 더 좋은 그 나라에서
이 눈물의 뜻을 알고 또 그 말씀 이해하리

이 가사가 그대로 구현되는 우리 모두의 삶이 되길 바란다.

요한계시록 22:6-12

또 그가 내게 말하기를 이 말은 신실하고 참된지라 주 곧 선지자들의 영의 하나님이 그의 종들에게 반드시 속히 되어질 일을 보이시려고 그의 천사를 보내셨도다 보라 내가 속히 오리니 이 두루마리의 예언의 말씀을 지키는 자는 복이 있으리라 하더라 이것들을 보고 들은 자는 나 요한이니 내가 듣고 볼 때에 이 일을 내게 보이던 천사의 발 앞에 경배하려고 엎드렸더니 그가 내게 말하기를 나는 너와 네 형제 선지자들과 또 이 두루마리의 말을 지키는 자들과 함께 된 종이니 그리하지 말고 하나님께 경배하라 하더라 또 내게 말하되 이 두루마리의 예언의 말씀을 인봉하지 말라 때가 가까우니라 불의를 행하는 자는 그대로 불의를 행하고 더러운 자는 그대로 더럽고 의로운 자는 그대로 의를 행하고 거룩한 자는 그대로 거룩하게 하라 보라 내가 속히 오리니 내가 줄 상이 내게 있어 각 사람에게 그가 행한 대로 갚아주리라

CHAPTER

19

마지막 권면

요한계시록 22장은 계시록 전체를 마무리 짓는 결론에 해당되기도 하고, 좀 더 포괄적으로 보면 신구약 전체를 정리해놓은 핵심 메시지가 담겨 있는 장이기도 하다. 20,21절은 그 마지막 구절이다.

> 이것들을 증언하신 이가 이르시되 내가 진실로 속히 오리라 하시거늘 아멘 주 예수여 오시옵소서 주 예수의 은혜가 모든 자들에게 있을지어다 아멘 계 22:20,21

성경은 이렇게 마무리된다. 주님 편에서는 "내가 다시 오겠다"는 약속의 말씀을 주시는 것이고, 믿음을 가진 그리스도인들은 다시 오시겠다는 주님의 말씀을 믿음으로 수용하고 "아멘"으로 받으면서 그 약속을 믿고 기다리겠다는 신앙고백이다.

종말론적 긴장감으로 사는 삶

믿는 우리는 이 땅에서 다시 오실 예수 그리스도를 기다리는 종말론적 긴장감을 가지고 살아야 한다. 그렇다면 어떻게 사는 것이 종말론적 긴장감을 가지고 사는 삶인가? 이 질문을 가지고 말씀을 묵상하다가 시편 말씀이 떠올랐다.

> 또 그의 종 다윗을 택하시되 양의 우리에서 취하시며 젖 양을 지키는 중에서 그를 이끌어 내사 그의 백성인 야곱, 그의 소유인 이스라엘을 기르게 하셨더니
>
> 시 78:70,71

앞에서도 언급했지만 1992년도에 우리나라를 발칵 뒤집어놓은 다미선교회로 인해 거기에 빠졌던 사람들이 얼마나 불행한 삶을 살았는지 모른다. 예수님이 곧 재림하실 것이고, 믿는 자들은 휴거될 거라는 말에 넘어져 회사를 사직하고 그 퇴직금을 목사에게 갖다 바쳤고, 공부를 하기 싫어하던 아이들은 학교에 자퇴서를 내버렸다. 그렇게 다 정리하고 흰옷을 입고 다시 오실 주님을 맞이한다고 했다가 온 세상의 조롱거리가 되었다. 생각만 해도 씁쓸한 사건이다.

우리가 다시 오실 주님을 기다리는 종말론적인 긴장감을 가지고

산다는 건 이런 게 아니다. 집 팔고, 전세 빼고, 회사 때려치우고, 학교 그만두고 흰옷 입고 산에서 기다리는 게 종말론적 긴장감이 아니란 말이다.

다윗의 직업은 목동이었다. 하나님은 그가 양을 지키던 중에 부르셨다. 그가 양의 우리에 있을 때 부르셨다. 자기에게 맡겨진 일에 최선을 다하며 살아가는 그 삶의 현장에 은혜가 임한다.

내가 독일에서 열린 유럽 코스타에 강사로 갔을 때 어떤 분의 안내로 종교개혁가 마틴 루터의 생가를 방문할 기회가 있었다. 그 집 마당에 작은 비석 같은 것이 있었는데, 나를 안내해준 분이 거기 쓰인 독일어를 설명해주었다.

"내일 지구가 멸망하더라도 나는 한 그루의 사과나무를 심겠다."

이 말이 왜 여기에 써 있는 걸까? 그분이 설명하기를, 대부분의 사람들이 이 말을 철학자 스피노자가 한 것으로 알고 있지만 사실은 루터가 먼저 했다고 한다. 그 분 설명으로는 마틴 루터가 먼저 태어나신 분이니 루터가 한 말을 스피노자가 인용하지 않았을까 추정한다는 것이다. 나중에 찾아보니 스피노자는 1632년생이고, 마틴 루터는 1483년생이었다.

그분의 설명대로 정말 그런지는 잘 모르겠지만, 종교개혁가라면 이렇게 생각하는 게 맞다고 생각했다. 타락한 종교를 개혁하겠다는 생각을 가진 사람이라면, 내일 지구가 멸망해도 오늘 내게 맡겨진 일에 최선을 다하는 삶의 자세를 가지는 것이 마땅하다고 말이다.

우리도 마찬가지다. 종말론적 긴장감을 가지고 산다는 건 다시 오실 주님을 기다리면서 오늘 우리에게 맡겨진 일에 최선을 다해 충성하는 것이다. 하나님은 양을 돌보고 지키는 삶의 현장에서 최선을 다했던 다윗을 나라를 구하는 인물로 택하셨다. 이런 의미에서, 다시 오실 주님을 기다리는 사람들이 가져야 할 몇 가지 자세를 요한계시록 22장에서 찾아보았다.

생명의 말씀에 순종하라

첫째, 말씀을 소중히 여기는 삶의 태도를 가져야 한다.

> 보라 내가 속히 오리니 이 두루마리의 예언의 말씀을 지키는 자는 복이 있으리라 하더라 계 22:7

얼마 전에 《본질이 이긴다》라는 책을 봤다. 책의 내용도 좋았지만 책 제목이 정말 마음에 와 닿았다. 신앙의 본질 중의 본질은 하나님이 우리에게 주신 생명의 말씀이다. 그러므로 마지막 때에 말씀을 소중히 여기고, 그 말씀에 순종하는 태도를 가져야 한다.

주님은 우리에게 다시 오실 것을 약속하신 후에 곧이어 "이 두루마리의 예언의 말씀을 지키는 자는 복이 있으리라"라고 말씀하셨다.

또한 18절에서도 "내가 이 두루마리의 예언의 말씀을 듣는 모든 사람에게 증언하노니 만일 누구든지 이것들 외에 더하면 하나님이 이 두루마리에 기록된 재앙들을 그에게 더하실 것이요"라고 다시 한 번 말씀하심으로 이를 강조하셨다.

2천 년 전 예수님이 이 땅에 오셨을 때, 그 과정에서 가장 크게 쓰임 받은 인물은 마리아였다. 마리아는 어떻게 그렇게 아름답게 쓰임 받을 수 있었을까? 그녀의 신앙고백에서 그 이유를 찾아볼 수 있다.

마리아가 이르되 주의 여종이오니 말씀대로 내게 이루어지이다 눅 1:38

이 신앙고백 안에는 말씀에 순종하고 그 말씀을 소중히 여기는 마리아의 태도가 고스란히 담겨 있다. 그렇기에 마리아는 그처럼 귀하게 쓰임 받는 통로가 될 수 있었던 것이다. 그러나 오늘 우리 시대는 말씀에의 순종은 고사하고 말씀 자체가 제대로 들리지 않는 시대이다.

이런 상황을 생각해보자. 내가 저녁에 차를 몰고 집으로 돌아가면서 라디오 볼륨을 내 귀에 알맞게 조절해놓았다. 다음날 새벽기도에 가려고 차에 시동을 걸면 자동으로 라디오가 켜지고 소리가 나오는데, '누가 이렇게 소리를 크게 켜놓았지?'라는 생각이 들 정도로 큰 소리가 나온다. 전날 소리의 볼륨을 조절해놓은 것은 분명 나다.

그런데 전날 밤에는 내 귀에 딱 맞던 소리가 다음날 새벽에는 왜 그렇게 시끄럽게 들렸을까? 답은 간단하다. 전날 밤에는 주변에 소음이 많았기 때문이다. 번잡하고 시끄럽던 저녁에는 적당하게 여겨지던 소리가 고요한 새벽이 되니 유난히 크게 들렸던 것이다.

그렇다면 오늘 우리 시대는 영적으로 고요한 새벽인가, 잡소리가 난무하는 시끄러운 저녁 시간인가? 후자에 가까울 것이다. 오히려 그보다 더 심해서 차 옆에서 꽹과리도 울리고 징도 울리는 시대가 아닌가 싶다. 이렇다 보니 하나님 말씀에 순종하는 건 고사하고 말씀 자체가 안 들리는 것이다.

이런 맥락에서, 너무 바쁘고 분주한 것은 그리 좋은 것이 아니다. 나 역시 분주한 삶을 피하기 위해 애쓰고 있다. 이런 저런 모임이나 단체에서 이사장이나 대표를 맡아달라는 요청이 들어오곤 하지만, 대부분 그 제안을 사양한다. 그런 요청에 모두 응했다가는 내 영이 살 수 없을 것이 뻔하기 때문에 나는 자제할 수밖에 없다.

그리고 가능하다면 새벽 시간에 말씀 묵상하는 시간을 꼭 가지려고 한다. 그 시간은 나에게 재충전의 시간이다. 만약에 새벽 묵상 시간을 활용하지 않았다면 나는 벌써 탈진하고 말았을 것이다. 그런 차원에서 너무 분주하고 대인관계가 현란한 분들은 꼭 좋은 것만은 아니다. 사람에게는 박수 받을지 몰라도 영적으로는 호흡 곤란 사태가 벌어질지 모를 일이다. 우리에겐 하나님께 집중하는 고요한 시간이 필요하다. 최소한의 관계만 유지하고 나머지 시간은 하나님 말씀을 붙드는 데 사용해야 한다. 이것이 종말론적 긴장감을 가진 사람의 태도이다.

오직 하나님께만

둘째, 하나님만 경배하는 삶의 태도를 가져야 한다.

> 이것들을 보고 들은 자는 나 요한이니 내가 듣고 볼 때에 이 일을 내게 보이던 천사의 발 앞에 경배하려고 엎드렸더니 그가 내게 말하기를 나는 너와 네 형제 선지자들과 또 이 두루마리의 말을 지키는 자들과 함께 된 종이니 그리하지 말고 하나님께 경배하라 하더라 계 22:8,9

사도 요한은 하나님의 말씀을 전달하는 천사들에 압도되어 그 앞에 엎드리자 천사들이 요한을 말린다. 그러면서 천사들이 한 말을 원어로 보면 "보라! 그리하지 말라"라고 되어 있다. 천사들이 가볍게 "에이, 왜 그러세요? 그러지 마세요"라고 말한 정도가 아니라 화들짝 놀라면서 "요한, 너 왜 그래? 그건 정신 나간 짓이야! 나는 경배의 대상이 아니란 말이야"라고 소리 지르는 뉘앙스이다.

성경에 비슷한 상황이 또 있다.

무리가 바울이 한 일을 보고 루가오니아 방언으로 소리 질러 이르되 신들이 사람의 형상으로 우리 가운데 내려오셨다 하여 바나바는 제우스라 하고 바울은 그 중에 말하는 자이므로 헤르메스라 하더라 시외 제우스 신당의 제사장이 소와 화환들을 가지고 대문 앞에 와서 무리와 함께 제사하고자 하니 행 14:11-13

바울과 바나바가 루스드라라는 지역에서 복음을 전하다가 날 때부터 일어서지 못하던 장애를 안고 살던 사람을 고쳐준다. 그 장면을 상상해보자. 평생 일어나보지 못했던 장애인이 고침 받아 걷고 뛰며 춤을 춘다. 얼마나 기뻤겠는가? 이 광경을 본 사람들이 바울과 바나바를 보고 “신들이 사람의 형상으로 우리 가운데 내려오셨다”고 말한다.

이에 대해 바울과 바나바가 어떤 반응을 보이는가?

두 사도 바나바와 바울이 듣고 옷을 찢고 무리 가운데 뛰어 들어가서 소리 질러 이르되 여러분이여 어찌하여 이러한 일을 하느냐 우리도 여러분과 같은 성정을 가진 사람이라 여러분에게 복음을 전하는 것은 이런 헛된 일을 버리고 천지와 바다와 그 가운데 만물을 지으시고 살아 계신 하나님께로 돌아오게 함이라 행 14:14,15

자기들을 섬기려는 사람들에 대해 두 사람은 굉장히 격한 반응을 보였다. 요즘 아이들 말로 좀 오버한 것이 아닌가 하는 생각이 들 정도이다. 여기서 우리는 물어야 한다. 요한계시록 22장에 나오는 천사들이나 사도행전 14장에 나오는 두 사도가 이런 반응을 보이는 이유는 무엇인가? 마가복음 6장을 보자.

> 예수께서 즉시 제자들을 재촉하사 자기가 무리를 보내는 동안에 배 타고 앞서 건너편 벳새다로 가게 하시고 무리를 작별하신 후에 기도하러 산으로 가시니라
>
> 막 6:45,46

무슨 사연이 있기에 예수님이 급하게 제자들에게 "얘들아, 빨리 짐 싸라. 지금 빨리 배를 타고 여기서 떠나야 해"라고 하시고는 기도하러 산으로 향하셨을까?

이 사건 바로 전에 오병이어의 기적이 있었다. 예수님이 어린아이의 작은 도시락을 가지고 남자 장정만 오천 명을 먹이는 기적을 베풀어주셨다. 그랬더니 어린아이와 여자들까지 포함한 엄청난 군중이 다 열광했다. "예수! 예수!"라고 외치며 그분을 왕으로 삼자고 난리가 났다. 그래서 예수님이 그렇게 서두르신 것이다.

예수님은 왜 그런 반응을 보이셨을까? 자신은 십자가를 지기 위해 이 땅에 오셨는데 군중들이 왕으로 모시고자 하니까 마음이 흔들려서 '여기에 취했다가는 십자가고 뭐고 다 내팽개치고 왕 노릇 하

는 타락의 길로 걷겠다' 싶어서 도망치듯 피해 가신 것일까?

예수님은 우리같이 그렇게 천박한 인생이 아니시다. 누가 옆에서 부추긴다고 우쭐해 하시거나 왕이 되고자 십자가를 버리거나 하실 분이 아니라는 말이다. 그렇다면 왜 그렇게 급히 산으로 떠나셨을까? 어차피 흔들리지도 않으실 거면서 말이다.

이걸 묵상하다가 너무나 중요한 답을 찾았다. 지금 예수님은 제자들을 훈련시키는 중이셨다. 주님은 제자들에게 정말 중요한 메시지를 전하고 싶으셨던 것이다.

"너희들 봤지? 사역하다가 누가 너희들을 자꾸 떠받들고 칭찬하면 영적으로 위험한 상황이야. 그런 일이 있을 때는 그 자리를 즐기고 있으면 안 돼. 빨리 그 자리를 떠나야 돼. 그리고 산에 가서 기도해야 해."

타락의 시작점을 인식하라

나는 교회 변질의 첫 단추가 마가복음 6장의 이 말씀을 간과하는 것이라고 생각한다. 한국 교회가 70년대에 급격히 부흥하면서 담임목사의 역할이 중요해졌고, 너무나 많은 사람들이 목사님을 떠받들었다. 그 상황을 방치하면서 많은 어려움을 겪게 되었다고 생각한다.

그러므로 교회 회복의 열쇠는 간단하다. 하나님이 받으셔야 했을 그 영광의 자리에 올라가 있던 교역자들과 중직자들이 그 자리에서 내려오면 된다. 종의 자리로 돌아가면 된다.

성도들이 "목사님, 정말 훌륭하세요. 사랑해요"라고 말할 때 옷을 찢으면서 미쳤느냐고 외치는 격한 반응까지는 못하더라도 이건 인식해야 한다.

'지금 나에게 굉장히 위험한 상황이구나.'

우리는 자신을 돌아볼 줄 알아야 한다. 누군가가 자꾸만 칭찬할 때는 자신의 마음을 점검할 수 있어야 한다. 혹시 주변에서 칭찬하고 잘한다고 부추기지 않으면 맥이 빠져서 일하기 힘들어하고, 교회가 내 수고를 몰라준다고 시험에 드는 사람이 있다면 그것이 자신이 영적으로 병들어가고 있다는 증거임을 깨달아야 한다. 그 현장을 떠나 기도해야 할 상황임을 인식할 때 타락을 피할 수 있다.

옛날 어른들이 눈물로 부르시던 찬양이 가끔씩 떠오른다.

존귀 영광 모든 권세 주님 홀로 받으소서
멸시 천대 십자가는 제가 지고 가오리니
_ 새찬송가 323장 중에서

옛 어른들의 아름다운 이 정신이 한국 교회를 풍성하게 만들어주었다. 그런데 그 후대인 우리가 그 풍성함에 취해 부끄러운 자리에 빠진 것이라면 이제 그 자리에서 돌이켜야 한다. 종말론적 긴장감을 가지고 하나님의 영광을 가로채려는 악한 시도를 버리는 아름다운 교회로 회복되어야 한다.

상급을 바라보라

셋째, 다시 오실 주님을 기다리는 사람은 주님이 주실 상을 기대해야 한다.

> 보라 내가 속히 오리니 내가 줄 상이 내게 있어 각 사람에게 그가 행한 대로 갚아주리라 계 22:12

> 하나님께서 각 사람에게 그 행한 대로 보응하시되 참고 선을 행하여 영광과 존귀와 썩지 아니함을 구하는 자에게는 영생으로 하시고 롬 2:6,7

주님은 십자가를 통해 자격 없는 자에게 공짜로 구원을 주셨다. 그것을 오해해서 아무런 행위의 노력 없이 신앙생활 하려는 사람들이 있다. 우리는 하나님이 십자가를 통해 값없이 주신 구원의 은혜를 생각해서라도 자신에게 주어진 삶에 최선을 다해야 한다. 그렇게 살아가는 사람들에게 하나님은 상 주심으로 갚아주신다. 반드시 그렇게 하신다. 성령께서 우리의 영안을 열어주셔서 이것을 볼 수 있는 은혜를 주시기를 바란다.

요즘 자녀를 바르게 교육하기가 얼마나 어려운가? 그렇지만 "네가 그렇게 눈물로 기도하며 자녀를 양육했기 때문에 아이들이 하나님의 자녀로 설 수 있게 되었구나"라는 주님의 격려와 상 주심에 대한 기대감을 회복하길 바란다.

교회를 위해 이 모양, 저 모양으로 수고하는 분들도 마찬가지다. 교회를 사랑하여 행하는 모든 수고 위에 주님의 한량없는 위로가 넘치길 바란다.

최근에 성도 한 분에게서 메일 한 통을 받았다. 분당우리교회가 일만성도파송운동의 일환으로 미자립교회에 가서 예배를 섬기고 있는데, 그 분이 몇 사람 모이지 않는 미자립교회에 가서 예배를 드리다가 가슴이 뜨거워지는 경험을 했다. 그 교회에서 말씀의 은혜를 받고, 이렇게 신실한 교회가 알려지지 않아서 성도가 얼마 모이지 않는다는 게 가슴이 아파 결단을 했다. 교회를 옮기기로 한 것이다.

교회를 사랑하시는 주님 앞에서 상 주심에 대한 기대감이 없으면 쉽게 할 수 있는 일이 아니다. 나도 그렇다. 상 주심에 대한 종말론적인 긴장감이 없다면 그 분이 교회를 옮기는 것을 말리고 싶었을 것이다. 하지만 그 메일을 읽는데 마음이 기뻤다. 이렇게 연약한 교회들을 사랑으로 섬기려는 몸부림을 하나님이 귀히 보신다는 걸 알기 때문이다. 눈에 보이는 세계가 끝이 아니기에, 상 주심에 기대감이 있기 때문에 그렇게 할 수 있는 것이다.

그 날에의 소망

리처드 필립스가 쓴《남자의 소명》이라는 책에 한 에피소드가 나온다. 책 내용을 쉽게 설명하기 위해서 살짝 각색을 해봤다.

아주 유망한 젊은 피아니스트가 미국의 카네기 홀에서 첫 연주를 했다. 실력 있는 피아니스트였기에 연주가 끝나자 객석의 관중들이 모두 일어서서 박수를 보냈다. 무대에서 내려온 연주자에게 옆에 있던 한 사람이 빨리 나가서 앙코르 연주를 하라고 말했다. 모든 관객이 기립해서 당신에게 박수를 보내며 그것을 원한다고 말이다.

그런데 피아니스트는 앙코르 공연을 안 하겠다고 했다. 당황한 그 사람이 이유를 묻자, 그 젊은 피아니스트가 이렇게 말했다.

"왼쪽 발코니에 계신 노인이 보이십니까? 저분이 자리에서 일어나 앙코르를 외치기 전에는 응할 수 없습니다."

"아니, 지금 저 한 분 외에는 다 일어났는데, 그게 말이나 됩니까?"

그 사람이 다시 물었다. 그러자 연주자가 이렇게 응수했다.

"왼쪽 발코니에 앉아 계시는 저분은 제 스승이십니다. 저분이 제 연주를 인정하기 전에는 결코 이 연주가 성공적이었다고 생각할 수가 없습니다. 그러니 앙코르 연주에는 응할 수 없습니다."

짧은 에피소드이지만 나는 그 글을 읽으며 그에 반대되는 상황을 생각해봤다. 모든 사람들이 내게 돌을 던지고 비난하고 침을 뱉는다 할지라도 왼쪽 발코니에 앉아 계시는 예수 그리스도께서 "잘 했다, 수고했다"라며 박수 쳐주시는 인생이라면 우리 인생은 실패한 게 아니다.

주님 다시 오실 때까지 나는 이 길을 가리라
좁은 문, 좁은 길 나의 십자가 지고
나의 가는 이 길 끝에서 나는 주님을 보리라
영광의 내 주님 나를 맞아주시리
_ 작사, 작곡 고형원

내 인생이 끝날 때, 왼쪽 발코니 옆에 박수쳐주시며 나를 맞아주실 그 주님을 생각하며 오늘도 내게 맡겨진 일상의 일에서, 가정을 지키는 일에서, 교회를 섬기는 일에서 이런저런 어려운 일들을 참고 견뎌내는 능력을 덧입기를 바란다.

요한계시록 22:20, 21

이것들을 증언하신 이가 이르시되 내가 진실로 속히 오리라 하시거늘 아멘 주 예수여 오시옵소서 주 예수의 은혜가 모든 자들에게 있을지어다 아멘

CHAPTER

20

마라나타,
이 시대의 대안

마태복음 24장과 25장에는 예수님이 십자가를 지시기 바로 직전의 일들이 기록되어 있다. 며칠 뒤면 십자가를 지셔야 하는 긴박한 상황 속에서 주님이 제자들에게 마지막 권면의 말씀으로 주신 것이 마태복음 24,25장의 내용이다. 그 내용은 예수님의 재림에 관한 메시지였다. 요한계시록 마지막 말씀도 같은 맥락이다.

다시 강조하지만, 요한계시록은 당시 극심하게 핍박당하던 초대교회 성도들을 위로하고 그들에게 소망을 주어 고난을 잘 견뎌낼 수 있도록 하기 위해 쓰여졌다. 사실 당시 고난당하던 초대교회 성도들의 입장에서 생각해 보면 아마도 그들은 본능적으로 그 극심한 고통에서 해방되어 자유롭게 사는 것을 소망하고 있지 않았을까?

그런데 요한계시록의 내용은 그들이 갈망하고 소원하는 방식이 아니었다. 이 땅에서의 고난이 사라지고 보상 받고 잘사는 쪽으로 말씀을 주신 것이 아니라, 다시 오실 예수 그리스도에 대한 선포와 그것을 들은 성도들이 “아멘, 주 예수여 오시옵소서. 마라나타!”라고 선포하기를 원하셨기에 주신 말씀이다.

그 나라를 바라보는 긴장감을 유지하라

신앙생활은 늘 다시 오실 주님을 기다리는 삶, 내 눈앞의 안락과 편안함을 추구하는 삶이라는 두 갈래 길에서 자신의 삶을 조절하고 점검하는 것이다.

다시 오실 주님, 또 주님이 오신 이후에 누리게 될 하나님나라는 너무 멀어 보인다. 죄성이 있는 우리에게는 그것이 선뜻 와 닿지 않는다. 당장 오늘 떡을 하나 더 얻고 고난이 사라지길 원하는 우리의 마음을 향해 하나님께서는 끊임없이 말씀하신다.

“근시안적이고 좁은 눈을 가지고 이 땅만 들여다보고 살지 말고 눈을 넓혀라. 멀리 바라보거라.”

그래서 요한계시록이 제시하는 대안은 새 하늘과 새 땅이다. 새 하늘과 새 땅으로 들어가는 관문에 있는 예수 그리스도의 십자가로 구원받은 우리는 다시 오실 예수 그리스도, 완성된 하나님나라를 갈망하고 꿈꾸며 살아야 한다. 이것이 하나님이 우리에게 주시는 메시지이다.

요한계시록 22장 20,21절 말씀을 묵상하면서 나는 설교자로서 또 목사로서 반성을 많이 했다. 현실적으로, 눈에 보이는 성도들의 삶의 애환을 듣고 대면하면서 하는 게 목회다 보니 성도들이 너무 어려워하고 힘들어할 때는 위로하고 격려하고 품어야겠다는 마음이 먼저 든다. 그러다 보니 본의 아니게 자꾸 설교가 이 땅에서 어떻게 하면 회복되는가, 어떻게 하면 이 땅에서 위로를 받는가 하는 쪽으로 치우칠 때가 많은 것이 사실이다. 이 땅에 발을 딛고 사는 존재이기에 어쩔 수 없이 이 땅에서의 아픔에서 회복되고자 하는 마음이 필연적으로 들겠지만 거기에만 머물면 안 된다. 우리는 이런 관점으로 자신을 돌아보아야 한다.

요한계시록이 다시 오실 예수님에 대한 예고와 관련해서 주는 메시지는 딱 두 가지이다. "속히 오신다"는 것과 "도둑같이 오신다"는 것이다. 속히 오시지만 언제 오실지에 대해서는 예고하지 않으시겠다는 것이다. 데살로니가전서에도 이런 말씀이 있다.

> 형제들아 때와 시기에 관하여는 너희에게 쓸 것이 없음은 주의 날이 밤에 도둑같이 이를 줄을 너희 자신이 자세히 알기 때문이라 살전 5:1,2

왜 주님은 속히 오겠다는 것을 이토록 강조하셨을까? 그리고 왜 예고하지 않고 도둑같이 오겠다고 말씀하신 것일까? 나는 이 두 가지에서 주님의 마음을 느꼈다.

"너희들은 이 땅에서 살아가는 동안 긴장감을 가지고 살아야 한다. 항상 언제 오실지 모르는 주님을 생각하고 그분을 묵상하는 삶을 살아야 한다."

지금 우리에게는 이런 긴박성이 없다. 오실 주님에 대한 절박한 마음도 슬금슬금 사라지고 있다. 영적인 변질이 여기서부터 시작된다. 그러므로 우리는 이 영적인 긴박성, 종말론적인 긴장감을 회복해야 한다.

초점을 붙드는 인생

그렇다면 이러한 마라나타 정신과 관련해서 우리가 회복해야 될 것들은 무엇일까?

먼저, 깨어 있어야 한다. 신앙생활은 깨어서 주님을 기다리는 삶을 사는 것이다. 이것이 '초점 있는 인생'이다.

그러므로 깨어 있으라 어느 날에 너희 주가 임할는지 너희가 알지 못함이니라

마 24:42

우리가 집중해야 될 대상은 예수 그리스도이시다. 그분에게 우리

의 초점이 맞추어져야 한다.

소치 동계올림픽에서 이상화 선수가 우리나라 선수 중에 첫 금메달을 땄다. 많은 사람들이 환호하며 기뻐했다. 이상화 선수를 보면서 신앙인의 모습이 어떠해야 하는지 느낄 수 있었다. 이상화 선수는 지난 4년 동안 오직 한 가지 초점, 즉 소치 올림픽에서 금메달을 따는 모습만 상상하며 살았다고 한다. 얼마나 연습에 몰두했는지 이상화 선수의 허벅지 굵기가 가수 아이유의 허리 굵기와 같다고 한다. 허벅지 근육을 키워야 스케이트를 잘 탈 수 있어서 그쪽으로 훈련을 많이 했기 때문이다.

"저 여자는 허벅지가 왜 저렇게 굵지?"

이런 소리에 귀를 기울이지 않았다. 오직 소치 올림픽에서 주인공이 되겠다는 초점 하나뿐이었다. 그 무서운 집중력이 나머지 모든 것들을 하찮게 여기게 했고, 그것이 결국 올림픽 금메달이라는 영광을 안겨준 것이다. 주님이 우리에게 요구하는 삶의 양식이 바로 이것이다.

비슷한 예로, 우리나라 프로야구 선수 중에 이병규 선수가 있다. 2013년도에, 이병규 선수가 서른아홉의 나이로 골든 글러브 시상식에서 지명타자부문 골든 글러브를 수상했다. 야구선수로는 환갑이 지난 나이에 현역 선수로는 최고령 타격왕이 된 것이다.

서른아홉 살의 고령 선수가 엄청난 기록을 세운 것도 대단했지만,

골든 글러브 상을 수상하고 나서 인터뷰한 내용을 보고 그 선수에 대한 존경심이 생겼다. 그는 좋은 눈을 유지하기 위해 TV 보는 것도 참고 스마트폰도 자제했다고 한다. 작은 야구공을 쳐내려면 좋은 시력을 유지해야 하기 때문이다.

요즘 세상에 어떻게 TV와 스마트폰 없이 살 수 있겠냐고 물을지 모르겠지만, 살 수 있다. 꿈이 있으면 살 수 있다. 그는 오직 하나, 야구 경기장의 수많은 관중 앞에서 안타를 치고 영웅이 되고자 하는 꿈을 가지고 있었다. 그렇기에 절제할 수 있었던 것이다. 하나님이 원하시는 그리스도인의 삶이 이런 것이다.

"시야를 좀 더 높은 곳에 두어라. 지금 당하는 고통을 어떻게 하면 없앨 수 있을 것인가에만 집중하지 말고, 초점을 높은 데 두어라."

우리의 시야가 하나님나라, 새 하늘과 새 땅으로 넓어지면 이 땅에서 좀 억울한 일을 당하고 모함과 고난을 당해도 초월할 수 있는 힘이 생긴다. 그래서 주님은 요한계시록의 마지막 결론으로, "내가 다시 오겠다. 내가 속히 오겠다"라고 말씀하신 것이다. 그리고 여기에 "마라나타! 아멘, 주 예수여 오시옵소서"라고 화답하는 모습으로 요한계시록이 마무리된다.

무엇을 바라보는가

누가복음 2장을 묵상하다가 참 흥미로운 걸 발견했다. 누가복음 2장은 초림 예수님이 이 땅에 아기 예수로 오시는 과정을 기록해 놓은 것이다. 얼마나 긴장된 순간인가? 그리고 얼마나 중요한 순간인가?

그런데 예수 그리스도가 오시는 그 중요한 과정에 뜬금없이 듣지도 보지도 못한 무명의 두 사람이 등장한다. 시므온이라는 남자와 안나라는 여자이다.

> 예루살렘에 시므온이라 하는 사람이 있으니 이 사람은 의롭고 경건하여 이스라엘의 위로를 기다리는 자라 성령이 그 위에 계시더라 … 또 아셀 지파 바누엘의 딸 안나라 하는 선지자가 있어 나이가 매우 많았더라 그가 결혼한 후 일곱 해 동안 남편과 함께 살다가 과부가 되고 팔십사 세가 되었더라 이 사람이 성전을 떠나지 아니하고 주야로 금식하며 기도함으로 섬기더니 눅 2:25,36,37

지금 우리가 소치 올림픽 경기의 열기를 전하는 리포터로 뽑혔다고 생각해보자. 현장을 중계하는 중이다. 그러면 리포터는 누구를 조명해야 할까? 당연히 금메달을 딴 이상화 선수에게 포커스를 맞춰야 한다. 그런데 누가복음 2장은 지금 듣지도 보지도 못한 관중에게 초점을 맞추고 있는 것이다.

게다가 안나는 결혼하고 남편과 잘 살다가 7년 만에 남편이 죽은 이후로 84세가 될 때까지 쓸쓸하게 살아온 여인이다. 누가 이런 여인을 주목하겠는가? 그런데 성경은 예수 그리스도가 이 땅에 나시는 과정을 묘사하는 누가복음 2장에서 이렇게 초라하고 본받고 싶지 않고 따르고 싶지 않은 무명의 안나와 시므온에게 스포트라이트를 비춘다.

여기에 담긴 하나님의 의도가 무엇일까? 신앙이라는 것은 금메달 따고 유명해지고 세상의 주목을 받는 형태로 나타나는 게 아니라는 것이다. 사람들은 알아주지 않을지라도 초점이 있는 인생, 절망적인 삶 속에서도 오실 메시아 예수 그리스도를 기다리는 삶을 사는 인생이 성공한 인생이라는 것이다.

그런데 오늘날 우리의 삶은 여기서 너무 멀어져 있는 것은 아닌가? 어떻게 하면 예수님의 이름으로 이 땅에서 잘 살아볼까, 부자가 되어볼까, 유명해져볼까에 시선이 가 있지는 않은지 우리 자신을 점검해보자.

어느 분이 필립 얀시의 책을 인용해서 쓴 칼럼을 보았다. 한 수도원에 여행객이 방문했는데 수도승과 방문객이 나눈 대화에 대해 필립 얀시가 다루고 있는 내용이었다.

수도원을 방문한 여행객에게 수도승이 이렇게 말했다.

"머무시는 동안에 무엇이든지 필요한 것이 있으면 말씀해주십시오. 그것 없이 사는 법을 가르쳐드리겠습니다."

참 묘한 이야기 아닌가? 필요한 것 없이도 사는 법을 가르쳐주겠다는 것이다. 그 글을 읽으면서 내 목회를 돌아보았다. 혹시 내 목회가 성도들의 당장의 불편만을 채워주는 목회는 아닌지 생각하게 되었다. 이걸 불평하면 이것을 채워주고, 저게 결핍되면 저것을 채워주고…. 이건 잘못된 목회이다.

하나님은 우리가 이상화 선수나 이병규 선수처럼 당장 부족한 부분이 있어서 아쉬움이 있을지라도 꿈이 있기 때문에 언젠가 영광을 누리게 될 그 날을 갈망하며 그 모든 것들을 절제해내는 삶을 훈련하기 원하신다.

이런 하나님의 마음을 제대로 파악하여 더 집착하고, 더 가지려고 애쓰는 삶이 아니라 좀 더 넓은 시야를 가지고 멀리 내다보는 삶을 살 수 있으면 좋겠다. 이제는 내 인생을 전체적으로 조망해보는 그런 자리로 옮겨갔으면 좋겠다.

안나와 시므온처럼 세상에서는 초라했을지라도, 이 땅에서의 삶이 끝날 때 새 하늘과 새 땅으로 인도해주실 하나님, 다시 오실 예수 그리스도로 말미암아 누리게 될 그 영광에 대한 꿈과 소망을 가지고 살아갈 수 있기를 바란다. 그런 삶이 우리 안에 회복되기를 바란다. 그것이 초점이 있는 인생이다.

사랑과 긍휼을 회복하라

또한 마라나타 정신으로 사는 우리는 사랑과 긍휼의 삶을 회복해야 한다. 예수님은 제자들에게 말세에 나타날 현상들에 대해 이렇게 말씀하신다.

> 거짓 선지자가 많이 일어나 많은 사람을 미혹하겠으며 불법이 성하므로 많은 사람의 사랑이 식어지리라 마 24:11,12

지금 우리의 눈으로 목도하고 있는 현상이다. 언젠가 "한국에 관용과 배려가 없다… OECD 꼴찌 수준"이라는 제목의 기사를 보았다. 한 교수님이 논문을 발표했는데, 지금 우리나라 경제는 엄청나게 성장해서 성장동력지표는 20위에서 13위로 올라섰지만 관용사회 부문(약자에 대한 배려, 외국인에 대한 배려, 장애인에 대한 배려 등)은 25위에서 31위로 내려가 OECD 국가 중 꼴찌가 되었다는 것이다. 이 글을 읽고 너무 마음이 아팠다.

운전을 하다가 차 뒤에 '초보운전'이라고 써 붙인 분들을 보면 때때로 '쓸데없는 것을 붙이고 있구나'라는 생각이 든다. 약자에 대해, 초보운전자들에 대해 긍휼의 마음과 배려하는 마음이 있는 사회여야 그게 통용이 되지, 그걸 붙인 차를 보면 오히려 무시하고 비웃는 사회에서는 아무 소용이 없기 때문이다. 오히려 사람들이 빨리 앞질러가는 게 낫겠다며 앞쪽으로 달려들기 때문에 더 위험하기까지 하다.

종교학자 정진홍 교수의 인터뷰에 이런 내용이 있었다.

"요즘 세상에는 Greedy talk(탐욕의 언어), Blame talk(비난의 언어)만 난무하는 것 같다."

이분이 말하는 '탐욕의 언어'는 연봉은 얼마를 받는지, 이건 얼마짜리인지 하는 것과 같은 물질에만 집착하는 게걸스러운 언어를 말한다. 또 '비난의 언어'는 무조건 남 탓하며 자기는 책임이 없다는 것이다. 그러면서 그 분은 "보고 싶은 것만 보고 관계는 단절시킨다"라고 말했다. 진짜 가슴 아픈 이야기이다.

우리의 입에도 탐욕의 언어가 얼마나 많은지 모른다.

"저 여자가 입고 있는 저 옷은 얼마짜리야. 그 남편은 월급 얼마 받는다더라. 무슨 무슨 차를 타고 다닌대."

이런 탐욕의 언어가 교회 안에서도 넘치고 있다. 제일 가슴 아픈 게 통계이다. 교회들마다 자꾸 숫자를 부풀린다. 그래서 한국에 있는 모든 교회들의 제적 성도를 다 합치면 대한민국 전체 인구보다 더 많을 거라는 우스갯소리도 있다. 왜 부풀릴까? 탐욕의 언어가 들어왔기 때문이다. 목사님의 영성이 어떠한가, 하나님 앞에 얼마나 진실한 교회인가 하는 것보다 더 중요한 것이 몇 명이 모이는 교회인가 하는 것이 되어버렸다는 말이다. 비난의 언어도 마찬가지이다. 교회 안에 남 탓하고 자기는 책임 안 지려는 비난의 언어가 얼마나 난무하고 있는가?

주님의 마지막 요청은 사랑이다

거듭 강조하지만 주님의 마지막 요청은 사랑이다.

새 계명을 너희에게 주노니 서로 사랑하라 내가 너희를 사랑한 것같이 너희도 서로 사랑하라 너희가 서로 사랑하면 이로써 모든 사람이 너희가 내 제자인 줄 알리라 요 13:34,35

데살로니가교회는 바울이 개척해서 세운 교회 중 하나로, 전도를 받아 회심한 이방인들이 많은 교회였다. 그러다 보니 아직 믿음이 깊게 뿌리내리지 못한 상태였는데, 바울이 다른 지역으로 떠나야 했다. 바울이 떠난 후에 로마와 유대인의 박해가 데살로니가교회에 극심하게 나타났다. 그러자 성도들 사이에 동요가 일어나기 시작했다. 잘못된 신학을 퍼뜨리는 사람들도 나타나고, 주님의 재림이 임박했다며 잘못된 종말 신앙을 가르치는 사람들도 나타났다. 심지어는 변절자까지 나타나 교회 안의 크리스천을 박해하는 일도 벌어졌다.

이런 혼미함이 데살로니가교회에 나타나자 바울은 그들에게 편지를 보내 교훈한다.

또 형제들아 너희를 권면하노니 게으른 자들을 권계하며 마음이 약한 자들을 격려하고 힘이 없는 자들을 붙들어주며 모든 사람에게 오래 참으라 삼가 누가 누구에게든지 악으로 악을 갚지 말게 하고 서로 대하든지 모든 사람을 대하든지 항상 선을 따르라 살전 5:14,15

누가 이 편지에 한 우리 말을 순종하지 아니하거든 그 사람을 지목하여 사귀지 말고 그로 하여금 부끄럽게 하라 그러나 원수와 같이 생각하지 말고 형제같이 권면하라 살후 3:14,15

바울은 교회를 혼란하게 하는 사람이 있으면 가까이하지 말라고 권고하면서도 그 사람에게 형제같이 권면하라고 가르친다.

그런데 오늘날 교회 안에서 성도 간의 관계가 깨어져 서로 미워하는 경우가 많다. 심지어 서로를 원수같이 생각하는 사람들도 많이 있다. 그러면서도 신앙생활에 전혀 지장이 없다고 생각한다. 그러나 바울은 사랑으로 역사하지 않으면 다 허무한 것이라고 말한다.

그리스도 예수 안에서는 할례나 무할례나 효력이 없으되 사랑으로써 역사하는 믿음뿐이니라 갈 5:6

아시시의 프란체스코라는 훌륭한 분이 있는데, 이런 일화가 있다. 프란체스코가 제자들과 더불어 3주 간 금식을 하기로 했다. 3주 금식이 얼마나 힘든가? 그런데 그중에 약한 제자가 있었던 것 같다. 안 그래도 배가 고파 죽겠는데 제자들이 가는 길 건너에 죽 파는 데가 있었다. 그 제자가 견디질 못하고 죽 파는 곳으로 가서는 게걸스럽게 죽을 먹어버렸다. 이후에 어떤 일이 벌어졌을지는 충분히 상상이 되지 않는가? 곧 엄청난 비난이 쏟아졌다.

그때 갑자기 스승 프란체스코가 죽 파는 곳으로 달려가서는 죽 한 그릇을 시켜 게걸스럽게 먹어버렸다. 그러고는 제자들에게 이렇게 말했다.

"사실은 나도 배가 너무 고팠어. 오늘로 금식 끝이야. 너희들도 와서 먹어."

프란체스코가 주기 원했던 교훈은, 금식보다 중요한 것은 관용하는 마음이라는 것이었다. 남을 비난하지 않는 선한 태도가 금식보다 중요하다는 것이다. 이런 태도를 잊어서는 안 된다.

단장한 신부들, 말세를 기다리며 다시 오실 주님을 기다리며 순결한 삶을 산다고 하는 사람들 사이에서 비난의 언어가 오갈 때 너무나 마음이 아프다. 요한계시록을 두고 교리 전쟁을 하는 것을 보면 너무나 마음이 아프다. 신학적으로 어떤 재림설을 믿느냐가 중요한 게 아니다. 진짜 중요한 것은 다시 오실 주님을 기다린다면 그 마음

안에 사랑이 있어야 한다는 것이다. 나와 생각이 좀 달라도, 나와 신학이 좀 달라도 예수 그리스도를 기다리는 마음이 그 안에 있다면 그를 관용하고 포용하는 마음의 회복이 우리에게 필요하다.

주님을 기다리는 마음 자세

한번은 어느 교회에 집회를 인도하러 갔다가 그 교회 분들과 담소를 나눈 적이 있는데, 그중 한 권사님이 이런 이야기를 해주셨다. 그 교회에서 오래전에 있었던 일이다. 초신자가 교회에 나오기 시작했는데, 그 분이 당시 뇌경색이 두 번이나 와서 약간의 치매 증세가 있었다고 한다. 규모가 그리 크지 않았던 교회라 가족 같은 분위기였는데, 담임목사님이 수요예배를 인도하다가 갑자기 성도들에게 순서에도 없는 특송을 요청하셨다.

"누구 특송하실 분 있습니까? 누구라도 자유롭게 나와서 특송을 해주세요."

그랬더니 약간의 치매가 있으신 그 어른이 나오셨다. 그러고는 정말 난감한 노래를 부르셨다.

"일송정 푸른 솔은 늙어 늙어 갔어도."

예배 중에 찬양이 아닌 가곡을 부르자 사람들이 당황했다. 그런데 노래가 끝나자 예상과 달리 담임목사님이 은혜를 많이 받았다면서 그 분을 막 칭찬해드렸다고 한다. 어쩌면 '저 목사님 왜 저래?' 하면서 비난 받을 수도 있는 반응이었지만, 그 목사님의 관용적인 태도에 감동을 받은 그 어른의 두 아들이 나중에 목사가 되었다는 것이다.

그날 그 이야기를 들으면서 많은 것을 깨달았다. 우리가 너무 쉽게 법과 공의의 잣대를 들이대고 있는 것은 아닌지 모르겠다. 물론 법이나 공의는 반드시 필요하다. 그러나 법이나 공의, 날카로운 잣대가 사람을 살리지는 못한다. 지금 우리에게는 관용하는 마음, 사랑의 마음이 필요하다.

한 가지 이야기만 더 하고 글을 마무리하려고 한다. 주님의 재림에 대한 설교를 준비하다가 한 성도님의 소천 소식을 들었다. 지난 책 《붙들어주심》에서도 언급했는데, 6년 전 유방암 수술을 받았는데 최근에 뇌암으로 재발한 분으로, 기억이 사라지기 전에 감사하는 마음을 표현하고 싶다고 지난 가을 특별새벽기도회 때 간식비로 800만원을 헌금했던 그 분이 돌아가셨다는 것이다.

그때 그 분의 바람대로 특새 마지막 날 무려 6천 명이 넘는 성도들이 그 분이 제공한 떡과 음료수로 기쁨의 잔치를 벌일 수 있었다. 그 분의 소천 소식을 듣고 많은 생각이 들었다. 삶과 죽음이 교차하는 절체절명의 순간에도 감사꺼리를 찾아 실천하는 그 분의 마지막 모습이 너무나 아름답고 귀하게 다가왔다.

우리 모두는 반드시 죽음의 길을 통과하게 되어 있다. 사실 우리는 지금 은행에서 번호표 뽑아놓고 기다리듯이 죽음을 대기하는 인생 아닌가? 그렇다면 어떻게 죽을 것인가, 또 살아 있는 동안에는 어떻게 살 것인가를 깊이 생각해야 할 것이다. 죽음을 염두에 둔 삶이야말로 예수님의 재림을 기다리는 자세가 아닐까 생각된다.

끊임없이 원망하며 비난의 언어를 가지고 불평하는 삶이 아니라 감사의 기억이 사라지기 전에 그 감사를 표현할 수 있는 우리가 되길 바란다. 게걸스럽고 탐욕스럽게 살다가 주님 앞에 가는 인생이 되지 말고 멀리 내다보며 관용하고 용납하고 용서하며 사는 인생이 되자. 삶의 지경이 넓어져 넓은 포용력으로 서로를 품어주며, 우리의 눈을 멀리 들어 이 땅의 문제만 들여다보며 안달복달 사는 것이 아니라 다시 오실 주님을 기다리는 인생이 되자. 우리 모두가 그렇게 예수님을 기다리며 오늘의 삶을 견뎌내길 바란다.

"마라나타, 아멘, 주 예수여 어서 오시옵소서!"

오늘을 견뎌라

초판 1쇄 발행 2014년 9월 22일
초판 24쇄 발행 2018년 5월 15일

지은이 이찬수

펴낸이 여진구
책임편집 이영주
편집 김윤향, 안수경, 최현수, 김아진, 배정아
디자인 마영애, 노지현, 조아라
기획·홍보 김영하
마케팅 김상순, 강성민, 허병용
제작 조영석, 정도봉
해외저작권 기은혜
마케팅지원 최영배, 정나영
경영지원 김혜경, 김경희

이슬비전도학교 최경식
303비전장학회 & 303비전꿈나무장학회 여운학
303비전성경암송학교 박정숙

펴낸곳 규장

주소 06770 서울시 서초구 매헌로 16길 20(양재2동) 규장선교센터
전화 02)578-0003 팩스 02)578-7332
이메일 kyujang0691@gmail.com 홈페이지 www.kyujang.com
페이스북 facebook.com/kyujangbook 인스타그램 instagram.com/kyujang_com
카카오스토리 story.kakao.com/kyujangbook
등록일 1978.8.14. 제1-22

책값 뒤표지에 있습니다.
ISBN 978-89-6097-374-9 03230

규 | 장 | 수 | 칙

1. 기도로 기획하고 기도로 제작한다.
2. 오직 그리스도의 성품을 사모하는 독자가 원하고 필요로 하는 책만을 출판한다.
3. 한 활자 한 문장에 온 정성을 쏟는다.
4. 성실과 정확을 생명으로 삼고 일한다.
5. 긍정적이며 적극적인 신앙과 신행일치에의 안내자의 사명을 다한다.
6. 충고와 조언을 항상 감사로 경청한다.
7. 지상목표는 문서선교에 있다.

하나님을 사랑하는 자 곧 그의 뜻대로 부르심을 입은 자들에게는 모든 것이 合力하여 善을 이루느니라(롬 8:28)

규장은 문서를 통해 복음전파와 신앙교육에 주력하는 국제적 출판사들의 협의체인 복음주의출판협회(E.C.P.A:Evangelical Christian Publishers Association)의 출판정신에 동참하는 회원(Associate Member)입니다.